吴庆彤 著

周恩来在"文化大革命"中

回忆周总理同林彪、江青两个反革命集团的斗争

中共党史出版社

图书在版编目（CIP）数据

周恩来在“文化大革命”中：回忆周总理同林彪、江青两个反革命集团的斗争 / 吴庆彤著 . -- 2 版 . -- 北京：中共党史出版社，2013.11（2025.1 重印）

ISBN 978-7-5098-2255-5

Ⅰ . ①周… Ⅱ . ①吴… Ⅲ . ①周恩来（1898 ～ 1976）—生平事迹 Ⅳ . ① K827=7

中国版本图书馆 CIP 数据核字（2013）第 161074 号

书　　名：周恩来在“文化大革命”中——回忆周总理同林彪、
江青两个反革命集团的斗争

作　　者：吴庆彤

出版发行：中共党史出版社

责任编辑：李亚平

责任印制：段文超

社　　址：北京市海淀区芙蓉里南街 6 号院 1 号楼　邮编：100080

网　　址：www.dscbs.com

经　　销：新华书店

印　　刷：北京君升印刷有限公司

开　　本：710mm × 1000mm　1/16

字　　数：235 千字

印　　张：18.75

版　　次：2002 年 5 月第 1 版　2013 年 11 月第 2 版

印　　次：2025 年 1 月第 4 次印刷

书　　号：ISBN　978-7-5098-2255-5

定　　价：46.00 元

此书如有印装质量问题，请联系中共党史出版社读者服务部 电话：010-83072535

一版序言

李　琦

吴庆彤同志写的《周恩来在“文化大革命”中》出版了。作者原为国务院秘书厅秘书室主任，“文化大革命”期间，他先后主持国务院值班室和以后组建的国务院办公室的工作。当时，这两个部门是国务院机关中仅有的照常运转的部门。1979年机构恢复正常时，他担任国务院副秘书长等职。

恰好在“文化大革命”前夕，国务院总理周恩来的办公室被迫撤销，只留了两三个同志应付众多繁杂的事务。这样，在“文化大革命”期间，周总理经常通过国务院值班室和国务院办公室或委托吴庆彤同志个人去办一些事情。正由于有这样的经历和机遇，吴庆彤同志对“文化大革命”中的一些情况自然要比一般人知道得多一些，感触要深一些。“文化大革命”结束后，他为了弄清那个特殊年代中的一些问题，不断地阅读有关书籍，查找资料，包括档案。

为了纪念周总理诞辰一百周年，吴庆彤同志和原在总理办公室工作的一些老同志在去年共同议定写一本回忆文集。他积极准备，埋头写作，冒着多年不遇的酷暑，满怀激情，一口气写出了这本书。这对一位从来不写文章的老同志来说，已经算是不容易了。这本书并不厚，十万字左右，却包括了周总理在“文化大革命”中的方方面面，其中有的内容在已出版的书籍中是较少涉及的，还有不少事情是吴庆彤同志耳闻目睹，甚至亲手经办，其叙述就更加真实、生动。全书文字朴素，脉络清楚，读起来毫不费力，很适合于一般读者，特别是青少年阅读。

周恩来的一生是光荣的一生。他经历了无数政治风浪，处理过许多复杂事件，具有高超的领导艺术和丰富的斗争经验。“文化大革命”阶段，可以说是他一生中最困难最艰险的日子。因为“文化大革命”是当时党内外具有最高权威的毛主席发动的，周恩来不可能公开反抗。他既要从大局出发维护毛主席的威信，又要采取坚韧、迂回的办法巧妙斗争。林彪、江青两个反革命集团，处心积虑地要打倒周恩来，千方百计地对他进行刁难与折磨，明枪暗箭一起来。许多青年人被野心家煽动，呈现狂热的无政府思潮，热衷搞打砸抢，甚至搞武斗。由此，整个社会秩序混乱，生产下降。面对这样的局势，周恩来的困难处境是可想而知的，更何况他本人还随时有被打倒的危险。

但是，周恩来并没有逃避，没有畏惧，而是以“我不入地狱，谁入地狱”的献身精神，挺身而出，为尽可能地减少“文化大革命”的损失奋力搏斗。综观“文化大革命”全过程，他在一些问题上同毛主席的主张和做法并不完全相同，而是有所区别，有时甚至差异很大。他对毛主席的号召、指示，既有遵照执行的一面，也有适时地、恰当地作出全面解释并尽可能修正其中偏差的另外一面。同时，他还善于抓住有利时机提出正确的口号、措施和意见，千方百计地加以贯彻。对于两个反革命集团，周恩来以丰富的政治经验，或与之周旋，巧妙斗争；或抓住时机，进行反击。如隔离审查王、关、戚；“九一三”前后粉碎林彪集团；长沙之行挫败江青集团“组阁”阴谋；在重病中及时告诫叶帅注意斗争方式，不要把大权落在“四人帮”手中；等等。当然，他也曾说过违心的话，做过违心的事，但是人民谅解他。因为当时老一辈革命家几乎都被打倒了。小平同志说：“幸好保住了周恩来。”陈云同志也说：“没有周恩来同志，‘文化大革命’的后果不堪设想。”这些话都是一针见血，多么精辟啊！

周恩来的一生对国家对人民作出过很多贡献。在“文化大革命”中，他忍辱负重，砥柱中流。大家都知道他保护了一大批党内外的干部，并且极力促成邓小平复出。没有这些骨干中坚，党的十一届三中全会以后的新局面也就无从说起了。其实，周恩来在尽可能维持国家机器运转，保障几亿人民的衣食住行，发展“两弹一星”，打开外交新格局，加强经济文化方面的基础建设等方面，都作出了令人难忘的巨大贡献。尤其在漫长的艰难岁月里，他不计个人得失、一心为人民的高贵精神和品质，更使世人感动，并时时激发人们对他的敬仰、怀念。周恩来逝世后，出现了历史上前所未有的十里长街百万人送葬的动人场面，最终爆发了惊天地、泣鬼神、敲响“四人帮”灭亡丧钟的伟大的四五运动。这些历史现象绝非偶然！周恩来虽然离开我们22年了，但广大的人民群众并没有忘记他，而是愈加怀念，愈加敬仰！他的精神仍然鼓舞着我们前进！

在周恩来诞辰一百周年前夕，在吴庆彤同志著书出版之际，我仅写以上这些话，作为纪念。

1998年1月18日

一版前言

1966年5月至1976年10月的“文化大革命”，使党、国家和人民遭到建国以来最严重的挫折和损失。这场“文化大革命”是毛主席发动和领导的。他的出发点是“反修”、“防修”，也就是防止党的干部腐化变质和资本主义复辟。对于一个执政的无产阶级政党来说，当然必须时刻警惕和防止走上对内压迫人民、对外追求霸权的修正主义道路。问题在于毛主席发动“文化大革命”的时候，对党内和国内的形势作了违反实际的估计，对什么是“修正主义”没有作出准确的解释，采取了错误的斗争方针和方法。林彪、江青等人为了夺取党和国家的最高权力，组成两个反革命集团，利用毛主席的错误，把它推向极端，进行了长达十年的反革命大破坏，使我国人民遭到一场大灾难。周总理在“文化大革命”中处于非常困难的地位。他为了维护国家和人民的利益，克服重重困难，同“左”倾错误和林彪、江青两个反革命集团进行了艰难曲折的斗争，建立了不朽的功勋。

“文化大革命”前，我在国务院秘书厅工作，担任秘书室主任。“文化大革命”开始后，怀疑一切、打倒一切的狂潮，迅速冲击到国务院机关。国务院秘书长、副秘书长，有的“靠边站”，有的被“专政”，有的被迫害致死，国务院直属机关基本瘫痪。1967年8月，周恩来、李富春、李先念同志决定，组建国务院值班室，我担任值班室主任，为总理、副总理服务。1970年国务院直属口改组为国务院办公室，开始，军代表为主，我为副；以后，我负责全面工作，协助总理、副总理处理国务院日常具体事务。对周总理在“文化大革命”中的活动，有所了解。在周总理诞辰100周年的时候，我有责任有义务将我亲身经历的、看到的和听到的周总理在“文化大革命”中同“左”倾错误和林彪、江青两个反革命集团的斗争情况，根据历史事实作一记述，以此来缅怀敬爱的周总理。

吴庆彤

1997 年冬

目 录

MU LU

一、“文化大革命”一开始，周总理就对这场所谓“革命”很不理解

毛主席1966年发动“文化大革命”的时候，对当时党和国家的政治形势作出的错误估计，集中反映在1966年5月中央政治局扩大会议通过的“五一六通知”和8月党的八届十一中全会通过的《关于无产阶级文化大革命的决定》两个文件中。

毛主席的主要论点是：一大批资产阶级的代表人物、反革命修正主义分子，已经混进党里、政府里、军队里和文化领域的各界里，相当大的一个多数的单位的领导权，已经不在马克思主义者和人民群众手里。党内走资本主义道路的当权派，在中央形成了一个资产阶级的司令部，它有一条修正主义的政治路线和组织路线，在各省、市、自治区和中央各部门都有代理人。过去的各种斗争都不能解决问题，只有实行“文化大革命”，公开地、全面地、自下而上地发动广大群众揭发上述的黑暗面，才能把“走资派”篡夺的权力夺回来。这实质上是一个阶级推翻一个阶级的政治大革命，以后还要进行多次。

历史已经证明，毛主席对形势的估计是不符合实际的，在这个基础上确定的路线、方针、政策是错误的。

在“文化大革命”酝酿准备阶段，毛主席找的是林彪、康生、陈伯达、

人民日报

无产阶级文化大革命万岁！
我们伟大领袖毛主席万岁！

中国共产党中央委员会
关于无产阶级文化大革命的决定
（一九六六年八月八日通过）

一、社会主义革命的新阶段

二、主流和曲折

三、“敢”字当头，放手发动群众

四、让群众在运动中自己教育自己

五、坚决执行党的阶级路线

七、警惕有人把革命群众打成“反革命”

八、干部问题

九、文化革命小组、文化革命委员会、文化革命代表大会

《人民日报》全文刊登中共八届十一中全会通过的《中国共产党中央委员会关于无产阶级文化大革命的决定》（简称“十六条”）。

江青、张春桥等人，没有找周总理商议。当时，周总理正在集中精力调查研究冀、鲁、豫、晋、陕、辽、京、蒙北方八省、市、自治区抗旱防涝工作，并把它作为农业上的主攻方向，长期抓下去，扭转“南粮北调”问题；同时处理河北省邢台大地震所造成的严重自然灾害问题。因此，周总理对“文化大革命”缺乏思想准备，对毛主席发动这场“革命”的深层想法不大清楚。他本着对毛主席的一贯尊重和信任，与中央其他领导同志一起，赞同了根据毛主席的指导思想准备的“文化大革命”的两个文件。尽管如此，周总理在八届十一中全会讨论《中共中央关于无产阶级文化大革命的决定（草稿）》时，与陶铸同志商量删去了原稿中“黑帮”、“黑线”的提法，并增加了不少限制性的政策规定，如：必须严格区别两类性质不同的矛盾，对干部要区别对待，好的和比较好的是大多数，要团结百分之九十五以上的干部和群众；要文斗不要武斗；对于有贡献的科学家和科学技术人员应该加以保护；等等。这些修改得到毛主席同意。然而，由于周总理对“文化大革命”的想法与毛主席不一致，所以对一些问题的认识和处理上必然会出现分歧。例如，1966年5月25日，北京大学聂元梓等人贴出“全国第一张马列主义的大字报”，攻击北京大学党委和北京市委搞修正主义。周总理知道后，连夜派华北局、国务院外办、高教部的负责人到北京大学，批评聂元梓等人搞乱了中央的部署，违反了中央"内外有别"的规定。并重申了中央规定,要他们严格遵守。康生得知周总理的批评后,立即要来大字报底稿,背着主持中央日常工作的刘少奇、邓小平同志,密报给在外地的毛主席。6 月 1 日,毛主席指示康生、陈伯达:"此文可由新华社全文广播,在全国各报刊发表。"

8 月 23 日,周总理审定李富春与李先念、谭震林、薄一波、余秋里、姚依林等同志根据《中国共产党中央委员会关于无产阶级文化大革命的决定》(即"十六条")精神拟定的国务院五个口(不包括外交、文教、科学三个口)机关"文化大革命"的十条意见稿。这十条意见的主要精神是要加强对运动的领导,提出要保护国家机密;对一部分干部"烧"到一定程度后要注意保护;既要放手让群众敢于革命,又要让群众学会善于革命,善于掌握党的政策;等等。周总理在一旁批注:这十条意见同样适用于外事、文教、科学三口。并批告陈伯达:"这件很好,我注了几条意见,如蒙同意,请送主席、林彪同志核阅,并请主席批示,可否印发政治局、书记处、文革小组各同志。"毛主席不同意批发这十条意见。在 8 月 29 日的中央政治局常委扩大会议上,毛主席说:"一条也不要,何必十条,有十六条嘛!"

8 月 31 日,周总理审阅《中共中央、国务院关于文化大革命中一些具体问题的通知稿》。这是陶铸同志根据周总理的意见组织人起草的,准备下发到县团级。鉴于红卫兵到处冲击,全国出现混乱局面,《通知稿》要求各省、市、自治区与中央各部门对党和国家要害、机密部门和单位,必须坚决进行保护。《通知稿》列出的要害、机密部门和单位有:军队、军事机关、公安机关、外事部门,中央和各省、市、自治区广播电台、电视台、新华社、电讯部门和各级党政机关的电台、机要部门,中央和各地档案部门,航空场站,铁路枢纽、站段,港务局、码头,水电站、大电厂、变电站,尖端企业和尖端科研部门,科学研究机构和科学技术资料部门,中央和各地的银行、仓库,外贸机关,城市重要公用事业机关(自来水公司、公共汽车公司等)。周总理审阅时又增加了人民日报社、解放军报社、红旗杂志社。他批:提议照发,请主席、林彪、康生、富春、江青核阅,退汪东兴办。9月1日,毛主席批:此件不发。

9月2日,周总理起草《有关红卫兵的几点意见(未定稿)》,对红卫兵运动提出十条要求。主要内容是:红卫兵要大学解放军,"把红卫兵建设成为一支具有社会主义觉悟和严格组织性、纪律性的战斗队伍"。要"学习和掌握政策","分清敌我,团结大多数"。"党的统一战线政策,在社会主义革命的现阶段中,仍然是需要的、正确的","对于在国家和统一战线中具有合法地位的民主人士和对于有贡献的科学家和科学技术人员,只要没有发现现行反革命活动,应当加以保护"。"要文斗,不要武斗,不要动手打人"。红卫兵搜捕人,必须与北京市委、卫戍区和公安部门商定。红卫兵串连"要保障党和国家的首脑部门、要害部门和宣传工具","使这些部门的工作不受影响,安全不遭危害";"要保障交通运输机构照常运行,不受阻扰,要保障党和国家的对外关系和活动不受影响","革命串连不在这些机关内部进行";"要保障厂矿的生产和基本建设不受影响,科研机关的科学实验和中间性生产不致停顿";等等。3日凌晨,周总理对《意见》进行了最后修改,嘱秘书通知陶铸、康生、李富春、谢富治、陈毅、杨成武、吴德、江青、张春桥、姚文元等人上午开会讨论。会上,陶铸、陈毅等同志赞成《意见》,康生等人则持否定态度,结果《意见》没有送毛主席。

周总理的主张连续三次被毛主席否定。9月2日,周总理提出的《有关红卫兵的几点意见》又遭到康生等人的反对。周总理清楚,康生等人的反对意见,在很大程度上反映了毛主席的主张,因此,《意见》未送毛主席。这表明,周总理与毛主席对国内政治形势的估计和"文化大革命"的做法上存在根本分歧。许多事实说明,周总理在实际上不认为中央有个"刘、邓司令部",有一条"修正主义的政治路线和组织路线,在各省、市、自治区和中央各部门都有代理人"。因此,当红卫兵到处冲击,搞乱全国的时候,他心急如焚,主张立即加以制止,维持党政机关的工作秩序，维持经济生活秩序，维持社会主义法律秩序。毛主席的想法与周总理的想法大相径庭，他要在中央摧毁所谓“刘、邓司令部”，在全国夺取所谓“刘、邓代理人”篡夺的权力。他的方针是要用天下大乱达到天下大治。他不顾一切地发动群众，不允许加以限制。在这种情况下，周总理曾考虑自己是不是“思想落后”，“跟不上形势”？并表示要跟上去。但是“左”倾路线的严酷现实，使周总理越来越难以理解。林彪、江青两个集团利用毛主席的错误，把它推向极端，怀疑一切、打倒一切，很快把全国搞乱。周总理对此是绝不能容忍的，与他们进行了长期的斗争。周总理与毛主席在“文化大革命”的理论和做法上的分歧和矛盾逐渐加深。周总理深知，毛主席的“左”倾错误是难以纠正的。如果进行正面对抗，不仅无济于事，还会把党政大权让给林彪、江青一伙，也有可能造成党、军队、国家的分裂，从而导致不堪设想的后果。从大量事实可以看出，他权衡利弊，确定采取在总体上支持毛主席发动的“文化大革命”，在实际工作上用毛泽东思想纠正“文化大革命”一切过火的、极端的做法，努力减少“左”倾错误所造成的损失，等待时机纠正错误。历史已经证明，这是正确的选择。周总理作出这样的选择，不可避免地要说一些违心的话，办一些违心的事。这是表面现象，而不是本质。周总理在“文化大革命”期间，在一系列重大问题上同林彪、江青两个集团进行了各种形式的斗争。

二、建国后17年起主导作用的是革命路线，不是修正主义路线

毛主席发动“文化大革命”的时候，对党和国家政治形势的估计，如前所述，是不符合实际的、错误的。但是毛主席并不想否定一切。林彪、江青两个集团，抱着篡党夺权的目的，利用毛主席的错误，推波助澜，否定一切，胡说建国后 17 年我国各方面的工作实行的都是修正主义路线。他们把各地区、各部门的领导干部，都视为走资本主义道路的当权派、反革命修正主义分子。在他们的煽动下，大批学生冲向社会，冲向党政机关，冲向文化领域，冲向教育科研单位，许多党政领导干部、专家学者、爱国民主人士被扣上“走资派”、“反革命修正主义分子”、“反动学术权威”、“反动资本家”等帽子，受到抄家、揪斗、游街、殴打等人身迫害和侮辱。周总理对于这种践踏法制、违反政策的行为，坚决反对，极力阻止。他在北京多次接见红卫兵代表时，批评他们的错误行为，宣传解释党的政策，对他们进行教育。他说：“不是所有的文教机关、党政机关的领导者都是走资本主义道路的当权派。如果那样看，把党中央放到哪里，毛主席的英明领导不是落空了吗?”“一些领导机关、领导同志犯了错误，但不是一切党政领导机关都犯了方向路线错误，都是黑帮、黑线。黑帮、黑线这些词早就不用了，你们翻开十六条看看。”“说一切都是坏的是不对

的，就是说多数是坏的，也是不切实际的，多数还是好的。”针对林彪、江青一伙片面强调“让群众自己解放自己、自己教育自己”，“群众运动是天然合理的”等谬论，周总理说：“依靠群众，放手发动群众，走群众路线，都要有党的领导”，“没有领导，谁去依靠，谁去放手，谁去走啊？”周总理在多次讲话中强调：民主需要集中，自由需要纪律。反对极端民主，反对无政府主义。

1966 年 9 月初，鉴于许多爱国人士受到冲击，统战政策遭到破坏，周总理指示中央统战部负责人：统战部对统战政策不要动摇，不要撒手不管，统战政策必须坚持下去。

1966 年 10 月 15 日，周总理和江青等接见“首都大专院校红卫兵革命造反总司令部”人员，有人提出“上海市有人以总理说‘上海市委是正确的’讲话为盾牌，压制革命”。周总理回答说：我给上海市委负责人打电话，说过他们不是黑帮，是革命的。革命反革命是敌我矛盾，正确不正确是人民内部矛盾，这是两个问题，两种不同性质的矛盾，一定要区分开来，不能混淆不清，我已讲过多次了。

1966 年 11 月间，谷牧同志根据周总理多次讲话精神起草的《工业交通企业进行文化大革命的若干规定》（又称“十五条”）提出：“17 年来，工交战线基本上是执行毛主席革命路线的”。周总理阅后同意这个估计。

1967 年 2 月 1 日，周总理接见国务院工交口造反派时说：不能认为各部委、各省市的负责人都是走资本主义道路的当权派或代理人，各省市统统都是“黑线”。如果那样看，十几年来毛主席的“红线”又体现在哪里呢？

1967 年 7 月初，乔冠华同志就康生在 6 月的一次会议上给外交部扣上“三降一灭”的帽子（即投降帝国主义、修正主义、各国反动派，扑灭人民革命运动），请示周总理：康生的提法到底指什么？周总理想了一阵后说：“三降一灭”的说法不通。几天后，周总理当面责问康生：外交部总的政策，不论我兼外交部长的时候，还是陈毅当外交部长的时候，都是经过我的手，我都送毛主席看，对外政策基本上都是主席定的，我们办具体事情，怎么能说“三降一灭”呢？康生理屈词穷，推说是指中央联络部部长王稼祥。康生这样说也是对王稼祥同志的诬蔑。1971年5月底，周总理在外事工作会议上发表讲话，在谈到建国后外交工作的评价时说：“我不同意那种极左思潮的说法，更不能同意‘五一六’反革命集团的说法，好像我国外交也是修正主义的路线。因为毛主席一直关心这条战线，亲自抓、亲自领导这条战线。”

1967年8月7日，谢富治在公安部全体工作人员大会上讲话，号召“砸烂公、检、法”。他说：“整个17年来的公安工作是按照修正主义办的”，“毛主席思想在我们公安、政法系统没有占到统治地位”，“不把原来的政治、思想、理论、组织方面的坏东西彻底砸烂，就永远跟不上毛主席思想”，“不把旧机器彻底打碎，要转变过来是困难的”。在谢富治公开号召“砸烂公、检、法”以后，全国各地造反派冲击公、检、法机关，大批公、检、法干部遭受残害。8月24日，周总理在接见广西两派时指出：对公、检、法要一分为二，不能说没有好的。1971年1月29日深夜，周总理召集汪东兴等同志开会，谈第15次全国公安工作会议问题。在谈到对“文化大革命”前公安工作的评价时说：“不能因为有修正主义路线干扰破坏，就说毛主席的路线不占统治地位。”指出：“在整个无产阶级专政下，不能把毛主席的路线推翻。”1971年2月8日，周总理接见出席第15次全国公安工作会议全体代表，就建国以来公安工作的基本估计等发表讲话。他说：对这一时期的工作，要看主流，要看红线。“这17年毛主席的无产阶级革命路线、这条红线领导全国，不然怎么会有今天？不能说文化大革命以前是黑线统治着，这种说法简直是不可想象的，等于否认毛主席的领导，否定毛主席的革命路线”。“尽管各省领导、各部领导大部分改变了，是不是说所有省、市部门都是资本主义复辟了呢？不能这样讲”。在谈到公安队伍情况时指出：就整个队伍看，还是好的。“不要以为公安干部都不好，那就危险了，那样就要扩大化”。

1970年1月27日，周总理在接见上海市和六机部代表就造船工业等问题讲话时说：“20年来，在造船工业方面还是毛主席思想在领导；把造船工业说得一团漆黑，我对此有保留，搞一概否定不行。”

1970年6月8日，周总理在接见出席全国重点钢铁企业座谈会代表讲话时指出：在冶金战线，建国20多年来还是毛主席的红线起主导作用，否则就不会取得现在这样的成就。对犯错误的干部，要允许改过；犯罪的还要允许赎罪，要给以出路；对懂业务、懂技术的，还要让他抓生产、搞业务，参加有关会议。

1970年8月16日，周总理在同国家体委军管会负责人和一些乒乓球队员谈话时指出：“建国后17年的体育路线不都是修正主义的，还有毛主席的革命路线。由于坏人钻空子，搞了极左思潮，弄得一个时期思想比较混乱。”1971年7月，周总理修改国家体委一份工作报告，提出：建国后体育战线上“毛主席的革命路线在广大群众和多数干部中还是占了主导地位的”。

1971年7月6日，周总理约见国务院全国教育会议领导小组成员，针对会议对解放后17年教育工作估计的争论，提出：“毛主席的红线也是照耀了教育战线的”，“知识分子的大多数是接受共产党领导的，是为社会主义服务的”，“对教师队伍和解放后培养的学生要作具体分析，要辩证地看问题”。周总理的这个正确的估计，遭到张春桥、姚文元的反对，也没有得到毛主席的支持。

根据实际情况决定方针政策，是任何一个严肃的政党必须遵循的原则。毛主席对党和国家政治形势估计错误，是导致十年内乱的一个根本原因。周总理坚持实事求是的思想路线，认为建国后17年全国各项工作实行的是毛主席的革命路线，不是修正主义路线。这在很大程度上，是对发动“文化大革命”论点的否定。

三、党政领导干部的绝大多数是党和国家的宝贵财富，不是“文化大革命”的对象

尽管毛主席在“五一六通知”中，对于从中央到基层各级领导干部的政治状况作了不符合实际的估计，并导致严重后果，但是，毛主席并不主张打倒一切，对于有错误可以改正的干部，他还是要用的。林彪、江青一伙则不同，他们为了扫除篡党夺权的障碍，丧心病狂地迫害党政军干部，煽动造反派强加给他们“走资派”、“反革命修正主义分子”、“三反分子”（即反党、反社会主义、反毛泽东思想）、“叛徒”、“特务”等罪名，进行残酷斗争、无情打击。各级领导干部被罢官、夺权，大批干部“靠边站”，有的被“专政”，有的被投进监狱，有的被迫害致死，造成乌云遮天的黑暗局面。大批党外民主人士、高级知识分子，也遭到同样的命运。对于林彪、江青一伙这种倒行逆施，周总理表示坚决反对。他在多次接见北京和各地红卫兵以及各地区、各部门造反派代表时反复讲：建国后 17 年毛主席的革命路线是主要的；干部的大多数是好的和比较好的；老干部是党和国家的宝贵财富，不是“文化大革命”的对象；犯路线错误属于人民内部矛盾，不要按敌我矛盾对待；对犯错误的干部，要采取惩前毖后、治病救人的方针，不能一棍子打死；等等。不仅如此，周总理在力所能及的条件

下,保护遭受迫害的党和国家领导人,保护了大批领导干部和爱国民主人士。

红卫兵运动开始后,许多年幼无知的学生,在中央文革一伙人的煽动下,到处横冲直撞,不分青红皂白地破"四旧"(旧思想、旧文化、旧风俗、旧习惯),斗争"走资本主义道路的当权派",清查"地富反坏右",很快搞得人人自危,不得安宁。

1966年8月30日,章士钊先生写信给毛主席,反映8月29日夜被红卫兵抄家的情况。毛主席阅后批示:"送总理酌处,应当予以保护。"周总理接到批示后,马上找来肇事的造反派,进行了严肃批评,责令他们立即送回被抄走的全部书籍,并派部队保护章宅。有了毛主席的批示,周总理就有了保护领导干部和党外民主人士的依据。于是他开列了一份应予保护的名单。要求对宋庆龄、郭沫若、章士钊、程潜、何香凝、傅作义、张治中、邵力子、蒋光鼐、蔡廷锴、沙千里、张奚若、李宗仁等知名人士

北京等地一万名师生在砸山东曲阜孔府"大成殿"的匾额。

和国家副主席，全国人大常委会副委员长、常委，政协副主席，国务院副总理、部长、副部长，各民主党派负责人，最高人民法院院长和最高人民检察院检察长等均给予保护。名单开出后，嘱公安部有关负责人把这份名单转交给统战部，要统战部照名单划定范围，把党外人士的名单开列出来。9月1日，又命301医院准备接收章士钊、程潜、傅作义、蔡廷锴、李宗仁等知名人士入院，告以这些人年老多病，政府应负责保护。同时，周总理奋力保护李四光、华罗庚、周培源、钱学森、朱光亚等科学家，全力支持他们在“文化大革命”艰难条件下，继续坚持科学研究工作。还保护了班禅、赵朴初等宗教界人士。

在“文化大革命”初期，刘少奇、邓小平同志因派工作组到学校协助领导“文化大革命”运动，被毛主席指责为“镇压学生运动”，实行“资产阶级反动路线”，从而导致在全国批判所谓“资产阶级反动路线”风潮。从中央到地方大批党政领导干部受到批判。在刘少奇、邓小平同志和其他中央、国务院领导同志受到迫害和冲击的时候，周总理尽力予以保护。

1966年9月，周总理在北京先农坛体育场参加红卫兵大会并发表讲话，突然会场上许多人呼喊“打倒刘少奇”的口号。周总理立即转过身去，背向会场，表示反对。直到会场平静下来，才继续讲话。他说：即使犯了路线错误的同志，也不能说他是不革命的，更不能说他是反革命。

1966年10月20日凌晨，周总理接见哈尔滨工业大学红卫兵代表，告诫他们不要到天安门贴刘少奇同志的大字报。指出：即使少奇同志有错误，我现在也无权回答你们的要求。你们把少奇同志的大字报贴到天安门，你们要考虑考虑。刘少奇同志是党中央政治局常委，国家元首，即使要撤换，也不需要这样去发动群众。你们做事要慎重些。

1966年12月31日，周总理同清华大学造反派头头蒯大富等人谈话，当有人提出“刘少奇属于敌我矛盾”时，周总理说：我不这样看，不能把你们的观点强加于我。周总理还告诫蒯大富等人不要把“打倒刘少奇”的标语贴到天安门去。

1966年10月9日，清华大学红卫兵要求王光美同志到该校去作检查。周总理接见他们的代表时说：王光美不能到清华去当场作检查，批判可以背靠背。12日，清华大学红卫兵又以发“请帖”名义，要求王光美去清华参加批判会，周总理批告中央文革小组办公室转陈伯达、康生、江青等：“我准备派人去录音，带回给王光美同志，不要她去参加会议。”1967年1月6日，清华大学造反派将王光美同志骗出中南海，然后挟持到清华大学批斗。周总理知道后，立即派秘书孙岳把王光美同志要回来。

1966年10月1日，《红旗》杂志发表社论称：“有少数人采取新的形式欺骗群众，对抗十六条，顽固地坚持资产阶级反动路线”，“对资产阶级反动路线必须彻底批判。”周总理不同意这种提法。后来，他向毛主席提出：“资产阶级反动路线”这个提法是否合适？党内历来提路线错误都是“左”倾或右倾，没有反动路线这个提法。毛主席说：“原来用反革命路线，后来改为反对革命路线，最后还是用反动路线。”此后，全国各地开始批判“资产阶级反动路线”，大批领导干部遭到批斗，无法继续工作。

1967年1月7日晚，周总理接见七机部两派代表，告诫他们：不要揪人，不仅谭震林、李富春副总理不能揪，刘少奇、邓小平同志也不能揪，陶铸同志也不能揪。刘、邓、陶是中央政治局常委，我还要保。同日，北京建工学院红卫兵到中南海西门要求“揪刘少奇”，周总理接见他们的代表时说：你们可以送大字报，要揪不行。你们要照顾党和国家的影响。

1967年1月8日凌晨，在陈伯达、康生、江青的煽动下，北京和外地的造反派冲击中南海各个门口，要求揪斗“刘、邓、陶”及其他中央领导同志。周总理把造反派代表召集到人民大会堂去，指出：冲击中南海的行为是错误的。党中央不同意揪斗刘、邓、陶。你们要揪斗的谭震林、陈毅、李富春、李先念、余秋里等同志，都是处在我们党和政府工作的第一线，也不能揪斗。同日，周总理接见石油系统造反派代表，批评大庆油田造反派煽动工人离开油田、放弃生产的行为。当造反派呼喊“打倒刘少奇、打倒邓小平”的口号时，周总理立即背过身去，以示抗议。然后说：他们两位是党中央政治局常委，批判可以背靠背，不要用揪斗的办法。

1月4日，陈伯达、康生、江青在接见中共中央中南局一个群众组织代表时，突然发表猛烈攻击陶铸同志的言论，说陶铸同志到中央工作后，“没有执行毛主席的革命路线”，“实际上是刘邓路线的忠实执行者”，“是中国最大的保皇派”。之后，“打倒陶铸”、“揪出陶铸”的标语贴满京城。

1969年11月30日，中共中央政治局常委陶铸逝世。图为陶铸生前在广东肇庆。

1月6日凌晨，在陈伯达、康生、江青的策动下，北京的造反派聚集于中南海两个西门，要求揪斗陶铸同志。周总理对着堵在中南海西北门口的人群说：你们说陶铸同志是“叛徒”，我不知道，中央没有讨论过，我要向毛主席请示，现在不能回答你们。天快亮了，这么冷，大家先回去休息。你们可推出代表，告诉国务院秘书厅吴庆彤同志，改日我接见。周总理回办公室后，我与造反派商定了一个代表名单。7日，周总理接见时指出：你们不要无根据地给陶铸同志乱扣帽子。陶铸同志是中央政治局常委，你们举行“批陶大会”不合适，因为中央政治局常委对这个问题还没有讨论。1月23日，周总理在接见首都大中学校红卫兵代表时，当着陈伯达、江青的面说：陶铸同志担任中央政治局常委是党的八届十一中全会选出来的,我没有根据不信任他。尽管周总理竭力保护陶铸同志,但是由于陶铸同志坚持原则,不赞成公开批判刘少奇、邓小平同志,不同意批判所谓"资产阶级反动路线",不同意城市工交企业、农村社队像学校那样搞"文化大革命",等等,他的这些主张,不符合毛主席发动"文化大革命"的意图,终于被打倒了。至于造反派说陶铸同志是"叛徒",完全是造谣诬蔑。实际情况是,陶铸同志1933年在上海被国民党逮捕,他在狱中团结和鼓舞被囚战友,同敌人不断地进行英勇斗争,直到1937年全面抗战开始后,由我党向国民党要出来的。陶铸同志是党的八届十一中全会选出的中央政治局常委,才工作了4个月,就被江青一伙打下去了。这件事,不仅党中央委员会没有讨论,连党中央政治局常委会都没有讨论,完全置党章于不顾。1969年11月30日,陶铸同志含冤逝世。

1967年6月中旬至8月5日,中央文革一伙人趁毛主席不在北京,策动上千个群众组织,一万余人,在中南海两个西门外安营扎寨,几十个高音喇叭对着中南海日夜狂吼,企图冲进中南海揪刘少奇、邓小平、陶铸等同志。当时我住在办公室,晚上休息必须服烈性安眠药才能入睡。高音喇叭对周总理的干扰可想而知。开始几天,高音喇叭播音从早晨七八点钟开始,午夜一两点钟结束。为了减轻对周总理的干扰,使周总理有一定休息时间,警卫部队曾奉命与围困中南海的组织者商谈:每晚零时至次日上午12时停止播音。那些造反派不但不接受意见,反而变本加厉,昼夜24小时连续不断地吼叫起来。他们的目的就是向周总理施加压力,逼迫周总理撤出中南海。可是,周总理为了保护刘、邓、陶和住在中南海的其他中央领导同志,造反派围困中南海50多天,他岿然不动,造反派始终不敢进入,从而保护了在中南海的许多中央领导人。后来,毛主席对此进行批评,造反派才散去。事后,周总理在国务院业务组的一次会议上说:戚本禹曾给我打电话,建议我搬到钓鱼台去住,我拒绝了。如果我离开中南海,造反派就会冲进来抓人,那全国还有什么地方不可以冲击?如果刘、邓、陶被揪走,那全国还有什么人不可以揪?如果党和国家首脑机关被造反派占领,那我党和政府在国际上的形象将会变成什么样子?毛主席不在北京,我如果撒手不管,那就是对党、对国家不负责任,就是犯罪!

1968年10月31日,党的八届十二中全会批准了由江青、康生、谢富治等凭伪证写成的《关于叛徒、内奸、工贼刘少奇罪行的审查报告》,并通过关于《永远开除刘少奇的党籍、撤销党内外一切职务的决议》。当时,党内政治生活十分不正常,极左思潮和个人崇拜已经发展到极点。对刘少奇同志的审查结论和组织处理,既没有经过核实,也没有进行认真讨论,更没有听取刘少奇同志的申辩。刘少奇同志受尽折磨,于1969年11月12日在开封含冤逝世。党的十一届三中全会之后,经过复查证明,这完全是林彪、江青等人的诬陷。八届十二中全会通过的有关决议是完全错误的,是党的历史上的一大冤案。

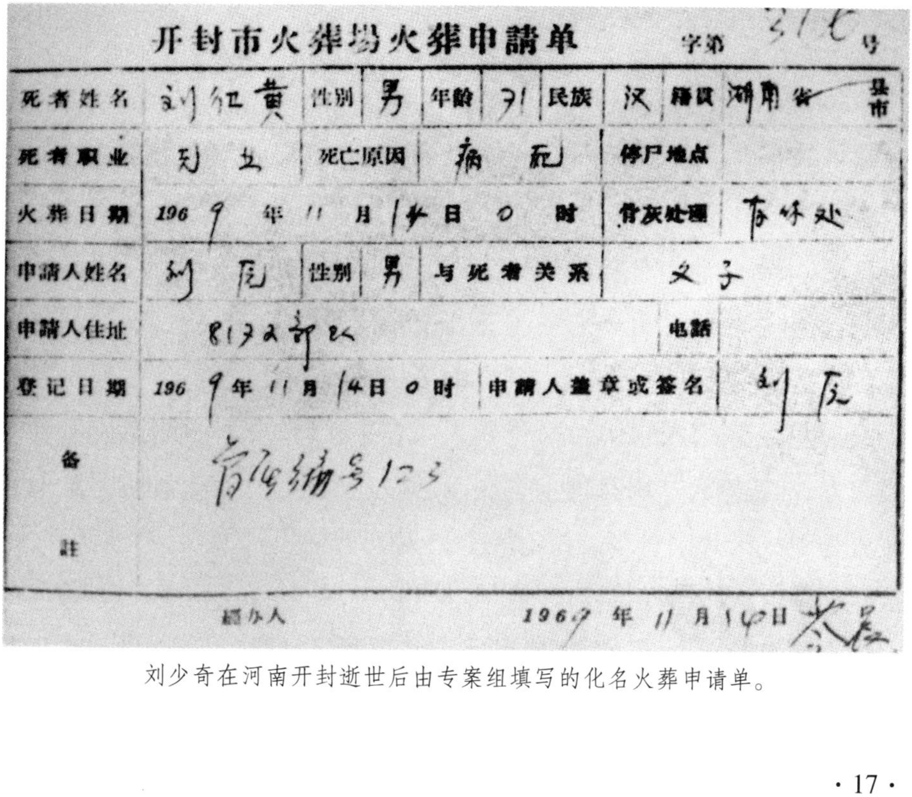

开封市火葬場火葬申請单　字第 316 号

死者姓名	刘卫黄	性别	男	年龄	71	民族	汉	籍貫	湖南省　县市
死者职业	无	死亡原因	病死			停尸地点			
火葬日期	1969年11月14日0时					骨灰处理	存怀处		
申請人姓名	刘原	性别	男	与死者关系	父子				
申請人住址	8172部队					电話			
登记日期	1969年11月14日0时			申請人盖章或签名	刘原				
备註	骨灰编号123								

經办人　　1969年11月14日

刘少奇在河南开封逝世后由专案组填写的化名火葬申请单。

周恩来同志没有具体参与刘少奇专案的审查工作，他对江青、康生、谢富治等人有意制造伪证，大搞逼供信等审查方式是不清楚的。在审案过程中，周恩来同志对专案组提供的所谓“刘少奇投靠敌人”的某些史料，在会上曾表示过怀疑。但是，由于不掌握真实情况，他难于提出反对意见。在八届十二中全会上，周总理遇到极大困难：或者赞成，或者反对，没有别的选择余地。为了避免与毛主席发生矛盾和冲突，以维护党和人民的根本利益，在通过决议时，他和其他中委一样表示赞成。当时表示反对的只有一个人，就是陈少敏同志。这件事对周总理来说是不得已的。如果他表示反对，就会立即被打倒，与他关系密切的从中央到地方的领导人也会受到株连，中国就会成为中央文革一伙的天下，林彪一伙的天下。这对党和人民是十分不利的。周总理为人处世一向光明磊落，作出这样的选择是非常痛苦的。

1967 年 1 月上旬，周总理得知造反派抄陈云同志家时，立即派童小鹏同志前去制止，又指示杨德中同志把陈云同志从新六所住地转移到一个安全地方。

1966 年底，周总理获悉彭德怀同志被北京的红卫兵从成都市抓走，即将押送北京。他立即要秘书给成都军区司令员、政委打电话：（一）由成都军区派出部队与红卫兵一道护送彭德怀同志到北京，沿途不许任何人截留，不得对他有任何侮辱性言行，绝对保证他的安全；（二）不坐飞机，由成都军区联系火车来京；（三）由北京卫戍区派部队在车站等候，指定卫戍区司令员傅崇碧亲自去接，由卫戍区安排食宿，不许任何一派红卫兵插手。在火车抵达北京，傅崇碧同志去接时，北京各路造反派已云集车站，准备抢人。周总理亲自到车站做造反派的工作，最后同意他们派人与卫戍区共同管理，并约法三章：对彭德怀不许游斗，不准武斗，不准搞逼供信。这样，彭总暂时被“监护”起来，从 1966 年年底到 1967 年 7 月由专案组管理之前，他没有受到后来那种非人的折磨与摧残。1972 年 1 月，有关部门根据周总理的指示，将彭德怀同志及其他被监护者，都转移到北京木樨地附近的一个单位，彭总等人的居住、饮食等都有所改善，并配备了医护人员。

1967年1月3日、4日，周总理三次同军队院校和文艺单位造反派谈话，说服他们取消将于1月5日召开的矛头指向叶剑英、陈毅的“批判资产阶级反动路线”大会。指出：把批判全军资产阶级反动路线的矛头指向叶剑英、陈毅两位副主席是指错了方向。把叶、陈当作军内资产阶级反动路线的代表是错误的，不符合实际。终于说服造反派答应延期召开这个会议。

彭真同志被撤职后，周总理通知卫戍区照样派警卫部队在他的住地保护。1966年12月4日，江青、戚本禹指使红卫兵将彭真同志抓走，不知去向。周总理立即下令寻找，查到下落后，派部队把彭真同志要回，保护起来。同日，被绑架的还有刘仁、万里、林默涵、夏衍、田汉、许立群等同志。周总理指示北京卫戍区和公安部立即把他们找回来，指出：“不能开这个先例，不能随便抓人。”

“文化大革命”初期，林彪、江青、康生等人制造了所谓“六十一人叛徒集团”案件，诬陷薄一波等同志。周总理得知红卫兵因这件事揪斗中共中央西北局第一书记刘澜涛和吉林省委代理第一书记赵林时，于1966年11月24日，就刘澜涛等同志出狱问题，为中共中央起草给西北局的电报指出：“刘澜涛同志的出狱问题，中央是知道的。如果他们有新的材料，可派代表送中央查处，不要在大会上公布和追查。”在将电报稿送毛主席审批时，又附信说明：此事七大、八大均已审查过，“故中央必须承认知道此事”。毛主席当天批示“照办”。11月30日，中共中央分别给西北局和吉林省委发去电报。

薄一波同志在这个重大冤案中横遭迫害，周总理积极设法保护。先是借薄一波同志身体不好，要他去广州休养六个月，实际上是让他避开红卫兵的揪斗。康生知道薄一波同志去广州后，策动国家经委造反派到广州去抓。周总理立即指示：“应由广州军区派部队按接送彭德怀的三条,送薄回北京"。薄一波同志到京后,又被康生一伙投入北京的一个监狱,备受折磨。在周总理多次关照下,薄一波同志被安排住进医院治疗。

在"文化大革命"中,将薄一波等61人定为"叛徒集团"是一个大冤案。事实真相是:1936年,在全国抗日救亡运动高涨的形势下,中共中央北方局为了开展工作,解决缺乏干部问题,报请中共中央批准,指示被国民党关押在监狱中的薄一波等61人可以履行一定手续后出狱。对此,中共中央早已有过结论,没有当作问题。但是,在"文化大革命"中,林彪、康生、江青等人为了篡党夺权的需要,将薄一波同志等61人定为"叛徒集团"。1978年12月16日,中共中央批准中央组织部《关于"61人案件"的调查报告》,为这一错案彻底平反。

1967年,周总理指示北京卫戍区司令员傅崇碧:对罗瑞卿同志"要保护好,要保密,不要被人抢走"。当周总理得知罗瑞卿同志手术后伤口未愈,造反派惨无人道,仍要批斗他时,指示:"伤口未愈,不能批斗。"

1966年9月1日,周总理出席首都大中学校红卫兵代表座谈会,在讲话中要求红卫兵执行党的政策。他强调指出:应当尊重宋庆龄,她是孙中山的夫人。她营救过我党地下工作的同志,抗日战争时期与我们合作,解放战争时期也同情我们,她和共产党的长期合作是始终如一的。到她家里贴大字报不合适,不能因为她妹妹是蒋介石的妻子就要打倒她,这是不对的,我们无论如何要劝阻。

在"文化大革命"初期,周总理对于安全受到威胁的宋庆龄、郭沫若等著名人士,在他们的住地,派卫戍区部队加以保护。有的送解放军总医院保护起来。对不愿离家的,派解放军战士或公安人员身着便装,臂戴红袖章,到被保护人家中,劝阻前来抄家的红卫兵。对傅作义、邵力子、蔡廷锴、蒋光鼐、沙千里等同志都采取了这种保护措施,使他们较为安全地度过红卫兵运动的高潮。

在西藏的阿沛·阿旺晋美同志的安全受到威胁时,周总理决定派专机把他接来北京,加以保护。

全国政协副主席、前文化部部长、著名作家沈雁冰(茅盾),在"文化大革命"中,被康生、陈伯达妄加"反革命嫌疑"罪名,逮捕入狱。专案组审查几年无结论。1973 年周总理过问,公安部查明是一起错案。周总理得到公安部的报告后,立即报送中央批准予以释放,并给予参加政治活动的机会,名字见报后恢复了名誉。

1967 年上半年,在国务院一些部长、副部长遭到轮番揪斗,人身安全受到威胁时,周总理、李富春、李先念同志先后把他们接到中南海休息,少则几天,一般两三个星期,个别的住一两年。据不完全统计,到中南海"避难"的有:王震、陈正人、廖承志、方毅、姚依林、康世恩、刘宁一、周荣鑫、段君毅、吕东、王诤、刘澜波、钱之光、邱创成、江一真、王磊、孙正、钱信忠、钱正英、周子健、萧望东、林乎加、萧鹏、刘建章、王子纲、徐今强、李人俊、江学斌、饶兴、刘秉彦等。余秋里、谷牧协助周总理抓经济工作,常住中南海,不能回家,有时白天挨批斗,晚上回中南海工作。

1967 年 1 月 22 日,煤炭工业部部长张霖之被非法关押在北京矿业学院时死亡。周总理得知后悲愤地说:"这个同志死得不明不白,我怎么向党中央交代啊!"当即要公安部负责查明死亡原因。之后,在接见群众组织代表时,多次谈到张霖之的死,说:我很难过,对干部不能这样斗,不能用敌视的眼光看待老干部,老干部是党的宝贵财富。由于调查工作迟迟没有结果,1970 年,周总理责成煤炭部军代表继续追查。7 月 31 日,周总理召开国务院业务组会议,审查煤炭部军代表给国务院的两次报告,以及驻矿业学院工宣队、军宣队的报告。会议作出结论,主要内容是:张霖之同志的历史是清楚的。1967 年 1 月,张被非法关押在北京矿业学院时,由于戚本禹的威胁和煽动,在武斗和逼供的混乱中死去。兹决定张霖之同志的死亡,应按人民内部矛盾处理,张霖之同志的家属和他的子女不受任何牵连,应按革命干部家属看待。

1967 年 2 月 2 日,国务院国防工业办公室常务副主任赵尔陆同志在连遭批斗后死亡。周总理得知后,立即要有关部门查明死亡原因,并要看尸体解剖化验结果。2月6日，参加了赵尔陆同志的追悼会。1968年4月20日，周总理在接见国防科委等部门群众组织代表时说：赵尔陆同志死了，有人还要打倒他。说句公道话，这个同志一直在后勤工作，勤勤恳恳。活人要保，死的也要保。

在一些大区中央局，省、市、自治区领导人被夺权，遭到残酷斗争、无情打击，处境十分困难时，周总理在报请毛主席同意后，分别把他们接到北京。有的安置在京西宾馆，有的安置在中直招待所等地方，保护起来，并派专人负责他们的安全和生活。据不完全统计，受到这种保护的有：李井泉、宋任穷、张体学、张平化、叶飞、江华、谭启龙、江渭清、杨尚奎、刘俊秀、欧阳钦、黄火青、黄欧东、曾希圣、廖志高、霍士廉、王鹤寿、杨超、高克林等同志。

1967年8月，周总理得知住中直招待所的李井泉等几位大区和省、市负责人被造反派抓走，并进行游斗，立即指示傅崇碧同志派部队保护他们。还指示把王任重、江渭清等20多位大区和省、市、自治区负责人转移到卫戍区部队一个安全住所，并嘱要严格保密。江青等连续两天在中央的会议上，当着周总理的面，向傅崇碧追问这些人的下落。后来，毛主席表示赞同周总理的措施，江青才停止追查。

1967年8月25日，江青反对周总理要宋任穷同志回辽宁工作，指使造反派夜间闯入京西宾馆，绑架宋任穷、陈锡联等同志。周总理得知后，命傅崇碧同志带人将宋、陈从造反派手中救出。次日凌晨，周总理在接见辽宁造反派代表时，对此提出严肃批评：这种办法，不是无产阶级政治，说坏一点，是国民党特务作风！

1967年夏，中共东北局书记欧阳钦同志因病住进北京空军总院治疗。东北三省几个大学的造反派，到空军总院要揪欧阳钦同志去沈阳批斗。周总理得到报告后指示：欧阳钦同志有病，不能回东北接受批判，待病愈后再回去。我奉命去空军医院向造反派传达周总理的指示，并说服他们按总理指示办。

后来，周总理将在京保护的部分大区、省、市、自治区领导同志分散安排到毛主席亲自抓的点，也就是北京的六个工厂去“接受工人阶级再教育”，实际上是保护起来。这六个工厂是毛主席抓的点，造反派不敢到那里去抓人，实际上是“安全岛”。

1967 年 1 月，周总理与叶剑英同志商定，以治病为名，将昆明军区司令员秦基伟接来北京保护。

1967 年 7 月 24 日，周总理安排抵京的武汉军区司令员陈再道、政委钟汉华等 12 人住在京西宾馆。周总理得知中央文革小组怂恿造反派包围、冲击京西宾馆，欲将陈再道揪出批斗后，要傅崇碧同志立即赶往现场，并交代说：无论如何不能让他们把人抢走，一定要保护好陈再道、钟汉华同志。之后，周总理又责令戚本禹前去处理，说：“人要是被抓走了，你必须向毛主席作出交代。”戚本禹被迫到现场，叫造反派退出。

1968 年 3 月，南京军区司令员许世友同志受到造反派的围攻，安全受到威胁时，毛主席、周总理把许世友同志接来北京，安置在中南海休息了一个多月。

1968 年 12 月 26 日，毛主席指示：“在犯过走资派错误的人们中，死不改悔的是少数，可以接受教育、改正错误的是多数，不要一提起走资派，就认为是坏人。”毛主席的这个指示成为周总理在干部问题上同林彪、江青一伙斗争的有力武器，成为解放干部的重要依据。

1970 年，原北京军区司令员杨勇，在驻石家庄地区某部被“软禁”时将腿摔断。周总理得知后，立即派飞机将他接回北京，送 301 医院治疗。

1970 年 4 月初，周总理在《张学思病情恶化的报告》上批示：“要告诉医院，设法进行抢救。如果他们力量不够，可以请 301 或其他医院一块儿进行抢救。”据此，张所在医院提出救治方案，但遭到林彪一伙阻挠。5 月下旬，张学思同志病危，临终前表示：“非常感谢毛主席和周总理”，同时对林彪等人强加于他的罪名一一批驳，说：“问题迟早总会弄清楚。”

5月29日，张学思同志在医院病逝。

1971年1月，中央在京召开华北会议，揭发批判陈伯达。4日，周恩来同志主持中央政治局会议，听取黄永胜、李作鹏、纪登奎、李德生关于华北会议情况汇报后，致信毛泽东、林彪，汇报政治局讨论情况时提出：对北京军区司令员郑维山同志和北京军区应一分为二，在经过认真批评之后，从批评达到团结的目的。19日，周恩来同志再次主持中央政治局会议，讨论华北会议问题。次日，周恩来同志致信毛主席、林彪汇报讨论情况，提出：即使中央指出原北京军区负责人有错误，也不应与陈伯达放在一起，成为所谓"反党集团"。周恩来同志的意见得到毛主席的同意，这就排除了林彪、江青两个集团都想打倒郑维山同志的图谋。

1970年3月4日，周总理就数学家华罗庚来信反映其数学手稿被盗事，批示国务院直属口军代表和北京市公安局军管会负责人：首先给华罗庚以保护，防止坏人害他；次之，应追查他的手稿被盗线索，力求破案。

1971年8月9日，周总理陪缅甸总理奈温到广州，得悉粤剧名演员红线女从"五七"干校回来，在剧团干杂务。周总理提出让红线女在欢迎奈温的文艺晚会上演出节目。从此，恢复了红线女的演出权利。

1972年10月，周总理根据毛主席的意见，多次过问上海音乐学院院长、作曲家贺绿汀的问题，催促尽快结案。1973年1月，在毛主席过问、周总理多次催促下，贺绿汀被解除监禁。

1971年，周总理得悉著名彝族女演员杨丽坤在"文化大革命"中受迫害造成的病情，打电话给云南省革委会，要求有关部门负责杨的治疗。

周总理不仅保护了大批党政领导干部和爱国民主人士、科学家、艺术家，还保护劳动模范，如大庆油田的"铁人"——王进喜同志，北京市的淘粪工人时传祥同志等。

1970年2月，周总理对进驻各民主党派机关军代表指示：对民主人士不能那样随便揪斗。如果民主人士有政治历史问题，可以背靠背地进行审查。历史问题，既往不咎。如有现行反革命，另当别论。之后，又几次向有关部门提出：要把下放劳动的民主党派中央委员以上人员，从“五七”干校抽调回来。

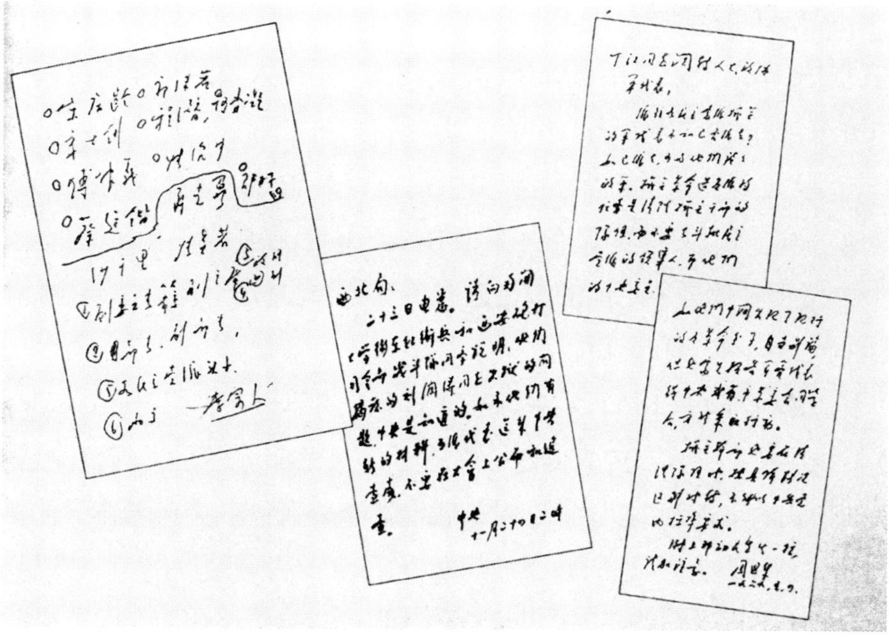

周恩来拟的关于保护党内外领导干部和上层民主人士的三份文电。

1972 年 4 月原第八机械工业部部长陈正人和原内务部部长曾山相继因心脏病去世。周总理在不到十天的时间，连续参加两位老部长的追悼会，既悲痛又震惊！周总理与国务院其他领导同志商定，通知在“五七”干校和疏散在各地的国务院各部委副部级以上干部回京，普遍检查一次身体，并改善他们的保健和医疗条件。同时，周总理还指示中央统战部和全国政协，对上层爱国人士的医疗、生活状况进行调查，对存在的困难及时加以解决。国务院办公室和政工小组向国务院各部门传达了周总理的指示，请卫生部安排医院承担这一任务。卫生部安排了十家医院负责为这些同志检查身体。

1973 年 3 月，教育部部长何伟又因心脏病突然病逝。周总理严肃批评了未落实好医疗保健工作，提出卫生部对党内老干部以及全国人大、全国政协常委中的爱国民主人士进行一次全面身体检查，具体工作由北京医院负责。"文化大革命"中一度废止的高级干部和爱国民主人士的医疗制度得以恢复。

1972 年 3 月,周总理看了在押的中央统战部原部长徐冰逝世的报告,提出:全面检查一下被拘留、关押、监护、隔离人员的身体情况,有病的治病,病重的住院,身体不好的加点营养,不要等病危再去医院治疗。周总理关心这些人的健康和治疗问题,不仅是出于人道主义,更主要的是他对强加于这些人的罪名是不相信的。可是,在江青一伙还在台上的时候,立即释放是不可能的。在这种情况下,周总理只能设法减少他们的痛苦,减少疾病和死亡。

1972 年 12 月 18 日,毛主席将铁道部原副部长刘建章妻子刘淑清反映监狱虐待在押人员的来信送给周总理,毛主席批示:"应一律废除这种法西斯式的审查方式。"当日,周总理批告李震、杨杰、吴庆彤办三件事:(一)将刘建章保外就医,并通知其家属、子女前去看望。(二)将刘建章全案结论抽出送国务院李先念、纪登奎批。(三)请公安部会同卫戍区,将他在国务院提出过的,要清查北京监狱对在押人员的待遇问题,在年内再作一次彻底清查。凡属法西斯式的审查方式和虐待、殴打在押人员都要列举出来,再一次宣布废除。如有违犯者,当依法惩治,并容许犯人控诉。当时,我约李震、杨杰和中央专案组负责人到国务院会议厅,向他们传达了毛主席和周总理的指示,并商定分别办理周总理提出的各项任务。此后,对在押受审人员的残酷迫害,有所改变。

1973 年 1 月 8 日,周总理审阅公安部《关于贯彻执行毛主席对监管工作重要指示的报告》时批示:同意将秦城监狱收归公安部直辖,要求在一个月内整顿好,并定出新的规章,严格遵守。允许各省来开监管工作会议的人参观、批评和学习。同时建议卫生部再拨出两个医院的部分病床,接收在押人员住院治疗。秦城监狱经过整顿,在押人员的居住、饮食、医疗卫生条件均有所改善。

1973 年年初,周总理约负责组织工作的纪登奎同志谈话提出:现在还有很多省部级干部没有解放，而各方面的工作又很需要这些有经验的老同志出来工作，要抓紧时间解放一批老干部，并重新安排他们的工作。到 1973 年 7 月，中组部、国务院业务组、总政治部分别提出各省、市、自治区党政正副职、中直各部门正副职、国务院各部委正副职和军队正军职以上待解放的名单，共约 300 多人。在周总理的主持下，中央政治局连续开会讨论这个名单。在讨论中，江青、张春桥等人屡屡作梗，百般阻挠。参加会议的叶剑英同志作《过桥》诗（一匹复一匹，过桥真费力，多谢牵骡人，驱骡赴前敌）表示愤慨。由于周总理、叶剑英、李先念等同志据理力争，最终还是解放了一大批高级领导干部。当时国务院业务组提到会议上 151 人，我奉命向中央政治局会议汇报情况，经中央政治局讨论通过解放 97 人。所谓解放，即恢复党的组织生活，阅读党内文件，按原级别发工资，分配适当工作或安置休养。

1973 年 5 月 20—23 日，在中央召开的工作会议上，周总理宣布，经毛主席批准，谭震林、乌兰夫等 13 人予以解放，分配工作。

1975 年 2 月底 3 月初，周总理连续约纪登奎、吴德、华国锋同志谈关于中央所管专案审查对象的处理意见，指示应尽快结束专案审查。3 月 7 日，周总理审阅修改汪东兴、纪登奎、华国锋、吴德 3 月 6 日写给中央的《关于专案审查对象处理意见的请示报告》。《报告》提出：根据毛主席关于尽快结束专案审查、把人放出来的意见，由中央专案第一、第三办公室和“五一六”专案组所管 670 名审查对象，“大多数人的问题已基本查清”。“对上述审查对象，采取审查从严、处理从宽的方针，除极少数拟继续关押审查外，绝大多数予以释放。这些人，凡是专案组能够作出结论的，应作出结论；一时还不能作出结论的，应先放出来，以后均由中组部会同有关机关和人员再作结论”。这些人放了以后，中央专案一办、三办和“五一六”专案组即行撤销。《报告》还对不同类别的审查对象，提出具体处理的意见。周总理在“人民内部矛盾”一类中，加上“凡属问题性质严重而作人民内部矛盾处理的，应予释放，并将其结论在适当范围内公布”。

周总理为了加快解放干部的进度，指示在京的中央党政军、统战、文教、科学等系统和北京市，利用国庆节、五一节等重大节日，让应当解放而尚未解放的高级干部，民主党派负责人，文化、教育、科学各条战线的知名人士参加招待会等活动，会后将名单登报。遵照周总理的指示，党、政、军有关部门每年国庆、五一都提出一个大名单，送周总理审阅。他不仅同意，常常还增加一些人。例如，1974 年国庆节招待会名单，周总理在医院审阅后，提出增加六位起义将领的夫人韩权华（卫立煌夫人）、郭翼青（程潜夫人）、洪希厚（张治中夫人）、刘芸生（傅作义夫人）及张学铭（张学良之弟），还有齐燕铭同志。这样就起到了解放干部、恢复名誉的作用。

不仅如此，周总理还利用其他机会解放干部。例如 1975 年 2 月 4 日，辽宁海城地震后，立即组成以副总理华国锋为团长的中央慰问团，前赴灾区慰问。那时周总理正在住院。慰问团出发后，我将名单报送周总理。他阅后指示：吕正操同志是海城人，中央慰问团应增加吕正操同志，并任副团长，让他与灾区群众见见面，并发表讲话，然后作新闻报道，以恢复名誉。之后，我立即派专机送吕正操同志去辽宁灾区，参加中央慰问团的活动。

由于周总理的努力，保护和解放了一大批老干部，保护了许多爱国民主人士。但是，由于受历史条件的限制，仍然有大量冤假错案没有平反，还有许多老干部没有解放。

1967 年 2 月，谭震林、陈毅、叶剑英、徐向前、李富春、李先念、聂荣臻等七位老一辈无产阶级革命家，在党中央的会议上，对“文化大革命”的错误做法和林彪、江青一伙乱党乱军、打击迫害老干部的罪恶行为展开正义抗争，受到毛主席的错误批评。林彪、江青一伙妄图借机打倒七位老革命家，周总理忍无可忍，坚决进行保护。由于毛主席对七位老革命家采取“一批、二保、三看”的方针，也由于周总理的坚决保护，使林彪、江青一伙未能得逞，从而保障了七位老革命家的人身安全，保住了部分老革命家的政治地位，保存了党的重要健康力量，为后来粉碎林彪、江青两个反革命集团，稳定局势，拨乱反正，作出了重大贡献。

周总理在保护老干部中，最大的贡献是用各种办法保护邓小平同志，在时机到来时，及时向毛主席提出建议，促成了邓小平同志的复出，为中国共产党形成第二代领导核心，为彻底纠正“文化大革命”的错误，为我国实行改革开放政策，创造了先决条件。

在“文革”期间，周总理千方百计地保护党和国家领导人，保护和解放老干部，保护爱国民主人士的事例太多了，不可能全部列举。可以说，在“文革”中幸存的或逝世的省、部、大军区以上党、政、军各方面的大批老干部，以及高层的爱国民主人士，都直接或间接地得到过周总理的关怀和保护。

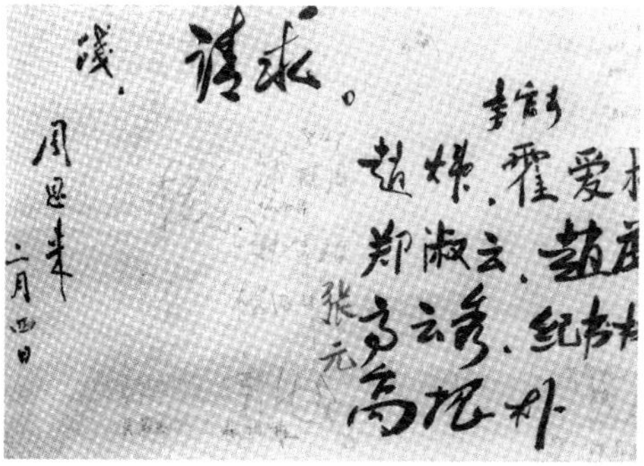

周恩来身边人写的请求他休息的大字报。

人们永远不会忘记，在“文化大革命”中，周总理为保护党和国家领导人，保护革命老干部和爱国民主人士作出的历史贡献。

在“文化大革命”初期，由于周总理在许多场合的讲话中表示：建国后17年党和政府的工作，毛主席的革命路线占统治地位，领导干部的绝大多数是好的和比较好的，要一分为二，不能否定一切、打倒一切。因而，与中央文革一伙推行的极左路线，发生尖锐矛盾，并受到他们的攻击和诽谤。江青、陈伯达等人攻击周总理“和稀泥”、“搞调和”、“搞折中主义”。1966年10月31日，姚文元在纪念鲁迅逝世30周年大会上讲话时，指桑骂槐地影射攻击周总理，是“那些貌似‘公正’而实际上站在旧势力一边的‘正人君子’们”。叫嚣要“撕掉那些新式的‘正人君子’们折中主义的伪面具”。在江青、康生、陈伯达的授意下,由王力、关锋执笔的《红旗》杂志社论《纪念我们的文化革命先驱鲁迅》一文中,更露骨地说:"在你死我活的阶级斗争中,搞折中主义,实际上就是站在敌人一边。"

面对这些无耻的攻击和诽谤,周总理仍然坚定不移地维护党和人民的利益,反对林彪、江青一伙推行的否定一切、打倒一切的极左路线,反对极左思潮和无政府主义。这就使江青一伙对周总理更加仇视,必欲打倒而后快。

四、城市工交企业和农村社队如何开展“文化大革命”

工交企业和农村社队如何开展“文化大革命”，从“文化大革命”开始就存在着不同的主张和斗争。林彪、江青一伙只管“文化大革命”，根本不考虑国家和人民的需要。他们把经济搞乱，却不负任何责任。可是，作为人民的总理周恩来同志，始终对国家和人民高度负责，他要尽可能减少“文化大革命”对生产建设事业带来的破坏，尽可能使国民经济能够继续运行，不至于完全瘫痪，以保障人民群众的基本生活需要。为此，周总理与林彪、江青一伙进行了坚决的斗争。这场斗争前后经历了三个回合。

第一个回合，在 1966 年 6、7 月间。“五一六通知”下达后，在中央文革小组的煽动下，北京等大城市青年学生首先起来“造反”，混乱现象迅速从北京等大城市蔓延到全国，从学校扩展到社会，全国工业、交通和基本建设单位开始受到影响。当时，主持中央日常工作的刘少奇、邓小平同志就向毛主席写信：在京的同志讨论认为，“文化大革命”的重点放在文化教育部门和党政机关，对于工业、交通、基建、商业、医院等基层单位，仍按原定“四清”部署，结合“文化大革命”进行。并草拟了一个通知稿送毛主席审核。毛主席 7 月 2 日在刘少奇、邓小平同志的信上批示：

"同意你们的意见,应当迅速将此通知发下去。"随后中共中央、国务院发出《关于工业交通企业和基本建设单位如何开展文化大革命的通知》。7月22日,中央又发了一个补充通知。两个通知规定:"这次文化大革命的重点是文教部门和党政机关","工业交通企业和基本建设单位要在保证完成生产任务的条件下,结合'四清'运动,分期分批开展文化大革命",从而限制了"文化大革命"的范围,制约了"文化大革命"对生产建设的破坏性影响。以后,由于毛主席对向大中学校派工作组领导"文化大革命"进行了严厉批评,各地开始批判所谓"资产阶级反动路线";从8月份开始,毛主席为了进一步发动"文化大革命",开始接见来京的各地红卫兵和学校师生,北京的学生纷纷到外地进行所谓革命大串连,各地红卫兵和学校师生也开始了全国大串连。在中央文革小组的煽动下,他们到处造反,揪斗所谓"走资派",使中央和地方的许多党政机关陷入瘫痪、半瘫痪状态。交通运输陷入了空前的大混乱。部分工交企业和基本建设单位停工停产。中共中央、国务院关于工交企业和基本建设单位如何开展"文化大革命"的通知规定已经被冲垮。

1966年9月初,李富春同志提议,经周总理和毛主席同意,调余秋里、谷牧同志到国务院协助抓经济工作。周总理对他们说:你们可得帮助我把住经济工作这个关啊!经济基础不乱,局面还能维持;经济基础一乱,局面就无法收拾了。所以经济工作要紧紧抓住,生产绝不能停。生产停了,国家怎么办?不种田了,没有粮食吃,人民怎么能活下去?还能闹什么革命!红卫兵大串连高潮开始后,为减轻铁路运输的压力,维持起码的生产建设物资运输任务,周总理要求谷牧同志组织力量,编制铁路运输计划明细表,并多次指出:"无论多么困难,都要处理好学生串连与生产建设的关系。首先必须安排好维持生产建设所必需的货运力量,然后安排好客运计划;在客运计划中,留有一定余力,以应付学生串连之需。总之,无论如何不能让生产受到影响。"然而,从8月18日到11月26日,毛主席在北京先后八次接见红卫兵和大中学校师生,总共约

1300多万人次，对生产建设，对人民生活，必然带来很大影响。

第二个回合发生在1966年9月，为了防止学校的极左行为蔓延到农村和工交企业去，9月初，陶铸同志根据毛主席和周总理的指示，组织起草了中共中央《关于县以下农村文化大革命的规定》和中共中央《关于抓革命促生产的通知》，经中央碰头会讨论后，报毛主席批准发布。这两个中央文件规定：“县以下各级的文化大革命仍按原‘四清’运动的布置结合进行”，“北京和外地的学生和红卫兵均不得到县以下各级机关和社队去串连”；“各生产企业和科学研究机构的职工都应当坚守岗位。外出串连的应迅速返回原单位。学生和红卫兵不要进入厂矿企业、科研单位去串连”；等等。这两个文件的下达，在一定时期内和一定程度上减轻了“文化大革命”对生产的破坏，但也招致江青一伙的疯狂反对。江青曾在一次会议上公开大吵大闹，逼迫周总理、陶铸同志表态，取消上述限制“文化大革命”的文件，这理所当然地遭到拒绝。

1966年11月9日，周总理主持讨论修改《人民日报》社论稿《再论抓革命、促生产》。按照周总理意见定稿的这篇社论指出：“国民经济是一个整体，工业生产是一个整体，一个环节扣一个环节，只要某一部门脱节，就可能影响全局”，“工农业生产稍有间断，就会影响到人民的经济生活。”在工矿企业、事业单位和农村搞“文化大革命”，“不能占用生产时间，不能离开生产岗位”，必须坚决遵守、时刻遵守抓革命、促生产的方针。

第三个回合发生在1966年11月。中央文革小组陈伯达、王力等人起草了一个《关于工厂文化大革命的十二条指示》草稿，主要内容是取消对工交企业开展“文化大革命”的限制性规定。周总理把这个草稿交给由谷牧同志主持的工交座谈会进行讨论。与会者对此稿提出的“允许工厂成立派别组织”，“允许学生到工厂串连”等内容表示强烈反对。会议期间，周总理会见了参加座谈会人员，并发表了讲话。他说：当前的形势是“方兴未艾，欲罢不能，大势所趋，因势利导”。要大家抱着“我不入苦海谁入苦海"的态度，挺身而出，保卫党和国家的利益，个人被冲垮了也要毫无抱怨。根据会议意见和周总理的多次讲话精神，谷牧同志起草了《工交企业进行文化大革命的若干规定》（又称"十五条"）。"十五条"提出"17年来，工交战线基本上是执行毛主席革命路线的"。规定：（一）工业化大生产具有连续性和社会协作性，不能停产闹革命，只能有步骤地分期分批地搞文化大革命；（二）工人参加文化大革命运动，只能在业余时间内进行，八小时工作制不能侵犯；（三）学生不能到工厂去串连。"十五条"遭到陈伯达和中央文革小组的反对和指责。11月22日，周总理、李富春同志向毛主席作了汇报。毛主席听后表示：（一）工矿企业还是要分期分批进行"文化大革命"；（二）八小时生产不能侵犯、工人只能在业余时间闹革命；（三）文件提出后，让谷牧同志带个班子到上海、天津、沈阳听取各派工人意见，继续进行修改，争取12月份发出；（四）原稿子把当权派划宽了，同意把"忘本、自私、压制群众"等几类人去掉。毛主席还说："十五条"不行可以另写，讨论出来看看。之后，陈伯达急不可待地以原十二条为基础，修改为《工业十条（草案）》，上报中央。12月4日至6日，林彪主持中央政治局扩大会议，听取谷牧同志关于工交座谈会情况汇报和讨论通过陈伯达起草的《工业十条（草案）》。谷牧同志在周总理支持下，会前作了认真准备。谷牧同志汇报时说："工交系统文化大革命的具体做法，应该从实际出发，充分考虑到工交企业的特点。即：（一）工交系统基本上执行了党的社会主义改造和社会主义建设的总路线；（二）工交系统的干部和职工队伍基本上是好队伍；（三）工交生产的连续性决定了生产不能中断。这几点同文化教育系统，同各级党政机关不一样，文化大革命的做法应当有所不同。"谷牧同志不畏林彪、江青一伙的权势，不顾个人安危，坚持实事求是，坚决维护国家和人民的利益，不仅反映了工交座谈会参加者的呼声，也表达了关心党和国家命运的广大干部和群众的意志。但是在那是非颠倒的年代，真理竟然败于谬论。谷牧同志汇报后，中央文革小组一伙人即以《汇报提纲》为靶子，展开围攻批判。12 月 6 日，会议主持者林彪对工交座谈会及《汇报提纲》作了彻底否定的总结讲话。耐人寻味的是，林彪主持的这三天会议，周总理虽然参加，但会议进行中很少说话。直到林彪作了长篇批判性讲话后，他才讲了一番话，主要是谈过程，说谷牧等同志有一个最大的担心，就是怕运动影响国民经济建设，反过来影响运动的进展。周总理的这些话实际上是为谷牧等同志开脱责任。周总理内心十分清楚，林彪的讲话，显然不是他个人的意见，而是在相当大程度上体现了毛主席的意图。在判明了形势发展趋势后，周总理对陶铸、谷牧等同志语重心长地说：现在的形势是“工交欲罢不能”，“浪潮来了，要站在浪潮的头里，因势利导，顺势搞下去，就能领导，逆着浪头会被浪头冲掉”，“既然已经挡不住，不如疏导”。陶铸、谷牧等同志在这次会议上迫不得已地作了“检查”。会议在充满政治高压的气氛下，正式通过《工业十条》，并由毛主席批准发出。周总理在判明毛主席的态度之后，适时地将斗争引向退却，竭尽全力保护了一批经济战线上的高级领导干部，使他们免遭更大的迫害，能留下来和他一道支撑岌岌可危的经济局面。采取这种以退为进的斗争方法，为后来的事实证明是完全必要的。经毛主席批准下发的中共中央《关于抓革命促生产十条规定》提出：“工矿企业可以成立派别组织，允许学生到工厂串连。”改变了中央关于工矿企业原则上不开展“文化大革命”的决定，使“文化大革命”正式扩及全国工交财贸系统的基层单位。虽然列入了工人坚持八小时工作制和业余时间搞运动的内容，但在实际上也没有得到遵守。不久就出现全国范围的混乱局面。工人参加派性斗争，使武斗升级，许多地方发生运输中断，生产停顿。从 1967 年 5 月份开始，工业生产和铁路运输陆续出现较大幅度的下降。周总理不得不投入更多的精力抓生产。他每周都要挤出时间，常常是通宵达旦，听取铁路、交通、煤炭、电力等部门汇报情况，研究制止武斗，恢复生产的措施。交通运输和能源是国民经济的命脉，这些方面生产中断，整个国民经济和人民生活都要受到影响，因此周总理紧抓不放，但是在全面夺权以后,各级党政机关和企业单位的领导已经瘫痪,利用原有的组织系统抓生产已经不能奏效。要扭转这种局面,根据当时情况只有实行军事管制。周总理在征得毛主席同意后,对铁路、交通、煤炭、电力等系统和其他关系国计民生及战备的重点企业逐步实行军管,组成以军队干部为核心的原有少数领导干部和造反派(或群众代表)参加的领导班子,并且在军管会之下分别建立抓运动和抓生产的组织。这样生产秩序虽然有所好转,但是极左思潮和无政府主义仍在发展,不可能恢复正常。

1966 年 12 月 15 日,林彪主持中央政治局扩大会议,通过了中央文革小组起草的《中共中央关于农村无产阶级文化大革命的指示(草案)》。同日,毛主席批准发出。该《指示》提出:"社队可以建立红卫兵组织,社队之间可以串连,学生也可以到乡下去串连;农村的文化大革命也要采取大鸣、大放、大字报、大辩论,实行大民主。"这一文件的下发,改变了中央关于农村原则上不搞"文化大革命"的决定,把动乱扩大到了农村。

1967 年,由于"文化大革命"动乱加剧,正常生产秩序和工作秩序被打乱,许多地方武斗频繁,运输阻塞,生产中断,整个国民经济处于半无政府状态,工业生产普遍下降,财政出现赤字。1967 年工农业总产值比上年下降 9.6%,其中农业增长 1.6%,工业下降 13.8%。

至于农村,尽管在中央文革小组的煽动下,大批城市红卫兵下去鼓动"造反",许多社队的领导权被夺,有些地方也发生武斗,但是广大农民懂得不种田没饭吃这个千真万确的真理,他们仍然照常进行生产劳动。因此,"文化大革命"十年中,我国的农业生产受到的破坏比较小,农业生产稳步发展,连续十年取得好收成。

五、江青一伙肆意迫害协助周总理工作的主要助手——兼谈对“西纠”与“联动”的看法

“文化大革命”开始后，周总理与林彪、江青一伙对建国后17年党政工作和各级领导班子的估计，对城市工商企业、农村社队是不是像学校一样搞“文化大革命”，要不要维护民主法制和社会秩序等一系列重大问题上，发生严重分歧，斗争日益尖锐。周总理成为他们篡党夺权的主要障碍。于是，江青集团策划对周总理进行打击报复。从1966年年底开始，他们采取种种阴谋手段，肆意迫害协助周总理工作的主要助手周荣鑫、童小鹏、许明等同志。

“文化大革命”初期，国务院秘书长周荣鑫，副秘书长童小鹏(1966年6月调中央办公厅任第一副主任，仍然协助周恩来同志办事)、许明同志，全力协助周总理处理“文化大革命”带来的各种问题。这包括：保护受冲击的党和国家领导人，中央党政机关和各省、市、自治区的领导干部，党外爱国民主人士；制止红卫兵和造反派冲击中央党政机关，哄抢机密档案；毛主席先后八次接见各地来京的大中学校师生和红卫兵(共约1300余万人)，负责安排这些来京人员的交通、食宿、参观和组织他们到天安门接受毛主席检阅；接待各地来京上访的红卫兵和其他人员，听取

他们的意见，处理他们提出的问题，宣传和解释党的政策。当时，这些事情都非常难办。尽管如此，周荣鑫等同志及时组织工作班子，带领大家克服困难，开展工作，尽量减轻周总理的负担，他们不愧为周总理的得力助手。然而，江青集团为了孤立和打击周总理，给周荣鑫等同志妄加种种罪名，策动造反派进行揪斗，使他们丧失继续工作的条件，以达到“累倒、累死”周总理的罪恶目的。

江青集团以所谓“指使‘西纠’（首都红卫兵纠察队西城区分队）干坏事”、“执行资产阶级反动路线，支持保守派，压制革命造反派”等罪名，迫害周荣鑫、许明等同志。

1966 年 11 月，江青集团诬蔑周荣鑫、许明同志领导的文化革命联合接待室“执行资产阶级反动路线，支持保守派，压制革命派”，并借此对他们进行迫害。

“文化大革命”开始后，反映“文化大革命”问题的上访人员急剧增加。特别是毛主席在党的八届十一中全会上严厉批评派工作组到学校领导“文化大革命”，是镇压学生运动，是资产阶级反动路线以后，到接待室上访人员，每天少则上千人，多则数千人。负责此项业务的国务院秘书厅人民来信来访接待室人手少，难以承担如此繁重的任务。根据周总理的指示，组建了中共中央办公厅、国务院秘书厅文化革命联合接待室，所有到党中央、国务院和中央文革上访的人员，一律由联合接待室接待。联合接待室的日常工作，由国务院秘书厅负责。陆续从国务院所属各部委抽调 200 多名干部，参加接待工作。为了加强领导，周总理、周荣鑫同志决定，许明同志全力抓信访工作。许明同志是一位精明强干的领导干部，也是一位杰出的女同志，她认真贯彻周总理的指示，亲临第一线，与联合接待室的同志一起，研究接待工作中的新情况和新问题，进行具体指导。当时，联合接待室的同志对“文化大革命”普遍不理解，许多同志对造反派的胡作非为很反感。许明同志跟大家一样，对“文化大革命”也不理解。但是，她顾全大局，努力完成周总理交给的任务。她积极做大家的思想工作，要求同志们正确对待“文化大革命”，正确对待群众。在她的领导下，联合接待室的同志们不辞辛苦，不怕困难，耐心地听取上访人员反映的问题，区别不同情况，及时进行处理。许多同志在工作中常常受到造反派的围攻、揪斗、谩骂等人身侮辱，但仍以大局为重，坚持工作。

童小鹏在江西进贤中办“五七”干校拉车送猪饲料。

尽管许明和联合接待室的同志们顾全大局、忍受侮辱、勤勤恳恳地进行工作，然而中央文革一伙仍然“鸡蛋里挑骨头”，寻找借口，进行打击迫害。

1966 年夏，北京红卫兵中间流传着一副对联：“老子英雄儿好汉，老子反动儿混蛋。”横批为：“基本如此”。红卫兵有的赞成，有的反对，在联合接待室展开辩论，争论不休。当时，中央文革小组成员戚本禹等人常去联合接待室看看。戚本禹将红卫兵的争论情况报告了陈伯达。陈伯达将对联改为：“老子英雄儿接班，老子反动儿造反。”横批为“理应如此”。戚本禹将修改稿交给了许明同志，并说明是陈伯达修改的，要求誊抄贴在联合接待室院内。许明同志照办了。但是，修改过的对联贴出后，红卫兵们的看法仍然不一致。有的红卫兵问许明同志是谁修改的，许明同志如实回答是陈伯达修改的，其目的在于统一大家的认识，平息争论。她没有料到因此而引起一部分红卫兵反对陈伯达。陈伯达对许明同志十分不满，认为是故意挑动红卫兵反对他，因而怀恨在心。

与此同时，长期滞留北京的一部分上访人员（东北三省的占多数），借红卫兵大串连之机，组建了一个号称“中国工农红旗军”的全国性组织。“红旗军”与北京一些高等学校的造反派勾结起来，以批判“资产阶级反动路线"为名,肆意冲击中央党政机关,揪斗领导干部,抢国家机密档案,打人、抓人无恶不作。这伙人还到联合接待室造反。为了查明"红旗军"头头的真面目,许明同志商请公安部派人到东北地区进行调查。后来,"红旗军"头头们知道了这件事,十分不满,聚众冲击了联合接待室,诬蔑联合接待室"实行资产阶级反动路线","镇压革命造反派",并将联合接待室的负责干部揪到政法学院扣押起来,进行批斗。联合接待室有的负责人因工作关系与中央文革办事机构负责人相识,在不得已的情况下,给其打电话,要求中央文革出面解围。该人请示后作了回答,不仅表示不管,而且还指责联合接待室"执行资产阶级反动路线,镇压革命造反派"。这完全是中央文革一伙人的反动立场观点。公安部门对形迹可疑的人进行调查,完全是职责范围内的事情,根本谈不上什么"资产阶级反动路线,镇压革命造反派"。在公安部查明"红旗军"头头是坏人,其骨干大都是曾经被劳改、劳教、开除公职,屡教不改者之后,根据他们的罪行,在周恩来同志主持下,中央开会决定,明令取缔了"红旗军"这个反动组织,从而挫败了中央文革一伙妄图利用"红旗军"问题迫害周荣鑫、许明同志,攻击周总理的图谋。

1966 年秋,陈伯达与江青合谋编写了一期简报,向毛主席诬告许明"不支持中央文革小组的工作,与陈伯达唱对台戏"、"执行资产阶级反动路线,支持保守派,压制革命造反派"等。毛主席阅后作了批示,对许明同志给予严厉批评,要周总理进行教育。许明同志知道后非常紧张。以后,她又知道江青在工人体育馆召开的一个大会上,大骂"'西纠'是保护走资派的保皇派","打人、杀人,无恶不作"的"反动组织",并点名说孔原、许明是"指使'西纠'干坏事的后台",她的精神更加紧张。加上她的丈夫孔原被关押,大儿子孔丹("西纠"的主要负责人)被捕,在这种巨大压力下,她难以承受,1966 年 12 月 23 日晚,被迫选择了自杀的道路。她辞世以前,情绪已经十分颓丧,整天憋在办公室里,不愿与大家见面,每天到食堂就餐,都要等到快结束时才去。她自杀的那天下午,在我的办公室里坐了一个小时左右，她向我询问了近日机关的运动等情况。我看到一向梳妆整洁、谈笑风生的许明同志，一下子变成了一个蓬头垢面、沉默寡言的人。当天晚上，我被叫到中南海外面，参加秘书厅的批判会，接受批判。然后怀着忧郁的心情回家了。不料，就在当晚许明同志离开了人世。我常常这样想：如果我警觉性高一些，及时向有关领导反映情况，做做疏导工作，或许可以防止这个悲剧的发生。每念及此，深感内疚。许明同志的死，江青、陈伯达罪责难逃。

继许明同志之后，江青集团接着继续迫害周荣鑫等同志。

1967 年 1 月，中央办公厅、国务院秘书厅文化革命联合接待室的干部、国务院直属机关的群众组织中的一些人和来自天津市的少数造反学生，在中南海国务院小礼堂开会，并通知周荣鑫、汪东兴（时任中央办公厅主任）、童小鹏（时任中央办公厅副主任）同志到会，就联合接待室是否“执行资产阶级反动路线”等问题，对汪东兴等同志提意见；就所谓“支持‘西纠’干坏事”等问题，对周荣鑫等同志进行批斗。批斗会开了三天。最后一次会，王力到会表示支持，并代表中央文革宣布：汪东兴在毛主席身边工作，他顾不了那么多，应当原谅他；童小鹏有一定责任，要作深刻检讨；周荣鑫问题严重，应当打倒。江青于 1 月 7 日在一份材料上批道：总理，群众要斗争周荣鑫、童小鹏，应随传随到。9 日，周总理就此事批告王力：周荣鑫、童小鹏应深刻检讨。“但要注意不要说‘随传随到’，改说‘批判必到’”。因为“随叫随到，我要找他们问事办事，将无法找到人了”。江青、王力如此狂妄，暴露了江青集团要搞垮国务院，打击周总理的罪恶居心。

江青集团强加于周荣鑫、许明同志“实行资产阶级反动路线，支持保守派，压制革命造反派”的罪名，完全是颠倒黑白，无耻诽谤。实际情况是，造反派上访反映的问题，有不少涉及对中央和地方党政领导干部的“问题”。当时，周总理针对否定一切、打倒一切的极左思潮，在接见群众时反复强调：建国后 17 年，毛主席的红线占统治地位，领导干部的绝大多数是好的和比较好的,有缺点错误可以批评,但不能统统打倒。1966 年 8 月,周总理在听取联合接待室负责人汇报时指示,对群众来访反映的“文化大革命”问题,要慎重处理,注意请示报告,不要随便表态。周总理的这些讲话精神,自然成为联合接待室的重要指导思想。周荣鑫、许明同志根据周总理的指示精神,确定接待上访人员的做法是:热情接待,一视同仁;对“文化大革命”中的问题,采取慎重态度,重要的事情要请示报告,不要轻易表态,防止支持错误行动,防止挑动群众斗群众;属于认识问题,进行说服解释;对无理取闹者,进行批评教育。鉴别是非的标准是,毛主席的指示,党和政府的方针政策等。然而,江青集团把这种做法诬蔑为“资产阶级反动路线”。他们提出,要旗帜鲜明地支持造反派。造反派否定一切,打倒一切,他们都要求给予支持。周总理领导下的国务院秘书长不会这样办。随着周荣鑫同志连遭批斗,许明同志被逼自杀,联合接待室被强加上“执行资产阶级反动路线”的罪名,北京和各地来京的造反派不断进行冲击,无法继续工作下去。在这种情况下,中央决定,从军队抽调干部,组成新的接待班子,由中央办公厅领导,继续进行工作。

此后,在江青集团的煽动下,北京一些高等学校和国务院直属机关的造反派,纷纷要求批斗周荣鑫同志,周荣鑫同志难以继续工作。周总理只好把他保护在中南海。1969 年 10 月,周荣鑫同志到宁夏回族自治区平罗县国务院直属机关“五七”干校去劳动。

“西纠”和“联动”同时遭到江青集团的镇压,而且“联动”被定为“反革命组织”,受到更加残暴的镇压。“西纠”和“联动”究竟是一个什么样的组织,许多同志也许还不大清楚,我在这里附带谈谈对他们的看法。

“文化大革命”开始后,红卫兵运动迅速兴起。在一个接一个的“斗黑帮、批黑线”、“破四旧、立四新”、“横扫一切牛鬼蛇神”、“批判资产阶级反动路线”等运动中,许多学校的领导和老师、文化宣传部门和党政机关的领导干部,被强加上“黑帮”、“反革命修正主义分子”、“走资本主义道路的当权派”等罪名,受到批斗、抄家、殴打等迫害。许多长期同党合作的爱国民主人士、原工商业者和归国华侨也受到冲击和迫害。大批历史文物遭到毁坏、社会主义民主和法制遭到破坏，造成人人自危的恐怖局面。在这些来势凶猛的浪潮中，许多红卫兵参加了所谓破“四旧”、“横扫一切牛鬼蛇神”等极左行动，做了一些错事。当然，这不能全责怪孩子们，而应当由利用红卫兵的天真幼稚，进行欺骗和煽动，以达其罪恶目的的林彪、江青一伙负责。本来极左思潮和无政府主义已经泛滥成灾，林彪、江青一伙还别有用心地对红卫兵的破坏行为大力吹捧、赞扬。林彪说：“革命的群众运动，它天然是合理的。”陈伯达说：“红卫兵小将们的革命大方向始终是正确的。”他们把党的领导视为阻碍革命的“资产阶级反动路线”，鼓吹“踢开党委闹革命”。这就使局面更加混乱不堪，人民群众对这种状况强烈不满。

来京串连的黑龙江红卫兵在天安门广场演唱《造反有理》歌。

周总理坚决反对林彪、江青一伙煽动红卫兵破坏社会秩序，践踏民主和法制的行为。他连续接见红卫兵代表，对他们进行说服教育，纠正他们的错误行为。为了稳定局势，维护中央和地方党政机关的工作秩序，维护生产秩序和社会秩序，制止红卫兵到处冲击，随意揪斗党政机关、学校的领导干部和爱国民主人士,周总理和陶铸同志主持起草了《中共中央、国务院关于文化大革命中一些具体问题的通知稿》,周总理亲自起草了《有关红卫兵的几点意见(未定稿)》。这两个文稿不仅遭到中央文革一伙人的反对,也未能得到毛主席的支持。

在周总理循循善诱讲话精神的感召和社会不满舆论的影响下,特别是随着"文化大革命"运动的发展,有些红卫兵的父母也遭到冲击和迫害,一部分红卫兵开始认识到党政机关和文教部门的领导干部绝大多数是好的,任意揪斗是错误的;随便抓人、打人、抄家等是违法的,是不得人心的。他们表示要同这种错误行为进行斗争。北京西城区八中、四中等学校一些高中学生(红卫兵)发出组建红卫兵纠察队的倡议,迅速得到西城区几十所中学许多同学的响应,于 1966 年 8 月 25 日组成了"首都红卫兵纠察队西城区分队"(简称"西纠")。此后,东城区、海淀区红卫兵也分别成立了纠察队。"西纠"在成立时,确定以贯彻执行党的八届十一中全会通过的《关于无产阶级文化大革命的决定》(即"十六条")为宗旨,以维护社会秩序为主要任务。"西纠"自成立之日起,在短短的一个多月的活动中,陆续发布了十个通令。这些通令针对当时存在的混乱局面,提出保卫中央党政机关,保护革命干部,保卫国家机密,维护首都社会秩序,反对批斗中的武斗、体罚,等等。当时,在造反浪潮冲击下,国家已陷入有令不行、有禁不止的混乱状态。"西纠"的通令对于抑制红卫兵的不法行为,发挥了积极作用。因而受到党政机关和广大干部群众的欢迎。北京和外地的一些党政机关曾大量翻印"西纠"通令,张贴公布,广为宣传。北京许多机关、团体和干部、群众纷纷要求"西纠"出面解决红卫兵造反带来的各种问题。

周总理发现了"西纠"在维持社会秩序等方面发挥的积极作用,很快给予充分肯定。他指出:"红卫兵有许多创造,纠察队就是一个。"周总理曾亲自点名"西纠"代表上天安门城楼,参加毛主席接见红卫兵的活动。他接见过"西纠"总部的几个成员,当面向他们布置了维持北京火车站秩序等任务，并当场指示周荣鑫秘书长帮助“西纠”解决用房、交通工具、印刷等各种困难问题。此后，又通过周荣鑫、许明等同志向“西纠”布置过一些任务，如在民族学院学生批斗班禅的时候，前去保护班禅的安全；保护京剧艺术家程砚秋的家属，防止红卫兵前去抄家等。叶剑英、李富春、李先念、陶铸等中央领导同志先后对“西纠”的通令和行动表示赞许和支持。在周总理等中央领导同志的支持下，“西纠”在三个月中承担了大量维持社会秩序的任务。在毛主席多次接见红卫兵的时候，“西纠”与解放军配合，执行了保卫毛主席安全的任务。与铁路系统配合，“西纠”队员不辞辛苦，负担了维持北京火车站秩序和为旅客服务的繁重工作。应一些党政机关的要求，“西纠”派了许多队员到冶金部、石油部等机关去保卫国家机密，保护老干部，制止造反派的冲砸行动。与外事部门合作，“西纠”参加了中日青年大联欢活动，并且在北京饭店等外宾住宿地方执行警卫任务，以保障外宾接待工作正常进行。“西纠”还多次派人去制止批斗、抄家中的打人、体罚等行为。“西纠”在保卫中央党政机关中，曾经与中央文革支持的造反派的冲抢行为进行面对面的斗争。如地质学院王大宾一伙冲击地质部，航空学院韩爱晶一伙冲击航空学会，抢档案、揪斗领导干部的时候，“西纠”与他们进行了针锋相对的激烈斗争。这就是后来被中央文革一伙大肆渲染的所谓“镇压革命造反派”的“地质部事件”和“航空学会事件”。

在周总理和其他中央领导同志的支持下，“西纠”的这些有益于党和人民的活动，同林彪、江青一伙要搞乱全国、乱中夺权的图谋背道而驰。因此，江青集团不会允许它存在下去。

1966 年 12 月 16 日，在江青一伙的策划下，在北京工人体育馆召开“北京市中学批判资产阶级反动路线誓师大会”。在这次大会上，江青事先未向周总理打招呼，以突然袭击的卑劣手段，公开发难，大骂“西纠”是“保守组织”（有时也骂“西纠”是“反动组织”），是“保护走资派的保皇派”，是镇压造反派的“刽子手”，“打人、杀人，无恶不作”，必须坚决取缔。江青还当众点了周荣鑫、雍文涛（北京市委副书记）、王任重（中共中央中南局书记、中央文革小组副组长）、孔原（中央调查部部长）、许明等五同志的名，诬蔑他们是"指使'西纠'干坏事的后台"，并逼迫在场的周荣鑫、雍文涛到台前低头认罪。

面对江青的突然袭击，周总理针对江青对"西纠"的谩骂说："总结这四个月的经验，'西纠'的成绩是主要的。新生事物在成长过程中，不可能没有毛病，没有缺点，没有错误。这是事物发展的规律，像一个新生的孩子，刚从胎里出来，毛手毛脚长的，长一个疮呀，长一个包呀，把它割去就是了，新生的力量总是要成长起来的。"

尽管周总理对"西纠"作了"成绩是主要的"评价，表示不同意江青对"西纠"的辱骂、诽谤。但是，当时中央文革有权有势，周总理无力改变江青集团的倒行逆施。这次大会之后，中央文革即宣布"'西纠'是保守组织"，强令解散。随后，对"西纠"小将的镇压，对所谓"'西纠'后台"的迫害，就开始了。投靠林彪、江青一伙的谢富治，充当了镇压"西纠"的总指挥，许多"西纠"成员被捕入狱，遭受日夜审讯，百般虐待。被江青点名的几位老同志，遭到大会小会的轮番批斗。

"西纠"作为一个初出茅庐的热血青年组织，产生于"文化大革命"初期，它的成员不可能不受极左思潮和无政府主义的影响，不可能那么整齐，它的管理不可能那么严格，在纠察活动中，产生某些缺点、错误，是难于避免的。但是，总的来看，"西纠"在维持社会秩序，保护老干部等方面，是发挥了积极作用的，是有功的，他们是党和人民的好儿女。江青诬蔑"西纠"是"保护走资派的保皇派"，完全是颠倒黑白。诬蔑"'西纠'打人、杀人，无恶不作"，更是无中生有。江青集团玩弄移花接木的手法，把有的学校的个别红卫兵在极左思潮影响下的错误行为，强加于"西纠"头上。众所周知，正是"西纠"，无论在其至今有文字可查的通令中，还是在其维持社会秩序的活动中，都与打、砸、抢、抄之风以及其他违反政策的行为进行了坚决的斗争。

江青集团镇压“西纠”的主要目的和险恶用心，是企图借机打击周总理和其他老一辈无产阶级革命家。他们明明知道周总理和叶剑英、李富春、李先念等一批老革命家对“西纠”持支持和赞许的态度，仍然扬言要追查“西纠”的后台。江青危言耸听地说：“‘西纠’、‘联动’有后台，但不能说，说出来会吓你们一跳”，并咬牙切齿地说：“‘西纠’、‘联动’的后台查出来要枪毙！”很明显，这是对周总理等老一辈无产阶级革命家的影射攻击。在1967年二三月间，中央开会批判参与二月抗争的七位老革命家时，林彪、江青一伙曾经把“指使‘西纠’干坏事”，作为老革命家的“反党罪行”进行批斗。

“联动”是“首都中学红卫兵联合行动委员会”的简称。1966年11月27日，北大附中、石油附中、清华附中、矿院附中、地质附中、北航附中、人大附中、京工附中、钢院附中、农大附中、北医附中、101中学、女六中、八一学校、育英学校、十一学校、丰台三中等十几所中学红卫兵负责人在北大附中举行会议，商定联合起来，成立“首都中学红卫兵联合行动委员会”。会议还决定，各校派出一名联络员，集体主持日常工作；决定问题采用协商办法，各校可根据具体情况决定是否参加联合行动。总部设在北大附中，于增寿任总联络员，以后牛皖平成为主要负责人。

1966年12月5日，“联动”发布成立宣言。此时，正是“文化大革命”发展到公开批判所谓“刘少奇、邓小平资产阶级反动路线”，否定一切、打倒一切的极左思潮已经泛滥成灾的时候。这时，一部分红卫兵认识到乱揪乱斗革命老干部是错误的，他们不再听中央文革的话，不再跟着极左思潮走。“联动”成员即属于觉悟较早的那一部分红卫兵。他们大部分是革命干部子弟，多数是老红卫兵，有些人的父母在运动中受到冲击和迫害。“联动”一成立，就把斗争矛头指向中央文革。在“联动”成立宣言中提出：“继资产阶级反动路线之后，出现的资产阶级反动路线新形式乃是当前运动的最大威胁。”在“联动”以后张贴的大标语中，又提出“坚决批判中央文革某些人为首的资产阶级反动路线”。这两个口号的内涵是什么？他们没有作出解释。为了弄清这两个口号的内涵，我在写本书时，对"联动"组建的政治思想基础进行了调查，重温了有关历史资料，包括红卫兵印刷的"联动"反对中央文革的言论材料。从中可以看出，"联动"认为，1966年11月13日和29日，陈毅、叶剑英、贺龙、徐向前四位中央军委副主席在北京工人体育场召开的军队院校和文体单位来京人员大会上发表的讲话，非常好，表示完全拥护。

陈毅等四位老帅在这两次大会上讲话的背景和主要内容是：在全国各地造反派疯狂地否定一切、打倒一切，肆意冲击党政机关、揪斗领导干部的时候，1966年11月8日，北京发生了军队内部（主要是军队院校）造反派冲击国防部的恶性事件。事后，中央军委在11月13日和19日，两次在工人体育场召开军队院校和文体单位来京人员大会。会上，四位老帅严肃批评了冲击国防部这一严重错误行为。陈毅元帅说："一讲黑帮，所有的都是黑帮；一讲资产阶级反动路线，所有的都是资产阶级反动路线。这样打击面太宽太大……否认了伟大、光荣、正确的党，否认了解放军的光荣传统。""我的讲话是'泼冷水'，泼冷水不好，有时热过了头，泼点冷水擦一擦有好处。"叶剑英元帅说："真理就是真理，跨过一步就变成了荒谬"，有少数人批斗干部，把人整得心脏病发作了，倒下了，还要批斗。对这些人我愤恨！他们没有无产阶级感情，不是无产阶级的军人！"他们把国防部当敌人的堡垒来冲，把解放军战士当敌人来打，还有哪一种错误比这更错误的啊！"徐向前、贺龙元帅也在大会上讲了话。

老帅们的讲话切中要害，引起强烈反响，迅速传向四面八方，广大干部和群众拍手叫好。但是，中央文革一伙表示反对，江青说："这是镇压群众"，并诬蔑老帅们是"军内资产阶级反动路线的代表"。可是，"联动"不相信不赞成江青一伙的胡说八道，仍然相信和拥护四位老帅的讲话。

此外，"联动"成员还有以下几个不满：

他们对中央文革煽动和支持造反派否定一切、打倒一切，到处冲击党政机关，随意揪斗革命老干部，许多在中国革命和建设事业中出生入死，艰苦奋斗，作出重要贡献的老干部，被诬蔑为“走资本主义道路的当权派”、“反革命修正主义”、“三反分子”(反党、反社会主义、反毛泽东思想)、“叛徒”、“特务”等，遭到批斗、关押、等迫害不满；

他们对批判“资产阶级反动路线”以后，学校里的老红卫兵成为被批判的对象，说他们是“刘、邓资产阶级反动路线的维护者”不满；

他们对中央文革支持北京红卫兵“三司”聂元梓、蒯大富、谭厚兰、韩爱晶、王大宾一伙，压制“联动”，强行解散北京东城、西城、海淀三区红卫兵纠察队不满；

他们对谢富治掌握着公安大权，执法不公，偏袒“三司”，歧视“西纠”、“联动”，随便抓“西纠”和“联动”的人不满；

他们认为，北京红卫兵“三司”一伙造反派是中央文革的打手，到处冲击党政机关，揪斗革命老干部，诬蔑攻击老一辈无产阶级革命家，干尽了坏事，因而成为中央文革的宠儿。他们要组织起来进行反抗。

上述“联动”成员的这些不满，不是孤立的，它是广大干部和群众对林彪和江青一伙倒行逆施不满的反映。我看，这大体是“联动”提出的两个口号的内涵，也可以说是“联动”产生的思想基础。

中央文革一伙说“西纠”、“联动”的政治思想基础是“反动血统论”，这是有意歪曲事实真相。实际情况是，在“文化大革命”初期，有些老红卫兵曾经一度对“老子英雄儿好汉，老子反动儿混蛋，基本如此”这副对联的观点表示过支持，并与持不同观点的红卫兵进行过争论。他们有“优越感”，有“自来红”思想，看不起非劳动人民家庭出身的同学。但是，在周总理等老一辈无产阶级革命家指出这些观点是错误的以后，绝大多数人很快觉悟，改变了观点。继续坚持错误“血统论”的只是极少数人。青年人思想活跃，对某些不清楚的事情，一时有这样那样的看法，后来发现不对就改变了，这是常有的事，也是正常的。中央文革一伙人不顾事实，说“西纠”、“联动”的思想基础是“反动血统论”，是别有用心的。

"联动"成立伊始,就勇敢地把斗争矛头指向中央文革。他们上街张贴大标语:"坚决拥护中央军委四位副主席的讲话!""坚决批判中央文革某些人为首的新的资产阶级反动路线!""中央文革某些人不要太狂了!""联动敲响了中央文革的丧钟!""联动"先后对中央文革提出四次书面"质问",批评他们把老红卫兵视为"刘、邓资产阶级反动路线的维护者",转移斗争大方向;批评他们支一派、压一派,挑动群众斗群众;等等,印成传单在街头散发。这就震撼和触怒了江青一伙。1966 年 12 月 12 日,《红旗》杂志发表社论,提出"斗争矛头对准什么,这是大是大非问题"。13 日,康生恶狠狠地说:"对反对中央文革的反革命分子要实行严厉的镇压。"16 日,江青在北京工人体育馆大会上,咬牙切齿地大骂"西纠"和"联动"。这预示着中央文革一伙要对"西纠"、"联动"进行镇压。

12 月 18 日,中央文革一伙和谢富治召集北京红卫兵"三司"等造反派组织的代表,在人民大会堂开会,策划和指挥造反派对"联动"和"西纠"等红卫兵纠察队进行镇压。江青恶狠狠地说:"西纠"是"保守组织",是"保护走资派的保皇派",要"坚决取缔"。"联动"是"反革命组织",对它要实行"无产阶级专政"。"红卫兵纠察队,不管是什么样的,都要解散!"她还气急败坏地说:"北京这股歪风,一定要压下去,给全国作个示范。对于那些打人多的,态度不好,年龄大一点的,可以镇压,一定要判死刑;年轻的,可以死刑缓期。"

江青集团一声令下,在谢富治的统一指挥下,红卫兵"三司"和北京市的警察立即对红卫兵纠察队和"联动"展开大规模镇压。"西纠"负责人孔丹、董良翮等人被捕。许多"西纠"骨干成员外逃。为了镇压反抗精神更强的"联动",蒯大富、聂元梓等先后数次调动数以万计的大专院校学生,配合谢富治调派的警察,连续对人大附中、石油附中、101 中学、师大附中、十一学校、京工附中、育英学校等许多中学进行大包围、大搜捕。特别是对石油附中、八一学校"联动"成员的镇压十分残暴,令人愤怒!

1967 年 1 月 19 日,蒯大富、聂元梓调动 3000 余不明真相的群众,突然包围了石油附中地下室，非法搜捕“联动”成员，当即遭到在地下室的11名“联动”成员的抵抗。几次冲击，未能得逞。随即采用高压水龙头往地下室灌水。时值数九寒天，小将们在地下室的水里，顽强抵抗三小时，宁死不屈。后来谢富治派来的警察将他们逮捕，投入监狱。

1月25日，蒯大富、聂元梓之流，调动三万余不明真相的群众，包围八一学校，把这所具有光荣历史的学校砸得稀巴烂，逮捕了22名同学，投入监狱。两名同情学生的老师，也被当作“联动”分子逮捕起来，投入监狱。在这次疯狂的大搜捕中被捕的青年，关进了北京半步桥监狱。还有大批青年被逼南下逃亡，有的还被抓回北京关押起来。

江青集团对“联动”的镇压开始后，许多“联动”成员陆续被捕。有少数是执法警察抓的，多数是蒯大富、聂元梓手下的人抓的，然后送交公安机关关押起来。蒯、聂之流随便抓人，本来是违法的，却得到谢富治的许可和支持，这是典型的支一派压一派，是执法犯法。“联动”对此十分气愤。他们到公安部去抗议公安机关支持“三司”随便抓人，要求释放被关押的战友，要求谢富治接见。谢富治不仅拒不接见，而且调动蒯、聂的人马，对“联动”成员围攻、殴打，这就进一步激化了矛盾。在这种情况下，“联动”冲进了公安部，尽管这种越轨行动是谢富治逼出来的，但是冲击公安部仍然是错误的。由于冲击执法机关是违法的，结果带头人被拘留关押起来。

从1966年12月18日到1967年1月25日，先后有100多名十几岁的“联动”和“西纠”成员，被江青集团当作“专政对象”关进监狱。这么多革命后代被捕入狱，周总理异常痛惜，忧心如焚。

1967年4月22日，周总理根据毛主席的指示，下令把他们放出来。当天，周总理在人民大会堂接见了这些遭受中央文革一伙残酷迫害的青年。当周总理来到人民大会堂东大厅的时候，孩子们都像受了委屈的儿女看到亲人一样，顿时哭声、喊声交织一片。周总理一边招手，一边审视着这群衣衫褴褛的“小囚犯”，眼睛也湿润了。周总理让大家坐好。先问:"董良翮在不在?"又问:"孔丹在不在?"他们都满眼热泪,默默地站起来。董良翮是国家副主席董必武的儿子,是董老严守组织纪律,老老实实地交出去的。当天董良翮回到家里,董老说的第一句话:"你是替我去坐牢呀!"孔丹是中央调查部部长孔原、国务院副秘书长许明的儿子,他们夫妇二人都被江青诬蔑为"'西纠'后台",孔原被投入监狱,许明不堪江青的迫害,含冤逝世。周总理说:"'西纠'还是有功的……董良翮、孔丹,你们两个都是我看着长大的,你们有缺点、有错误,我也有责任。没能很好地帮助你们。"周总理还对孔丹说:"你父母的情况我了解,你不要难过,你是党和人民的孩子,受到挫折不要灰心,要继续跟着党、跟着毛主席干革命。"周总理的讲话饱含着对革命后代的关爱和难言之隐。周总理顾虑孩子们放出来再受折磨,他明确告诉大家:"你们回去后,不要搞向毛主席请罪活动,这样不好,这也是毛主席反对的,应当以实际行动跟着党干革命。"下令搜捕他们的罪魁祸首江青、陈伯达、康生等也都在场坐着,他们虽然不甘心认输,但这是根据毛主席的指示放出来的,也无可奈何。这时,江青仍然摆出盛气凌人的架势问道:"谁是牛皖平?"牛皖平("联动"的主要负责人)默默地站起来。江青讽刺道:啊,久闻大名,今天才见到。牛皖平感到被羞辱,强压着心头的愤怒。江青继续用威胁的口气问道:"听说你们有些人骂我,说我这个人不好?"牛皖平没有回答,沉默是他的斗争办法。

江青集团下令对"联动"进行大规模镇压后,为了掩盖其罪行,操纵舆论工具,对"联动"进行造谣、诽谤、蛊惑人心。他们把"联动"描绘成土匪、流氓和反革命分子。他们在八一学校举办的展览,把本来是蒯大富、聂元梓一伙砸烂的教学设备,硬说成是"联动"干的,许多展品也是伪造的,完全是欺骗群众。

被关押的"联动"和"西纠"成员放出来之后,由于江青一伙仍在横行,强加于"联动"、"西纠"的罪名尚在,孩子们有的被揪到学校和父母所在机关批斗(如牛皖平);有的参军后又被赶出军队;在长达十年的时间里,他们在上学、就业、参军、入党、提干等问题上都受到歧视,直到党的十一届三中全会之后,才得到彻底解放。

今天我们应当如何评价“联动”?中央文革把它定为“反革命组织”对吗?“联动”的成员都是十几岁的青少年,包括16岁以下的未成年人,他们政治上尚未成熟,更谈不上政治经验,在十分复杂的“文化大革命”中,不可避免地会犯这样那样的错误。但是,“联动”对中央文革一伙的胡作非为进行批评和反抗,是正确的,是难能可贵的。

从道义上讲,“联动”毕竟是一个青少年组织,而青少年是国家的希望和未来,一切关心国家发展前途的人们,都应当像对待自己的子女那样关心、爱护和培养他们,使他们健康成长,把他们培养成为建设富强、民主、文明的社会主义事业的接班人。如果他们犯了错误,应当实行教育感化的方针,而不应当采取不教而诛的非人道做法。江青集团那样野蛮地对待“联动”,只有法西斯分子才干得出来。江青集团镇压“西纠”,也属于这种野蛮行为。

从法制上讲,在“文化大革命”期间,我国的宪法和法律还有效,我国的立法机关全国人民代表大会及其常委会还存在,除立法机关外,其他任何组织和个人,都无权修改或制定法律。中央文革一伙置宪法、法律和立法机关于不顾,随意宣布“反对中央文革就是反革命”,这是非法的、无效的。

在“文化大革命”初期,“联动”负责人和众多成员所以有如此鲜明的立场观点,与家庭影响是分不开的。正是由于这个原因,江青一伙才那么残暴地迫害这些革命后代,他们是“项庄舞剑,意在沛公”。对此,聂荣臻元帅1967年2月(即七位老革命家进行二月抗争的时候),在党中央的一个会议上,曾当面对中央文革一伙作了一针见血的批评。他说,你们把干部子弟和许多青少年说成是“联动”成员,反动保守分子,进行打击迫害,还纵容另一些不明真相的青年批斗他们,有的还关押起来,这种不教而诛的做法,是极其错误的。你们不能为了打倒老子,就揪斗孩子,株连家属。残酷迫害老干部,落井下石,这就是不安好心!

由于"联动"自成立之日起即公开反对中央文革,周总理不能像对待"西纠"那样给予支持。这是因为周总理不能公开反对毛主席支持的中央文革,他必须与毛主席保持一致,并且依靠毛主席来制约林彪、江青一伙。不然的话,就会引起党和国家的分裂,造成不堪设想的后果。

六、在全面夺权前后

发动广大群众夺取党内“走资本主义道路的当权派”手中的权力，是毛主席发动“文化大革命”的“战略部署”。毛主席认为，一大批资产阶级的代表人物、反革命修正主义分子，已经混进党里、政府里、军队里和文化领域的各界里，相当大的一个多数的单位的领导权，已经不在马克思主义者和人民群众手里。党内走资本主义道路的当权派，在中央形成了一个资产阶级的司令部，它有一条修正主义的政治路线和组织路线，在各省、市、自治区和中央各部门都有代理人。过去的各种斗争都不能解决问题，只有实行“文化大革命”，公开地、全面地、自下而上地发动广大群众解决上述问题，才能把“走资派”篡夺的权力夺回来。这实际上是一个阶级推翻一个阶级的政治大革命，以后还要进行多次。历史已经证明，毛主席对党和国家政治形势的这种看法，是脱离实际的，是完全错误的。1967 年 1 月夺权开始时，毛主席又支持和号召所谓“革命左派”（即造反派）夺权，并命令人民解放军“坚决支持革命左派广大群众”。这就错上加错，造成严重后果。周总理和其他老一辈革命家对毛主席的决策持不同看法，但又无力回天，因此对党和国家的命运十分担忧。

林彪、江青一伙把毛主席的“左”倾路线错误推向极端，他们把各级党政机关、企业事业单位、人民团体的领导干部一概视为走资本主义道路的当权派，并提出“全面夺权”。林彪说：“无论上层、中层、下层都要夺。有的早夺，有的迟夺。”江青说：“一切权都要夺，统统地夺。”张春桥说：“我们对所有的权都要夺，”“文化大革命，就是改朝换代。”从实际情况看，中共中央、国务院所属各部门，地方各级党政机关，各级法院、检察院，国有企业事业单位的领导权，都被造反派非法夺取。这就造成了空前的大混乱，并且激化了各派群众组织的矛盾，发生全面内战。

（一）全国陷入空前大混乱

1966年10月5日，经毛主席批准，中共中央批转中央军委、解放军总政治部《关于军队院校无产阶级文化大革命的紧急指示》称：根据林彪建议，“军队院校的文化大革命运动，必须把那些束缚群众运动的框框统统取消”。《紧急指示》还根据中央文革小组的意见，“宣布取消‘关于军队院校的文化大革命，在撤出工作组后，由院校党委领导’的规定”。中央指示提出：“这个文件很重要，对于全国县以上大中学校都适用。”自此，中央文革小组成员在各种场合的讲话中，说《紧急指示》适用于一切单位。以后，造反派即在全国掀起“踢开党委闹革命”的狂潮，取消党委对“文化大革命”的领导权。这是“全面夺权”的一个重要步骤。

1967年1月6日，以王洪文为首的上海造反派，在张春桥、姚文元的策划下篡夺了上海市委、市人委的领导权。毛主席支持并批准上海的夺权行动。1月10日，毛主席在一个批示中，要求中央文革小组“替中共中央、国务院和中央军委起草一个致上海革命造反派团体的贺电，指出他们的方针、行动是正确的，号召全国党、政、军、民学习上海的经验，一致行动起来”。1月16日，《红旗》杂志发表评论员文章，传达毛主席的指示：“从党内一小撮走资本主义道路当权派手中夺权，是无产阶级专政条件下，一个阶级推翻一个阶级的革命。”同日，毛主席在党中央碰头会上说：“左派群众起来夺权，这是好的。接管很好，只管政务，不管业务。”

1月22日,《人民日报》发表社论,号召“展开全面的夺权斗争”。各地造反派闻风而动,一场所谓全面夺权的风暴席卷全国。各省、自治区、直辖市,中央各部门,企业、事业单位和人民团体的领导人,都被造反派视为“走资派”,都成为被夺权的对象。造反派上台后,疯狂迫害老干部,排斥和压制对立派,胡作非为。全国迅速陷入无政府状态,整个社会出现空前大混乱。

上海“一月风暴”期间街景。

“文化大革命”开始不久,周总理在许多会议上和接见群众时,就针对否定一切、打倒一切的极左思潮,反复地讲:建国后17年全国各级党政机关实行的是毛主席的革命路线,不是修正主义路线;各级领导干部的大多数是好的和比较好的,老干部是党和国家的宝贵财富,不能说他们都是“走资本主义道路当权派”,都是“文化大革命”的对象。周总理的这些观点,与毛主席对党和国家政治形势的估计是不同的。从这里可以看出,周总理是不赞成"全面夺权"的。但是,为了顾全大局、防止分裂,他只有顺势向着尽量减少损失的方向引导和争取。全面夺权一开始,周总理即提出:夺权是夺文化大革命的领导权,政府业务的监督权。党的领导权不能夺,政府业务的领导权不能夺。以"左派"为核心,团结大多数,反对一派夺权。对陷入混乱状态的地方和单位,先实行军事管制,促进各派大联合和军、干、群三结合,在条件成熟时成立革命委员会。坚决反对否定一切,打倒一切。当时,由于局势已经混乱不堪,任其发展下去,人民共和国有垮台的危险;由于林彪、江青一伙只顾破坏,如何治理混乱局面,他们既不关心,也拿不出好办法;毛主席在不改变"文化大革命"方针的前提下,采纳了周总理提出的一系列治乱建议。

1. 面对中央党政机关的夺权

当国务院各部委的造反派纷纷夺取本部委的领导权的时候,周总理在一些群众代表会上反复讲:"党中央的权不能夺,党的领导权不能夺;文化大革命的领导权可以夺;政府业务、生产的领导权不能夺,只能监督;属于中央的外交、国防、财政、公安和宣传工具的领导权不能夺,监督也必须加以限制。"

1967 年 1 月 25 日,周总理嘱秘书告空军司令员吴法宪:应立即以国务院、中央军委的名义起草命令,宣布由军队接管民航局(包括整个民航系统和所有机场、港站)。接管后,业务工作仍然由原领导班子来搞。1 月 26 日,国务院、中央军委发出《关于民用航空系统由军队接管的命令》。

1967 年 1 月 28 日,周总理接见国务院工交口造反派代表时说:"夺权必须坚持中国共产党的领导这个前提。夺权是夺文化大革命的领导权。对当权派要分清性质,区别对待。不能把各级当权派都看成是资产阶级当权派。"

1967 年 1 月 31 日,周总理接见华北局造反派时说:"不能夺华北局书记处的权,华北局是党中央的派出机关,你们夺权就等于夺党中央的权。”

1967年2月7日，周总理在审改关于驻外使馆、代办处开展“文化大革命”的指示稿时指出：“各驻外使馆、代办处仍应坚决执行只进行正面教育，不搞‘五大’的规定。使馆内不建立战斗组织，不能进行夺权。已建立战斗组织的，应当在使馆党委领导下转为文化大革命学习小组，对党委有批评、建议之权，无监督权。不容许直接干涉使馆党委行使职权。”

1967年2月17日晚至18日凌晨，周总理、李先念副总理接见财贸口造反派代表时，当场下令拘留操纵造反派夺财政部大权的副部长杜向光。此前，周总理得知杜向光要夺财政部大权后，曾让李先念副总理约杜谈话，向他发出警告。但杜不听警告，并以念《毛主席语录》进行对抗。本次接见，周总理和李先念同志接见的是各部造反派代表，各部的领导干部没有通知参加，但杜向光却来了。我们发现后，报告了周总理和李先念同志。他们指示：“告诉他回去。”我们要他退场，他赖着不走。然后，周总理亲自点名要他退场，他仍然以沉默不动来对抗。在这种情况下，周总理才下令拘留杜向光。周总理说，我在几次座谈会上都说过，财政大权不能夺，财政部是代表中央执行财权的。我要提醒你们：你们要走到邪路上去了。我申明，没有经过中央承认的夺权，都不算数，要一个一个地审查。财政部、商业部的党组要恢复，党组还要行使职权，还是由李先念（兼财政部长、党组书记）、吴波（财政部常务副部长、党组副书记）、姚依林（商业部部长、党组书记）同志负责。其他取消党组的部委也必须恢复，负责的还是部长、司长。又说，你们对姚依林同志的“通缉令”要取消。你们以对待敌人的态度对待领导干部，一斗十几天不放，戴高帽、挂黑牌、搞“喷气式”，这样搞法是“残酷斗争、无情打击”。把老干部都打倒行吗？难道能得出领导干部都是“走资本主义道路当权派”的结论吗？我想到这里就很难过、很痛心！现在到了关键时刻，我不能不说话，否则，我就要犯罪。

18日凌晨,周总理接见财贸口司局长以上干部,提出:夺权发生了偏差,我们要纠正。夺权只能夺"文化大革命"的领导权。党中央的权,党的领导权不能夺,政府的财政、公安、外交、国防大权不能夺。造反派只能监督业务,不能超越这个界限。财政大权不能夺,全部监督也不行。又说:对有错误的干部,不能"残酷斗争、无情打击",不能无休止地斗争。这不是党和毛主席关于"文化大革命"所要采取的方法。

1967年2月18日,周总理接见国防工业口代表,得知二机部造反派夺了党组领导权时说:你们简直没边了! 部党组上面还有中央,不能叫部党组"靠边站"。允许你们夺的是"文化大革命"的领导权,对业务只能监督。重申:"财政、外交、国防、公安、国防工业、宣传大权属于中央,你们不能夺。"又说:国防工业各部部长、司局长,除中央已经宣布停职反省的以外,你们一个也不能扣留。否则,你们就要犯错误。没经中央批准,你们宣布"罢官"是不算数的。现在对干部的斗争方式已经发展到打人、挂牌、游街。这是"左"倾路线的恶劣作风,是"残酷斗争、无情打击"了。我看了心里很难过。如果不指出来,再这样发展下去,我就有罪了。

1967年2月18日,周总理审阅《红旗》杂志社论《必须正确对待干部》。社论指出:干部队伍中的大多数是好的,在夺权中必须从这样一个正确估计去对待干部。对当权派,不作阶级分析,一切怀疑,一概否定,排斥、打倒,这是一种无政府主义思潮。对犯错误的干部,要实行惩前毖后,治病救人的政策,一脚踢开,一棍子打死,这是反马克思主义、列宁主义、毛泽东思想的。阅后送毛主席审批时注明:"这篇社论很重要,很及时","提议在党、政、军、文革碰头会上讨论一次再发表"。毛主席阅批:"同意你的意见,讨论后发表,并把'三结合'的思想写进去。以后重要的社论都应这样做。"3月1日,《红旗》杂志发表了这一社论。

1967年2月20日,周总理在山西省夺权情况介绍会上说:现在夺权有连锁反应,自1月份夺权以来,不管这个部门有没有走资本主义道路当权派,造反派都要夺权。有些地方对带"长"字的、第一书记就要夺权。

这样一解释,全党全国还成什么样子?不能这样,逻辑站不住嘛!中央各部部长、副部长并不都是走资本主义道路当权派。造反派权掌多了,要加以限制。现在有的造反派要夺中央的大权。中央的党权、财权、外交权、文权不能夺。军事大权是中央的,夺军区的权,造军区的反,完全是大方向错误,不是一般的错误。周总理表示不赞成“坚持资产阶级反动路线的顽固分子”的提法,说:“如果这一条存在的话,任何人只要检讨不够,就可以说是顽固分子。”周总理在讲话中,还要求各省注意抓工农业生产,指出:“现在比较紧急的是农业,有季节问题,要好好地抓。中央各部委的业务,中间层干部很重要,中间层干部靠边站,就没法子把业务抓起来。”

首都“革命造反派”实行“革命大联合”。

1967 年 3 月 1 日,周总理召集工交口各部部长和造反派代表会议,听取各部业务情况汇报。周总理说:我向毛主席谈了各部业务工作情况,认为各部还是业务监督为好,毛主席同意了。周总理对造反派说:现在不许乱揪人了,国务院要你们保证他们不被揪。打、砸、抢、抄、揪这股风一定要刹住。说错了话,做错了事,不能都上反党、反社会主义的纲。如果这样,以后谁还讲话?那不是提倡奴隶主义了吗?不要把一切错误都推给当权派。又说:现在,业务工作已经耽误了。各部要恢复正常秩序,部级、司局级干部要恢复工作。

1967 年 3 月 18 日,周总理与李富春、聂荣臻、叶剑英商量军管问题后,致信毛主席、林彪:已向国防工办和国防工业部门宣布准备实行军管。其办法,拟对每一个部门派出三人军管代表小组,运用原有的机构领导业务,同时推动各群众组织进行开门整风,帮助需要批判的各级领导干部检讨亮相,最后实现各部门的军干群三结合。信中还就国务院工交、财贸、农林、卫生各部门军管问题提出意见。毛主席阅批:退总理照办。

国务院各部委的夺权,由于周总理坚持只能夺“文化大革命”的领导权和业务监督权,其他权不许夺(不久毛主席同意了周总理的这个主张),因此,造反派未能夺得更多的权力。在夺权过程中,由于各群众组织争夺领导权,以及如何对待领导干部等问题上发生分歧,很快分成两派,互相争斗。各部委的领导干部,有的被造反派妄加“走资派”等罪名被打倒,有的一派要保护,另一派要打倒,揪来揪去,无法工作,大都“靠边站”。各部委主管的业务陷入瘫痪状态。面临这种局面,周总理向毛主席提出建议实行军管。在得到毛主席同意后,草拟了《关于国务院各部委实行军管的决定(试行草案)》,经中央常委碰头会讨论通过后,于1967年5月28日送毛主席、林彪审批。周总理在上送时附信说:“国务院各部委经过今年的领导革命、监督业务的夺权斗争后,现在大多数单位的革命造反派均已分成两派,互相斗争,影响生产和业务甚大,势必实行军管不可。”当日,毛主席批准了军管的决定,由中共中央发出。

国务院各部委实行军管后,各部委军管会、军代表根据周总理的指示,陆续组建两个班子,一个抓“文化大革命”,一个抓生产、抓业务。同时,做两派大联合、军干群三结合工作,有些部委的少数领导干部解放出来抓生产、抓业务。多数部委逐步趋向稳定。但是,仍有少数部委,由于江青一伙插手破坏,形势不仅没有好转,而且愈加恶化。最突出的是外交部和七机部。

外交部由于外交工作的特殊性,不宜实行军管。毛主席、周总理决定仍由外交部党委领导。1967年1月,外交部造反派夺权时,曾宣布夺取了外交部的全部权力,当即遭到了周总理和陈毅副总理兼外交部部长的反对，外交业务权未能夺到手，与其他部委一样，只夺得“文化大革命”的领导权和外交业务的监督权。然而，在江青一伙操纵下的外交部和外事口造反派并未死心。他们利用各种机会，制造各种借口，不断掀起恶毒诬蔑攻击陈毅同志的恶浪，蓄意打倒陈老总，进而打倒周总理，夺取外交大权。

陈毅等七位老革命家 1967 年的二月抗争失利后，外交部和外事口造反派把陈毅同志诬蔑为“二月逆流”的“黑干将”、“三反分子”、“外事口最大的走资派”，公开提出“打倒刘（少奇）邓（小平）陈（毅）”的口号。他们还利用毛主席对陈毅同志的“一批、二保、三看”方针，连续召开大会批判陈老总。

7 月 15 日，外事口造反派组织千人“揪陈大军”，在外交部门前安营扎寨，要求揪斗陈毅副总理兼外长，声称不交出“三反分子”陈毅，绝不罢休。谢富治不请自到，前往慰问“揪陈大军”，表示支持。外交部造反派头头姚登山传达戚本禹的所谓指示：“揪陈毅是革命行动，大方向是正确的。陈毅应当下到群众中去接受批判。”造反派闹腾了 21 天，于 8 月 5 日才撤离。

8 月 7 日，王力接见外交部造反派头头，公然煽动打倒陈毅，夺取外交大权，并且影射攻击反对打倒陈毅、反对夺外交大权的周总理。次日，王力将讲话内容分别向江青、陈伯达作了汇报，江、陈表示支持。8 月 8 日，周总理看到王力的“八七讲话”传单后，批给康生、王力，提议三人一谈，但康、王拒绝参加。康生还说：王力的讲话同毛主席的精神是一致的。

在王力“八七讲话”煽动下，外交部造反派不顾周总理的多次批评、警告，于 8 月 19 日砸了外交部政治部，并悍然宣布夺取外交部党委的权。接着，造反派又强行封闭了所有副部长的办公室，姬鹏飞、乔冠华等部领导被关入地下室写“检讨”，晚上放出来，向造反派“汇报”。由此，一直由毛主席、周总理掌握的外交大权落入造反派手中。

8 月 22 日晚，外事口造反派和北京市造反派悍然火烧英国驻华代办处，制造了一起建国以来最严重的涉外事件。23 日凌晨，周总理召集外事口各单位造反派代表，对火烧英国代办处、夺外交大权提出严厉批评，代表党中央、国务院向他们宣布：

(1)外交部夺权是非法的，不算数的。党中央多次申明外交、国防、财政等大权属于中央，不能夺。你们在外交部“夺权”，是目无党中央、国务院。

(2)“打倒刘、邓、陈”的口号是错误的，以“外交部业务监督小组”的名义向驻外机构散布这个口号更是错上加错。

(3)封副部长们的办公室，随意点名、发勒令，造成数日外交工作失控，甚至“斩而不奏”，这是头脑发热，目无中央。如果再不向你们指出这一点，我们就要犯罪了！

(4)火烧英国代办处一事说明中国政府现已不能控制局面，这是典型的无政府主义。对外关系中的任何重大步骤，如提抗议、发警告等，都是应由政府决定的行动，不能由群众说了算；火烧英国代办处，就使我们在外交上输了理。

(5)你们其中有的人“炮打”我，搞我的材料，我不怕“打倒”！尽管现在批评你们，但是对这些天外交工作上的失误，还要由我来负责，这个责任，我是不会推卸的，要报告主席，我们犯了错误，是没有领导好……

1967 年 8 月 1 日，《红旗》杂志发表关锋组织起草、陈伯达签发的社论《无产阶级必须牢牢掌握枪杆子》。社论提出：“要把军内一小撮走资本主义道路的当权派揭露出来，从政治上、思想上把他们斗倒斗臭”，“这是斗争的大方向”。这篇社论的要害是妄图搞乱人民解放军，妄图打倒反对极左路线的几位中央军委副主席和军内其他高级将领。

8 月 25 日凌晨 1 点，周总理找随同毛主席在外地视察、由上海回北京的杨成武同志单独谈话。周总理讲了各省的情况，着重谈了王力 8 月 7 日讲话煽动造反派夺外交部的权，火烧英国代办处，围困中南海揪刘少奇,“揪军内一小撮”等事,说:“这样下去怎么得了,我担心的是连锁反应。现在一个是中央的领导不能动摇,一个是解放军的威信不能动摇!”要杨成武同志即去上海向毛主席汇报,并将王力的“八七讲话”给杨转送毛主席。25 日上午,杨成武同志飞上海向毛主席汇报后,毛主席对杨说:“王、关、戚是破坏文化大革命的,不是好人,你只向总理一人报告,把他们抓起来,你回去请总理办。”毛主席看了王力 8 月 7 日讲话后批:“大、大、大毒草!”稍后,毛主席又对杨说:“戚的问题稍缓一下处理。”当天中午,杨成武同志飞到北京,单独向周总理汇报了毛主席的决定。当晚,周总理举行中央小碰头会,陈伯达、康生、江青等人参加。会上,周总理传达了毛主席的指示。随后便将王力、关锋隔离审查。翌年一月,戚本禹也被隔离审查。

王、关、戚是江青反革命集团的“大将”,“文化大革命”开始以来,他们干了很多反革命勾当,罪大恶极,对他们进行隔离审查,完全是应该的,大快人心。但是,干坏事的罪魁祸首并不是他们,而是林彪、江青等人。毛主席可能出于避免人们对“文化大革命”产生怀疑等考虑,把王、关、戚作为“替罪羊”加以处置,以达到稳定局势、防止失控的目的。此后,林彪、江青一伙对他们的反革命行为暂时有所收敛。然而,由于毛主席仍然坚持“文化大革命”的“左”倾错误路线,仍然信任和重用林彪、江青一伙,仍然依靠所谓“左派”来推进全国的“文化大革命”,而林彪、江青一伙以及各地区、各部门的所谓“左派”们,梦寐以求的是夺取中央和各地区、各部门的领导权。为此,他们不断地搞阴谋诡计,利用一切可以利用的机会,制造谣言,蛊惑人心,妄图打倒以周总理为代表的老一辈无产阶级革命家,打倒各地区、各部门忠于党和人民的老干部,以及人民解放军中的高级将领。这个动乱之源不根除,中国永无宁日。

8 月 31 日,周总理再次召见外交部造反派头头和部党委的成员,重申:外交大权属中央,中央授权给我。严厉批评那个在外交部“夺权”后,“代理外交部长”一职的造反派姚登山:你最近到处讲话,作报告,散布

“打倒刘、邓、陈”的口号，你这样做等于站在对抗中央的地位！对于前一时期“炮打周恩来”的逆流，周总理指出，这是节外生枝，无中生有，破坏无产阶级司令部的阴谋，是使亲者痛、仇者快的行为。他还指出，现在，国内的极左思潮和极左行动，已经影响到我们的外交工作，损坏了我们的国际声誉。

七机部与国务院其他部委一样，“文化大革命”开始不久，群众组织即分成两派，一直打派仗，开始是文斗，以后发展为武斗，严重影响导弹的科研、试验和生产。实行军管以后，两派的矛盾依然如故。为了发展尖端武器，增强国防实力，周总理特别重视解决七机部的两派问题。但是，由于江青一伙插手破坏，由于两派头头的严重无政府主义和极端民主化，争权夺利，不顾大局，尽管周总理在两年多的时间里，十几次接见两派代表人物，苦口婆心地进行说服教育，要他们联合起来，抓革命、促科研、促生产，可是他们就是不听话。周总理为了保障尖端武器的科研、试验和生产顺利进行，于 1969 年 7 月 25 日接见七机部工人、解放军宣传队和军管会负责人，以及部属各系统群众代表，宣读中央关于解决山西问题的“7 · 23”布告，号召他们按布告要求，坚决肃清资产阶级派性，停止内战，实现联合。强调发扬爱国主义精神，抓革命、促生产、促工作、促战备，为稳定社会秩序，维护国家荣誉作出贡献。

8 月 9 日，周总理主持召开有关国防尖端武器科研会议，针对一些专家和工程技术人员不能放心工作，影响了尖端武器科研和试验的情况，采取果断措施，宣布：七机部的科研工作由钱学森同志挂帅，杨国宇同志（军管会负责人）为政委，负责政治保证。钱学森同志和其他专家如果被人抓走了，不能正常工作，我拿你（指杨国宇）是问。当时，周总理还批准一份需要重点保护的几百名工程技术人员名单，指出：这些同志都是搞国防科研的尖子，即使不是直接参加某项工程的，也要保护。主要是从政治上保护他们，不许侵犯他们、抓走他们。如果有人要武斗、要抓人，可以用武力保护。总之，要想一切办法，使他们不受干扰，不受冲击。

2. 面对地方党政机关和工矿企业的夺权

1967年1月18日晚，周总理与江青等人在人民大会堂接见几个省的造反派代表时，北京市的造反派夺了市委和政府的领导权，夺权的人前来报“喜”。周总理当即指出：“夺权是夺文化大革命的领导权，政府业务的监督权。党的领导权不能夺，政府业务的领导权也不能夺。”江青立即气势汹汹地插话：“一切权都要夺，统统地夺！”当时，我看到在夺权问题上周总理与中央文革一伙存在严重分歧。周总理为了顾全大局，没有当众反驳江青。但在其他场合仍然坚持自己的主张。

1967年1月22日，周总理接见各地来京群众组织代表，在谈到夺权问题时说：在接管中必须实行大联合，反对分散主义、各自为政和无政府主义。夺权不是个人主义的争权夺利，也不是小团体的争权夺利。有些单位不能采取群众夺权形式，如军队、战略工作部门等。

1967年1月28日，周总理接见浙江省造反派代表，批评造反派冲击省军区的行动，要求冲入省军区的群众立即撤出。他说：“什么问题都说是刘、邓路线，这样不科学。不可能掌权者都是走资派，不能把所有领导干部都一脚踢开。”在谈到干部问题时说：浙江省委的工作，在文化大革命以前是好的，成绩是主要的。江华同志是井冈山的老同志，是少数民族，毛主席再三说要保。

1967年2月7日、8日，周总理约聂荣臻、叶剑英、徐向前同志与新疆维吾尔自治区负责人谈新疆问题，认为自治区夺权不成熟，拟对新疆维吾尔自治区和生产建设兵团实行军管，以推动大联合、三结合。

1967年2月8日，周总理致信毛主席和林彪，建议对京、津两市实行军管，拟先从公安局入手。2月9日，周总理召集中央碰头会，讨论通过公安部、北京卫戍区联合发布的由北京卫戍区司令部接管北京市公安局、建立军事管制委员会并对市公安局所属机构一律实行军事管制的布告。毛主席批准了这一布告。

1967年2月27日晚，周总理致信毛主席，认为广东省委主要领导人向造反派让权是错误的。广东的局势不宜久拖。建议立即对广东实行军管,准备筹建军干群三结合的革命委员会,此外,建议与广东情况类似的云南省,拟亦先行军管。毛主席阅后批:"同意这样做"。

1967年3月13日,周总理在军以上干部会上讲话,呼吁:无论如何要在3月份解决省、市、自治区的领导机构问题,以便抓革命、促生产。各级领导机构成员要以解放军为主,光靠革命群众组织不行。如果没有领导机构,可以先成立生产指挥部。现在就抓,不能再晚了。又说,陷入瘫痪、半瘫痪状态的单位,被坏人篡夺了领导权的单位,边防、沿海、交通要道、专政机关、机密要害部门、国防企业事业单位,都应实行军管。文教卫生工作也得抓起来,防疫工作非常急迫。各地军管会要注意帮助当地领导干部出来亮相,为他们参加军干群三结合领导班子创造条件。各单位群众组织必须归口。对反动组织头头,对严重违法乱纪和泄露国家机密的,应予以逮捕法办。

1967年1月28日,周总理就黑龙江省军区根据国务院、中央军委的指示,派部队到地处边防的伊春接管公安、邮电、林业等部门后,遭到造反派的围攻袭击一事,批告总参谋部:已告应派两个团去,并带红卫兵去做宣传工作。对反动头目,只要暴露和孤立起来,即予逮捕。如他们开枪拒捕或打解放军,在必要时可以还击。一般的向天开枪,先予警告,令其缴械。

1967年3月13日,周总理审阅并签发国务院、中央军委关于对兰州某绝密军工厂及发电厂实行军管给兰州军区的电报。电报指出:该厂系绝密工厂,不准夺权;要保证工厂绝对安全,保证工厂稳定生产。厂内厂外不准串连。25日,再次签发国务院、中央军委给兰州军区的电报,重申该厂不准夺权,不准停产,立即停止"四大",改为进行正面教育。

1967年3月14日,周总理审阅北京卫戍区根据国务院、中央军委的意见起草的对工厂实行军事管制的布告。布告要求厂矿全体人员必须坚守生产岗位,遵守纪律,服从指挥。凡外出长期不归人员,限一周内回厂,否则将给予纪律处分,直至开除。15 日,周总理主持中央文革碰头会讨论通过后,将布告送毛主席并得到批准。16 日,中共中央将该布告转发全国各地参照执行。

1967 年 3 月 15 日,周总理主持中央文革碰头会,讨论通过中共中央给全国厂矿企业职工、干部的信。信中号召:工人阶级要成为抓革命、促生产,实行革命大联合,反对无政府主义的模范。要坚持八小时工作制,同无故旷工、敷衍了事、不顾产品质量、浪费国家材料的不良现象作斗争。次日,将该信送毛主席批准后,公开广播登报。

1967 年 3 月 17 日凌晨,周总理看完福州军区党委关于成立福建省革命委员会和夺权问题的报告后,觉得条件不成熟,当即与福州军区司令员韩先楚通电话,提议:(一)福建还是经过军管来筹备军干群三结合的革委会好。立即以驻军负责人组成军管会,管起全省工作;(二)如各方面认为三结合(不是三凑合)条件确已成熟,可推出代表来中央一谈;(三)如 18 日大会(注:宣布夺权和成立革委会的大会)已宣布,无法取消,可改为准备夺权大会。毛主席同意上述提议。

1967 年 3 月 28 日,周总理将《中央关于安徽问题的决定》稿送林彪转毛主席批阅。《决定》说:安徽 1 月 26 日的夺权,没有实现无产阶级革命派大联合和革命的军干群三结合,应立即成立以钱钧为首的军管会,把省的领导权掌握起来,搞抓革命和抓生产两个班子。毛主席批准这个《决定》,并指示发各省、市、自治区。

1967 年 5 月 31 日,铁道部向国务院报告:郑州、徐州、蚌埠、金华等铁路枢纽和站段,两派发生武斗,炸毁机车,停止作业,致使京广、津浦、陇海、浙赣四条铁路干线处于瘫痪状态。仅徐州一处,就停开货车 69 列。与此同时,驻徐州的 68 军急电要求对徐州铁路分局和火车站实行军管。周总理当即批示同意。中午,周总理到毛主席处,说明铁路、轮船运输一旦中断,国民经济将不可收拾。对铁路、交通实行军管问题,不可再拖。毛主席表示同意。下午,周总理即召开会议,部署对铁路、交通实行军管。

1967年9月27日，周总理接见广州地区赴京各群众组织代表时说：公安部门在业务上不能分派别。现在公安机关瘫痪，派别很多，我们必须实行军管。机场、铁路、仓库、码头、港口等都要实行军管，不容侵犯。

1967年12月9日，周总理召集中央文革碰头会，讨论《关于公安机关实行军管的决定》。10日，将该《决定》送林彪转毛主席审批。此前，周总理在修改该《决定》时加写：“各地公、检、法机关是专政工具之一。现在不少地方公、检、法机关造反派一方面作为革命群众组织与地方上革命群众组织进行串连和联合行动，另一方面又作为专政机关执行专政职能，这种混淆两种职能的情况是不利于无产阶级文化大革命顺利进行的。”“各地公安机关不论由机关内部或外部造反派已经夺权的，都应实行军事管制。在军管实行后，外部造反派应立即退出公安机关，不再到公安机关进行串连。内部造反派应按行政系统接受军管委员会或军代表的领导，不许进行内外串连。也不要再参加地方无产阶级革命派按系统的大联合和代表会，而只在内部协助军管会或军代表进行革命和业务工作。”

为了稳定局势，周总理提出的各项军管建议，经毛主席同意和批准之后，各省、自治区、直辖市，中央各部门，铁路、港口、军工企业和关系国计民生的其他企业、事业单位，陆续实行军事管制，从而抑制了局势进一步恶化。

现在回头来看全面夺权，无论从哪个角度讲，都是非常严重的错误。

(1)毛主席号召“左派群众起来夺权”，而且下令人民解放军“坚决支持革命左派”。“左派”是什么人？大量的事实表明，所谓“左派”，他们的头头大体上是极左分子、野心分子、投机分子、反革命分子、地痞流氓，在“文化大革命”中否定一切、打倒一切的那些人。支持这些人夺权上台，由他们取代经过考验证明是忠于党和人民的好干部，党心不服，人心不服。这是令亲者痛、仇者快的严重错误。

（2）毛主席说："从党内一小撮走资本主义道路当权派手中夺权，是一个阶级推翻一个阶级的革命。""全面夺权"也就是一切党政机关、企业事业单位、人民团体的领导权和管理权都要夺。结果所有的领导干部在夺权风潮中，都被造反派视为走资本主义道路的当权派，都成为夺权的对象。这绝不是一小撮，而是一大片。这与党的干部队伍的实际状况根本不相符合。

（3）各级党政领导干部都是依照党章、宪法和有关法律产生的，如果有的领导干部需要撤换，应当按照有关规定办理。在中国共产党处于执政地位的条件下，用群众夺权的办法来改换各级党政领导人，取消各级党委和人民委员会（即人民政府），成立革命委员会，都是违背党章、宪法和有关法律的。这样重大的关系党和国家前途命运的事情，不经党和国家最高权力机构讨论决定，而是个人专断，这完全违背党的民主集中制原则，违背社会主义民主和法制。

由于全面夺权，引发了毛主席 1970 年会见美国友人斯诺时所说的"打倒一切，全面内战"，全国陷入严重混乱状态，不得不实行军事管制。军事管制是没有办法的办法。这标志着全面夺权最后以失败告终。

（二）爆发全面内战

全面内战是错误地支持所谓"革命左派"（即造反派）全面夺权造成的一个严重后果。

各地"左派"夺权后，另一派也要夺权，遭到掌权的造反派的排斥和压制，两派争夺领导权的斗争迅速激化。林彪、江青一伙支一派、压一派，起了火上浇油的作用。各地陆续出现开枪开炮的武斗。两派武斗引发了抢夺解放军武器装备的风潮，并导致许多地方交通运输中断，大批工矿企业停产。武斗多在城市，有少数扩大到农村或者农民进城参加武斗。全国各省、自治区、直辖市都出现了武斗，不同的是武斗的热点有多有少、规模有大有小，可以说是"全面内战"。武斗从 1967 年 1 月"全面夺权"开始,一直断断续续地打到1969年年底,才基本结束,持续时间长达三年之久。武斗造成了大量人员伤亡和财产损失。交通运输中断,工矿企业停产,造成的经济损失更加严重。几亿人民生活必需品的供应和国家安全受到严重威胁。人民群众对这种局面非常不满,强烈要求平息武斗,制止内战。林彪、江青一伙只顾挑动武斗,根本不考虑人民群众的死活。在国家和人民面临大灾大难的时候,一向与人民群众同呼吸共患难的周总理,又挺身而出,肩负起制止内战的重任。

周总理主张坚决制止内战。他主张对陷入混乱状况的地方,实行军事管制;积极做团结工作,促进两派联合,建立军干群三结合的领导班子;反对支一派、压一派,挑动群众斗群众;主张收缴两派的武器,严禁抢夺解放军的武器装备;严禁破坏铁路、炸毁桥梁、中断交通运输,反对停工停产;主张人民解放军要稳定,反对搞乱人民解放军。为此,周总理作出了坚持不懈的努力和斗争。各地发生的危害较大的武斗和停工停产,周总理都要打电话、发电报或者派人前去制止。如果无效,则把军管会负责人、两派头头和其他有关人员叫来北京,亲自做工作,直至达成停战协议。为了维持工农业生产和商品物资流通,保障人民群众的基本生活需要,周总理要求铁道、交通、煤炭、石油、电力等部门每天向国务院报告生产情况。一旦出现停工停产,立即设法解决。为此,周总理经常深夜召开会议,直至天亮。例如:

1967年6月9日和7月10日,周总理先后听取广州军区温玉成和黄永胜汇报广东问题时说:"保守组织怎么能打倒?要团结教育嘛!要帮助各群众组织联合起来。""以左派为核心,不是左派垄断,要向他们说清楚,不能独霸。要搞大联合,一点'保守派'也没有,不可能,不能排斥'保守派'"。

林彪、江青一伙支一派、压一派最恶劣的事例,是武汉"七二〇事件"。武汉军区领导人在支左中,没有支持造反派"工总",而支持了有"保守倾向"的"百万雄师",因而引起了林彪、江青一伙的仇视。毛主席对此也有批评，说他们犯了方向路线错误。但毛主席仍然要保护军区领导人陈再道等同志。由于两派矛盾尖锐，不断发生武斗，周总理和谢富治、王力到武汉去解决这个问题。周总理耐心说服军区领导人承认和纠正错误，要求军区支持两派，团结大多数群众。7 月 18 日，周总理返京。谢富治、王力留武汉继续处理武汉问题。但是，他们送走周总理后，即驱车去“工总”派的据点，宣称：“中央文革坚定不移地支持你们，你们受压抑、受打击的现象是不允许存在的，要把这种现象翻过来。”王力还说：“‘工总’是革命左派”，“‘百万雄师’是保守组织”。19 日，“工总”用高音喇叭和广播车，到处播放王力的讲话录音，以致引起“百万雄师”群众的极大愤怒。7 月 20 日，“百万雄师”的一部分人把王力从住所揪到武汉军区大院进行质问。当天，武汉有十万军民上街游行示威，反对中央文革推行的极左路线。林彪、江青一伙把这一件事定为“反革命暴乱”，军区司令员陈再道被诬蔑为“反革命暴乱的罪魁祸首”。7 月 25 日，林彪、江青一伙在北京天安门广场召开百万人大会，“欢迎王力胜利归来”，声讨“七二〇反革命事件”。他们操纵宣传工具大造舆论，向敢于同极左路线作斗争的武汉军民施加压力。之后，号称百万人的“百万雄师”被打成“反革命组织”，驻武汉市的人民解放军独立师被打成“叛军”，武汉军民遭到残酷镇压和迫害。林彪、江青一伙还污蔑徐向前元帅、徐海东大将为“黑后台”，并唆使清华大学的造反派蒯大富一伙抄了徐帅的家。

7 月 30 日，周总理和康生接见河南省军区负责人和两派代表。康生当众斥骂武汉“百万雄师”为“百匪”，并称“陈再道是反革命分子”。周总理当即指出：不要说“百万雄师”是“百匪”，中央没有这样说，只是说“百万雄师”中一小撮坏头头，因为它是群众组织。对犯错误的“百万雄师”群众，要允许和欢迎他们回到生产岗位，用抓革命、促生产、促业务的具体行动来改正错误。

1967 年 8 月 1 日《红旗》杂志发表《无产阶级必须牢牢掌握枪杆子》社论后，各地造反派又掀起一股冲击军事机关，“揪军内一小撮”的妖风。

武汉地区造反派在大游行。

1967年7月22日，江青一伙在接见河南省造反派头头时，公然支持“文攻武卫”的口号，并煽动说：“你们自卫的武器不能放下。”次日，“文攻武卫”的口号在上海《文汇报》公开发表。此后，全国武斗急剧升级。

1967年8月4日，在张春桥、姚文元的策划下，王洪文组织和指挥三万多人，对上海柴油机厂持不同观点的一派进行围攻和镇压。在这次武斗中，柴油机厂有650人被打伤、打残和关押。

1967年8月21日，周总理得悉厦门造反派要抢夺驻军炮舰上的武器，致使炮舰不敢靠岸后，立即告中央文革办事组：“请伯达同志以中央文革或周恩来、陈伯达等人的名义宣布，不准抢夺炮舰的武器，在敌人面前夺野战军的武器是错误的。如劝告不听，继续再夺，即宣布为反革命。”

1967年8月22日凌晨，周总理接见广州两派赴京代表，批评造反派抢夺解放军的武器装备和援越军用物资，说：简直没有敌情观念，是无知。不要搞亲者痛、仇者快的事。又说：不要再提“揪军内一小撮”，这个口号是武汉“七二〇事件”后宣传机关提错了的，毛主席批评了这件事。当场责令双方就各群众组织停止抢夺并归还解放军武器装备，停止一切武斗，禁止打、砸、抢、抄、抓等达成协议。

1967年8月24日凌晨，周总理接见广西赴京两派代表，严厉批评抢夺援越军用物资和派性武斗，呼吁各派立即停止“内战”，封存并上交武器，保证铁路畅通。说：你们看一看，内战打成什么样子！一段一段的铁路比过去军阀内战还搞得凶。这种现象再也不能容忍了！破坏铁路、夺野战军的枪，完全不是搞“文化大革命”嘛！对军队不能用“揪军内一小撮”这个口号，这个口号完全把矛头引偏了。

1967年8月29日，周总理就云南造反派抢夺云南某军工厂武器一事，批复昆明军区副司令陈康：中央和中央文革同意昆明军区派部队保护和进行劝说，如劝说无效，则抓其头头。

1967年8月，周总理在一次讲话中说：武汉出了个陈再道，就到处抓“陈再道”，这个不对。犯了方向路线错误，这是人民内部矛盾。军队犯了这个错误与地方党委、政府犯了这个错误还要有所区别。对解放军首先有个基本的认识，就是要信任解放军。夺解放军的枪，夺军用物资，甚至把司令员、政委、参谋长抓起来，是错误的。我想应当把这个问题提得严重些，不能用去年运动初期到处抓一小撮“走资派”的方式，到处抓“陈再道”，用那种方式我们要犯大错误。

1967年9月3日，周总理召集中央文革碰头会，讨论通过《关于不准抢夺人民解放军武器、装备和各种军用物资的命令》。会后，又连夜召集在京大军区、省军区和三军两总部负责人会议，对《命令》作了增改。次日，将《命令》送毛主席批发。5日，《命令》由中共中央、国务院、中央军委、中央文革联合发出。

1967年9月6日，周总理接见中央文革联络员和中央文革驻各地记者，针对有的地方提出“现在是反动资本主义复辟逆流在全国反扑的前夕”，要“武装夺取政权，战争解决问题”等论调，指出：这种对形势的估计是完全错误的,是极左倾向。"揪军内一小撮"是极左倾向,是怀疑一切、打倒一切的无政府主义倾向。当前任何一个省都首先要停止武斗和夺枪,建立革命秩序。强调,现在我们面临的任务是大批判,大联合,三结合。要抓革命、促生产,特别是交通运输,然后是煤炭、钢铁、石油、电力等几个工业生产部门,要先搞好。

1967 年 9 月 13 日,周总理打电话给杨成武转报在外地的毛主席:天津塘沽港因两派武斗完全陷入停顿,现有 40 多艘外国轮船在该港。为了解决该港的问题,找了两派代表到北京谈判,已达成停止武斗、保证八小时工作的协议。由此,准备对塘沽港实行军管,协助该港的装卸工作。毛主席表示同意。

1967 年 9 月 16 日、17 日,周总理和中央文革陈伯达、江青等接见北京大专院校"天派"、"地派"代表。周总理警告蒯大富等继续宣传"揪军内一小撮"、"跟解放军对立"的做法是错误的,"是一种极左思潮"。同时指出:对干部搞体罚和变相体罚,爬墙抓人、偷听电话、偷会议记录,抓住一句话来曲解攻击等行为,是"法西斯行为"。批评北京大专院校各派还在"包打天下"、四处串连,并把自己的派性观点带下去影响各地,是一种小资产阶级的狂热性。不要唯我独尊,唯我独革,要联合。北京两派的派性观点应该批判。对还在外面串连的学生,给一个月的期限,不回来就开除学籍,哪有这样闹革命的!不管大学、中学,都要军训,只有通过军训才能使散乱无组织现象得到统一。

1967 年 9 月 19 日,周总理与沈阳军区司令员陈锡联谈话后,接见辽宁赴京代表。周总理责令旅大、抚顺、丹东、阜新、锦州、本溪等地各群众组织,一律在本月 25 日前达成协议,封存上交全部武器,停止武斗,联合起来,抓革命、促生产、促业务,迎接国庆。

1967 年 9 月 28 日,周总理接见东北三省群众代表,责问:你们现在为什么还要"揪军内一小撮?"这是错误的。工人阶级为什么要势不两立?工厂停产你们心里安不安?文化大革命已经进行了 15 个月,再搞

15个月吗？还要“放假闹革命”、“第三次大串连”？大错特错嘛！指出：军管会要维护交通，这是死命令，哪派阻碍铁路运输都不行，要抓头头。要封存、上交枪支。通过大批判，斗私批修，实现大联合，这是重要任务。

1968年2月4日，铁道部军管会报告，徐州地区铁路运输中断，情况严重。周总理当即召开国务院业务组会议，商讨措施。会后，致信毛主席，并附铁道部的报告。信中说：破坏铁路情况，在徐州、蚌埠、郑州、连云港十字线为最甚，次之为衡阳、柳州、广州三角线上，再次之为西南的昆明、成都一线。现在这些破路、破桥行动，已经超过派性，而为反革命、特务分子混入一派或两派中进行的。目前必须责成济南军区调集机动兵力，沿线夹击。一经发现这股反革命集团，便进行围攻和追击。务必做到政治进攻、军事包围两结合，逼其全部放下武器，然后区别对待，将坏头头、反革命分子与被胁从的群众分开处理。并须就地发布公告，宣布破坏铁路、炸毁桥梁的行动完全是反革命行为，必须实行专政措施。这一措施拟不待全国统一军事部署护路护桥的命令下达，在今晚提前实行。同日，毛主席批示：完全同意，退总理办。2月6日，中共中央、国务院、中央军委、中央文革发布命令，指出：煽动、操纵和指挥破坏铁路、炸毁桥梁、袭击列车、杀人劫货的极少数坏头头是反革命分子，必须坚决镇压法办。

1968年2月11日，毛主席在一次会议上说：“破坏铁路的人是变了质的，是土匪，不是造反派了。造反，要看造谁的反。凡破坏铁路，就消灭。”此后，周总理就更加放手地采取严厉措施，打击组织指挥武斗、破坏铁路交通运输的坏头头和其他坏人，以有效地制止武斗。

1968年2月17日，周总理接见越南驻华大使吴明鸾、外贸部副部长李班。越方要求协助解决援越物资运输问题。周总理说：一年了，我都在管铁路运输工作，每星期都过问。运输上发生问题，是“文化大革命”的副作用。最近，我们下了个严厉的命令（注：1968年2月6日中共中央、国务院、中央军委、中央文革发布的命令）。我同有关同志商量打算在内部下一个更严厉的命令(注:1968 年 2 月 18 日命令)。在谈到造反派打劫火车时说:这不是造反派,是反革命派。湖南有个“无产阶级革命派大联合委员会”,表面极左,实质极右。它集中了社会渣滓、劳改犯等,可以说是一个黑帮组织。昨天,我要韦国清开会讨论解决广西铁路问题,要他今天报来处理结果。如果处理不了,我自己跑一趟。

鉴于广西柳州地区两派武斗严重影响铁路运输,到 2 月 16 日,积压货车 75 列等情况,周总理除告韦国清同志派护路机动部队前往柳州地区,保障铁路畅通外,1968 年 2 月 17 日、21 日,周总理先后主持国务院业务组会议和中央文革碰头会议,讨论中共中央、国务院、中央军委、中央文革《关于维护铁路交通运输的紧急补充命令》。《命令》规定:(1)煽动和指挥对行驶列车鸣枪威胁,到车站、港口无理取闹,挑动铁路交通部门的群众搞武斗,殴打和绑架铁路、港口军管人员等破坏铁路交通运输的行为,一概是反革命的土匪行为,必须采取专政措施,坚决按“2·6”命令办理;(2)铁路、港口广大职工要坚决克服无政府主义,坚守生产岗位,决不允许迟到早退。对无故不上班和逾期不归者,应扣其工资;(3)军管人员和护路部队、当地驻军要积极制止铁路、港口内外串连,制止武斗。如制止无效,造成运输和装卸中断,则坚决按“2·6”命令办理;(4)中央立即派出监督小组,分赴重要站段和港口,监督“2·6”命令和紧急补充命令的执行。这个《命令》随后发出。

1968 年 7 月 3 日,针对广西柳州、桂林、南宁地区大规模武斗,破坏铁路交通、冲击军事机构并抢夺解放军武器装备等严重事态,中共中央、国务院、中央军委、中央文革发出《关于制止武斗、恢复社会秩序的布告》。6 月 27 日,周总理在审阅修改《布告》时加写:“坚决停止铁路系统与地方群众组织相互串连。”大家各回本单位抓革命、促生产。“对回到机关的职员,回到学校的学生,必须热烈欢迎,不许歧视。”对煽动群众破坏铁路交通运输,屡教不改而又怙恶不悛的反革命分子和肇事者,坚决予以法律制裁。驻柳州、桂林、南宁地区的中国人民解放军全体指战员,必须“坚持三八作风，四个第一，积极宣传毛泽东思想和毛主席的最新指示，绝对不许亲一派、疏一派，支一派、压一派。要引导和帮助两大派革命群众组织消除对立情绪，要坚定‘四不’方针，严格区分两类不同性质的矛盾，争取团结绝大多数群众，孤立打击一小撮阶级敌人，动员群众把他们揪出来”。

社论

立即制止武斗

1967 年 5 月 22 日《人民日报》发表社论《立即制止武斗》。

1968 年 7 月 24 日，中共中央、国务院、中央军委、中央文革颁发关于制止陕西等地武斗的布告。自 7 月 16 日起，周总理对这一布告作多次修改，加写：“把一个组织的坏头头同这个组织的广大群众区别开来”，“有些人也是受蒙蔽的”。“立即停止武斗，拆除工事、据点、关卡，解散专业武斗队，劝说农民回乡生产”。“中断的车船交通、邮电通信，必须无条件恢复”。“抢去的人民解放军的武器装备，必须无条件迅速交回。”

1968 年 7 月 24 日晚，周总理与中央文革碰头会成员一起接见广西来京学习的两派群众组织代表和军队部分干部，严厉批评包围监狱、抢夺援越物资和解放军武器、中断铁路交通等行为。责令他们马上打电话回去，从第三监狱撤出去，由军队接管。说：要停止武斗，恢复交通，这是马上要办的。不能听任“7·3”布告在广西不能实现。又说，柳州铁路不通是关键问题，你们还打算停多久？我给你们那么多电报、电话，布告下达又二十多天了，铁路还不通。一定要联合起来，如果联合不起来，广西这个局面还要推迟，再推迟就要犯罪。广西打成什么样子了嘛！快两个月没通车了。今天下午就要达成协议，非把铁路打通不可！

1968 年 7 月 27 日，北京市根据毛主席的指示组建的“首都工人毛泽东思想宣传队”进驻北京大专院校，宣传毛主席指示，制止武斗，促进联合。当日，进驻清华大学的工宣队遭到该校以蒯大富为首的造反派的武装围攻，死 5 人，伤多人。28 日，毛主席同林彪、周恩来以及中央文革小组成员接见北京高等院校五个造反派头头聂元梓、蒯大富、韩爱晶、谭厚兰、王大宾，毛主席批评他们一不斗、二不批、三不改，严厉告诫他们要听从指挥，停止武斗，欢迎和支持工宣队进驻学校。

此后，周总理积极贯彻毛主席的指示，迅速将毛主席关于制止武斗的谈话要点由中央印发全国各地。8 月 25 日，中共中央、国务院、中央军委、中央文革发出《关于派工人宣传队进驻学校的通知》。以后，工宣队和军宣队相继进驻全国大、中、小学校及其他混乱的单位。

1968 年 7 月 31 日，周总理修改准备由中共中央、国务院、中央军委、中央文革颁发的布告稿。该布告稿说：在无产阶级“文化大革命”节节胜利的形势下，一小撮反革命分子制造了一系列反革命事件，这一小撮反革命分子的罪状有：(1)破坏铁路、航空、交通、邮电；(2)杀人、放火、放毒；(3)抢劫国家财产物资，抢劫车船、仓库；(4)殴打和伤害解放军指战员，抢夺解放军武器装备；(5)幕后挑动和操纵群众武斗，破坏生产；(6)抢劫国家档案、机密；(7)私设电台，违法广播；(8)组织地下的反革命小集团和脱离生产的所谓“武斗队”；(9)冲击国家监狱和劳改农场；(10)制造反革命谣言。布告指出：凡以上十项罪状之一者，即为现行反革命分子，必须追查到底，实行无产阶级专政。周总理修改后，曾指示：此件已改，速送批。此后不知什么原因，存毛主席处，没有发出。

1968 年 8 月 8 日，周总理看完广州军区、广东省革委会关于广州工人、贫下中农到大学宣传“7·3”、“7·24”布告的情况报告后，致信毛主席、林彪，提议：“将广东首先是广州全面动员，广泛宣传‘7·3’、‘7·24’布告，工农兵联合行动，劝阻各处武斗，动员革命群众包括街道居民，检举阶级敌人，抓坏人、黑手的一个月成绩和经验，由军委办事组写一个综合报告，征得广东省革委会、广州军区同意后，提请中央文革碰头会讨论并拟一批语，通知全国执行。”毛主席批：同意。

1969年7月22日、23日，周恩来同志主持中央政治局会议，讨论和通过解决山西省武斗问题的布告。会后，将中央政治局意见报毛主席和林彪。23日，中央发出关于解决山西武斗问题的布告。布告指出：在太原市、晋中、晋南的部分地区，混进群众组织中的坏人和坏头头，蒙蔽一部分群众，抗拒中央历次发布的通令、命令、通知和布告，犯了一系列极其严重的反革命罪行。为此，中央决定：任何组织和个人都要坚决、彻底、全部地执行中央关于禁止打砸抢的布告、通令、命令、通知，对于武力强占地盘、拒不执行本布告、负隅顽抗者，由人民解放军实行军事包围，强行缴械。逃跑流窜者，实行追捕、归案法办。隐藏转移武器，利用国家的工厂和物资私造武器的行为，都是严重犯罪，必须依法论处。同蒲南段非法的“318”次列车予以撤销。逮捕法办破坏交通和抢劫物资的极少数坏头头、抢劫国家财产的主犯、杀人放火的现行犯罪分子。自本布告公布之日起，凡离开生产和工作岗位的群众逾期一个月不归者，停发工资；如继续顽抗，长期不回，视情况给予纪律处分，直至开除。

1969年8月22日，周总理致信毛主席，并附送一个命令稿。信中说：从最近边疆各地发生的情况看，需要继中央“7·23”布告之后，再发出这样一个命令，会对稳定局势有利。毛主席表示同意。8月28日，中央发布命令，要求边疆各省、市、自治区革命委员会、各族革命人民和中国人民解放军驻边疆部队全体指战员：(1)充分做好反侵略战争的准备；(2)要加强军民、军政、各族人民的团结，共同对敌；(3)驻边疆部队指战员必须坚守战斗岗位，坚决执行命令；(4)一切革命群众组织，必须实行按系统、按行业、按部门、按单位的联合；(5)坚决贯彻执行党中央的"7·23"布告，立即停止武斗；(6)绝对不准冲击人民解放军，不准抢夺军队的武器装备和车辆；(7)要保护交通运输，保证通信联络畅通；(8)狠抓革命，猛促生产，大力支援前线；(9)坚决镇压反革命分子。

1969年10月29日，周总理出席中央政治局会议，听取有关四川问题的汇报。次日，就中央政治局会议情况函报毛主席、林彪，提出："目前，四川问题，中央非过问不可了"；"从九大以后，四川掀起'反复旧'运动，其性质与山东、贵州、湖北类似"，"'反复旧'矛头虽也是对着军队，工代会也要超越于革委会之上，但四川究竟有四川的特点，一切表现在派性和武斗上面"。建议：现在已有必要先约四川党政军有关负责人来京商谈，"达到在毛泽东思想原则基础上的团结"，"然后再扩大商谈范围"。毛泽东于31日批示同意。

1968年5月31日，四川省革命委员会成立。

为什么会发生持续三年的武斗？这是一个值得研究的问题。我看，主要原因有以下几点：

(1)"文化大革命"的理论、路线、方针、政策脱离中国实际，支持的人很少，没有什么群众基础。它不是真正的革命运动，而是在"左"倾错误路线指导下的一场动乱。开始，积极响应的是那些涉世不深的青年学生，也就是红卫兵。他们跟着"左"倾错误路线闹腾一阵子后，大多数人消极起来。坚决支持"文化大革命"的是那些造反派，也就是那些极左分子、野心家、投机分子、无政府主义者、反革命分子和地痞流氓。"文化大革命"开始后，他们认为时机到了，纷纷起来造反。他们否定建国后 17 年的建设成就，把老干部视为"走资本主义道路的当权派"，要统统打倒。他们的所作所为，适应了"左"倾错误路线的需要，因而被封为"革命左派"。广大干部和群众，对这种是非颠倒的政策，普遍表示不理解、不满意、不赞成。由于上述原因，在"文化大革命"开始不久，在群众中即出现不同观点和不同派别的组织。这不是偶然的，而是合乎逻辑的。

（2）毛主席在发动群众夺权的时候，明确表示支持所谓"革命左派"夺权，并下令人民解放军介入"文化大革命"，支持"革命左派"，就是支持一派。各地造反派夺权后，对立派也要夺权，遭到掌权的造反派的排斥和压制。林彪、江青一伙把毛主席支持"革命左派"的政策推向极端，他们肆意妄为，毫无原则，不分是非地支持造反派，企图用高压手段搞垮对立派，或者以武力消灭对立派。他们这种拉一派、打一派的做法，对两派矛盾起了火上浇油的作用。有压迫就有反抗，物极必反。这是两派矛盾激化为武斗的直接原因和关键因素。这里需要指出，在全面夺权时，受到排斥的一派也要夺权和掌权，总的来看，是为了小团体的利益，其动机也是不纯的。

（3）全面夺权后，各地武斗的烽烟四起。毛主席不仅未及时采取坚决有力措施制止武斗，而且继续不计后果地支持所谓"革命左派"。尽管在 1967 年他陆续批准周总理提出的关于制止一些地方武斗的建议，但这并不表明他已经下决心坚决制止武斗。例如，1967 年 12 月 18 日，毛主席接见以谢佩奇为首的阿尔巴尼亚友好协会代表团，在谈到各地武斗时说："要打就打，我主张打。他要打嘛，不是我要打。凡是打得厉害的地方，解决问题比较容易。北京不痛不痒，太文明了。”又如，1967 年 7 月，毛主席在上海期间，批阅了《上海市革命委员会关于武装工人改造城市民兵的请示报告》。当时，上海的工人已经分成两派，当权的是以王洪文为代表的造反派。所谓“武装工人”，当然是武装王洪文一派的工人。张春桥、姚文元、王洪文据此对上海市民兵进行所谓“改造”，将党领导下的民兵，改造为张春桥一伙控制下的武装，成为他们镇压群众、篡党夺权的工具。不过，死心塌地跟着他们搞反革命活动的只是极少数人，绝大多数是不明真相的群众。毛主席对造反派的这种态度，必然会对林彪、江青一伙拉一派、打一派起到鼓励作用；对周总理等主张坚决制止武斗的领导人起到牵制作用。为什么对组织和指挥抢夺解放军的武器装备，进行开枪开炮的武斗，破坏铁路交通等严重违法犯罪行为负有主要责任的造反派坏头头，迟迟不能依法严肃处理？其根源就在这里。1968 年，全国武斗越来越严重，造反派的破坏活动更加猖狂，暗藏在造反派中间的反革命分子已明显暴露，人民群众对这种情况已经十分不满，局势已经发展到失控的地步。如果任其发展下去，人民共和国大厦有倒塌的危险。到了这个时候，毛主席才下定决心制止武斗。周总理才可以比较放手地运用法律武器打击严重违法犯罪的造反派坏头头和其他反革命分子，以更加有效地平息武斗。

总之，全面内战是“文化大革命”错误的政治路线和组织路线造成的一个严重恶果。要彻底平息武斗，制止内战，根本的办法是釜底抽薪，纠正“文化大革命”的路线错误。但是，当时没有这个条件，只能采取治标的办法。这是武斗持续三年之久才基本停下来的根本原因。1969 年年底，武斗只是基本停下来，并没有完全平息。规模较小的零星武斗，在“文化大革命”的全过程都存在着。1976 年粉碎“四人帮”及其在全国的帮派体系以后，国家才安定下来。

在这里，我还想谈谈对人民解放军支持所谓“革命左派”的看法。人民解放军奉命支持“左派”，包括“三支两军”，即支左、支工、支农和军管会、军训。以后又增派军宣队进入大、中、小学校。所谓支持“左派”,是对各单位普遍存在的两种不同观点的群众组织的政治选择和政治取向。“三支两军”都必须把支持“左派”作为首要的政治任务。

担任“三支两军”任务的人民解放军驻四川省乐山地区某部在田间为社员演唱。

首先我认为,在各级党政领导机关瘫痪以后,人民解放军成为人民共和国唯一完整的力量,是人民民主专政的主要支柱。他的存在本身,对国内外敌对势力就是一种威慑,使他们不敢轻举妄动,这对国家的安全和国内局势的稳定,都发挥了巨大的不可替代的作用。谈到这里,我不能不提到周总理和叶剑英、徐向前、聂荣臻、陈毅四位中央军委副主席力主解放军要稳定,坚决反对军队搞“四大”,同林彪、江青一伙展开激烈斗争,最后在毛主席的支持下,挫败了林彪、江青一伙企图搞乱人民解放军的反革命阴谋,从而使解放军保持完整无损,为国家和人民作出了历史贡献。

在全面夺权以后,国家陷入严重混乱状态,解放军奉命对党政机关、企业事业单位等进行军事管制,对于稳定局势,制止武斗,解放干部,维护工农业生产和交通运输秩序,维护社会秩序,等等,都发挥了非常重要的作用,作出了重要贡献。如果没有人民解放军这支强大的武装力量存在,如果没有解放军进行军事管制,那我们的国家会乱成什么样子,不堪设想。

但是,解放军在支左中也存在不容回避的问题。总的来看,主要是:军管会领导人(或军代表)作为各地区、中央各部门的主要负责人,不同程度地执行了毛主席、党中央有关"文化大革命"的错误路线、方针、政策,其中包括支持所谓"左派"(即造反派)的错误(全面夺权以后,各地武斗烽烟四起,毛主席曾提出两派群众组织要联合起来。中央军委也提出"一碗水端平"。但是,支持"左派"的根本方针未变,未能产生多大的效果)。当然,他们是奉毛主席、党中央、国务院、中央军委、中央文革的命令行事,他们必须执行,不能违抗。他们对地方的情况不甚了解,对各项业务工作不熟悉,在这种情况下产生错误,是难以避免的。在军队中,我有不少老战友,据我所知,参加支左的许多高中级干部,与地方的许多老干部一样,他们对"文化大革命"开始也是不理解,以后逐渐产生怀疑,一直发展到不满。他们对造反派的胡作非为,也是反感和讨厌的。他们奉命支持"左派",是勉强的、违心的。许多支左的同志在实际工作中,根据毛主席历来的教导和党的基本原则,既奉命支持"左派",又注意团结偏于保守的一派,积极做两派群众的联合工作,组织军干群三结合的临时领导班子,抓革命、促生产、促工作。他们这样做是对的。至于有的军管人员投靠林彪、江青两个反革命集团,从事反革命活动,这是个别人的问题,他们不能代表参加军管的人民解放军。

在如何正确对待"文化大革命"中的两派问题上,我看周总理当时在艰难条件下采取的措施是正确的、有效的。在夺权开始的时候,为了党和人民的根本利益,他一方面向毛主席提出的支持"左派"夺权,作出适当妥协;另一方面反复强调"团结大多数",两派大联合;造反派不能垄断、独霸、排斥保守派。他从不无原则地不分是非地支一派、压一派,亲一派、疏一派。不管哪一派,做得对的,就鼓励支持;做得错的,就批评教育。在夺权后,通过军管稳定局势,重组各地区、中央各部门临时领导班子时,根据当时的情况,他力主实行军干群三结合,把实际领导权交由政治思想和领导能力都比较强的军队和地方的老干部掌握,不让造反派当一把手,以维护党和人民的利益。

七、在二月抗争中

党政机关的领导权被造反派篡夺后，国家迅速陷入一片混乱。林彪、江青等人还想搞乱军队。一批身居高位的老革命家再也按捺不住心中的愤懑，同林彪和江青一伙展开了面对面的抗争。这场抗争，实际上从1967年1月19日开始，到2月19日为止，就军队要不要稳定，“文化大革命”要不要党的领导，老干部该不该统统打倒等问题逐步展开。

1967年1月19日下午，中央军委召开碰头会，讨论部队“文化大革命”问题。会上，江青、陈伯达突然发难，大骂总政治部主任萧华“把部队工作引导到资产阶级轨道上去了”，“看不起中央文革，不尊重中央文革”，“请四位老帅出面接见……完全是与中央文革唱对台戏”。诬蔑萧华同志是“资产阶级政客”，并责令萧华当晚到他们已经通知在工人体育场召开的十万人大会上作检查。江青、陈伯达攻击的目标，不仅是萧华同志，更有陈毅、叶剑英、贺龙、徐向前四位老帅，是对老帅们批评极左错误的反扑。老帅们对此不会容忍。参加碰头会的叶剑英同志，会后立即电话报告了毛主席。毛主席不同意开大会批斗萧华同志，江青一伙未能得逞。但是，造反派抄了萧华同志的家，并抓走其妻作人质。

1967年1月20日，中央军委继续开会讨论部队“文化大革命”问题。会上，林彪、江青一伙提出“部队也要发动群众搞‘四大’”。参加会议的陈毅、叶剑英、徐向前、聂荣臻同志坚决反对。老帅们尖锐地指出："党政机关都已经搞乱了，不能再把军队搞乱。军队搞乱了，要天下大乱的。"老帅们还当面责问江青、陈伯达、康生："你们把党搞乱了，把政府搞乱了，把工厂、农村搞乱了，你们还嫌不够，还一定要把军队搞乱，这样搞，你们想干什么？军队是无产阶级专政的支柱，把军队搞乱，还要不要这个支柱？"老帅们还责问林彪："军队搞乱了，全国大乱了，你国防部长靠什么？"徐向前同志严厉质问江青、陈伯达、康生："刘志坚同志怎么会是叛徒？萧华同志怎么会是资产阶级政客？""我们带兵的人，军队干部跟我们打仗，难道我们还不了解吗？我们搞了一辈子军队，人民的军队难道就叫你们几个毁掉吗？"说到激愤之处，徐帅一掌拍在茶几上，把茶杯盖震落在地。叶剑英同志怒不可遏，用拳头连连捶击着桌子，严正警告："谁要想搞乱军队，绝不会有好下场！"由于拳击过猛，以致右掌骨震裂，造成骨折。这就是所谓"大闹京西宾馆"。

会后，为了制止江青一伙要搞乱军队的图谋，叶、徐、陈、聂四位军委副主席经过商议，拟向毛主席建议由中央军委下达一个军队要稳定的命令。叶剑英同志向周总理作了汇报，得到周总理的支持。在周总理和四位老帅的努力下，毛主席同意下发一个军队要稳定的命令。

1967 年 1 月 28 日凌晨，周总理主持中央政治局常委、中央军委、中央文革小组碰头会，讨论《中央军委八条命令》稿。会议决定，野战部队不搞"四大"，军队院校可以搞，但不准串连。1 月 28 日，毛主席批准了《中央军委八条命令》。《命令》明确规定，军、师、团、营、连和军委指定的特殊单位坚持正面教育，不搞"四大"。《命令》还规定，今后一律不得冲击军事领导机关。

1967 年 1 月 31 日，周总理接见军队院校、文艺等单位的代表，阐述和解释《中央军委八条命令》，强调人民解放军必须保持稳定，不能冲击和进驻军事领导机关，更不能随便揪人、抓人。

1967 年 2 月 10 日，周总理主持中央党政军负责人和中央文革小组成员参加的碰头会，讨论通过《中央军委关于军以上领导机关文化大革命的几项规定》。《规定》指出：军以上机关的“文化大革命”必须由党委领导，分期分批进行“四大”；陆、海、空的军以下单位及北京卫戍区、军委指定的特殊单位不搞“四大”，坚持正面教育，不准任何人、任何组织到这些单位串连；各级军事领导机关一律不允许自下而上地夺权，不允许冲击；军队领导机关不宜成立各种文化革命战斗组织；要分清无产阶级当权派和资产阶级当权派，对当权派不能一概打倒；要反对无政府主义、极端民主化、小团体主义、个人主义等不良倾向。会后，将《规定》送毛主席、林彪阅批。次日，毛主席批：送总理照发。

中央军委先后发出的《命令》和《规定》，有力地挫败了林彪和中央文革小组一伙要搞乱军队的企图。

1967 年 2 月 11 日和 16 日，由周恩来同志主持在中南海怀仁堂召开的两次会议上，老一辈无产阶级革命家同中央文革一伙继续展开了针锋相对的斗争。

2 月 11 日会议，原定议题是“抓革命、促生产”问题。所以国务院主管生产工作的余秋里、谷牧同志也参加了。但实际上主要围绕军队的问题展开辩论，并涉及党的领导和其他问题。在会上，叶剑英同志批评中央文革：你们把党搞乱了，把政府搞乱了，把工厂、农村搞乱了，你们还嫌不够，还一定要把军队搞乱，这样搞，你们想干什么？徐向前同志激愤地拍着桌子说：军队是无产阶级专政的支柱，这样把军队乱下去，还要不要支柱啦？难道我们这些人都不行啦？要蒯大富这类人指挥军队吗？

2 月 16 日会议，出现了更激烈的争论。在会议开始之前，斗争就已开始。在中南海怀仁堂会议室门口，谭震林同志碰见张春桥，就问张：“陈丕显同志来京没有？”因为谭震林同志知道毛主席批准进京的名单中有陈丕显同志，但陈却被扣在上海。可是，张春桥却打官腔说：群众不答应呀！谭说：党组织可以做工作嘛。张说，党不管用了，在上海科以上干部都靠边站了。谭听了十分生气，因此，在会议开始后，又严肃地提出陈不显等人的问题。

谭震林同志说:不要党的领导,一天到晚老是群众自己解放自己,自己教育自己,自己搞革命,这是什么东西?这是形而上学!他尖锐地批评张春桥一伙:你们的目的,就是要整掉老干部,你们把老干部一个一个打光,把老干部都打光。这一次,是党的历史上斗争最残酷的一次,超过历史上任何一次。

李先念同志说:我们党一贯认为大多数干部和群众是好的。现在这样搞,团结两个百分之九十五还要不要?老干部都打倒了,革命靠什么?现在是全国范围的大逼供信。他还指出,把老干部统统打倒的做法是从1966年《红旗》13期社论(指《红旗》杂志1966年10月1日发表的社论,其中首次提出"对资产阶级反动路线,必须彻底批判"。)开始的。周总理当即问康生:这篇社论你看了吗?康生明明参与了这篇社论的写作和定稿,却当面撒谎说:没有看过。周总理气愤地说:这么大的事,为什么不叫我们看看?

陈毅同志针对林彪、江青一伙诬蔑攻击朱德同志是"大军阀"、贺龙同志是"大土匪"说:如果说,我们的解放军是在"大军阀"、"大土匪"领导下打仗的,怎么能解释人民解放战争取得的伟大胜利?他还联系到延安整风的历史,强调到底谁是反对毛主席的,以后还要看,还要历史实践证明。

叶剑英同志说:老干部是党和国家的宝贵财富,哪有随便打倒的道理?照这样,人身都没有保障,怎么做工作?

老一辈革命家正气凛然、义正词严的批评,使得陈伯达、康生、张春桥等瞠目结舌,无言以对。这是一次正气压倒邪气的会议。那么多老同志在高层会议上痛快淋漓地当面斥责陈伯达、康生等人,在十年"文化大革命"中是仅有的一次。

2月16日怀仁堂会议后,谭震林同志又给林彪写了一封信。信中批评江青等人:"手段毒辣是党内没有见过的"。"老干部,省以上的高级干部，除了在军队的，住中南海的，几乎都挨斗了，戴了高帽，坐了‘飞机’，身体斗垮了，弄得妻离子散……谭启龙、江华就是如此。我们党被丑化到无以复加了。”他不指名地说江青：“真比武则天还凶！”他表示：“我想了好久，最后下决心，准备牺牲，但我决不自杀，也不叛国。决不允许他们再如此。”这些文字充分表现了一个老革命家为国为民不惜牺牲一切的崇高品质。林彪将这封信转给了毛主席。林彪还在这封信上写道：“谭震林最近之思想竟糊涂堕落到如此地步，完全出乎意料之外。”这样一来，谭震林同志的信，只能起火上浇油的作用。

在“反击二月逆流”中召开的批判谭震林大会。

怀仁堂会议后，张春桥、姚文元、王力与江青密谋，当晚整理“记录”向毛主席告状。告状时，张春桥提到，周总理对《红旗》杂志 13 期社论没有送他审查有意见。毛主席说，党章上没有规定社论要经过中央常委会讨论。并叫张春桥与周总理谈一次话，要把中央文革小组当成中央书记处看待，党和国家的重大问题，要先提到中央文革小组讨论。

2月19日凌晨,毛主席召开有周恩来、李富春、叶剑英、李先念、康生、谢富治、叶群等参加的中央政治局会议。他面带怒容,严厉地指责2月16日在怀仁堂碰头会上对"文化大革命"的做法表示强烈不满的谭震林、陈毅等同志。他说:"你们在怀仁堂会议上联合起来,搞突然袭击,向中央文革发难,你们究竟想干什么?这无非是搞宫廷政变,想让刘少奇重新上台。""中央文革小组执行十一中全会精神,错误是百分之一、二、三,百分之九十七是正确的。谁反对中央文革,我就坚决反对谁!""你们想反对文化大革命,那办不到!如果文化大革命失败了,我和林彪撤出北京,再上井冈山打游击。"到会的周总理心情十分沉重,他已经看出,毛主席发这么大的火,一定是听了江青一伙的诬告。他内心支持参加抗争的各位老革命家(以下简称"三老四帅")的观点,又不能对毛主席"火上浇油"。毛主席已经明确支持中央文革小组一伙,而"三老四帅"毫不退让,这样继续下去正中林彪、江青的下怀,不能走这步凶多吉少的险棋。保存实力,保护"三老四帅"过关的良策,就是要先顺从毛主席,检讨过关。于是他对毛主席说:在怀仁堂会议上,几位老同志对"文化大革命"不理解,发了脾气,这主要责任在我。会后他们也认识到这样做不对,找我作了检讨。他们也感到讲了些对不起主席的话,想找个机会当面向主席检查。毛主席采取了对周总理宽容的态度,但对"三老四帅"毫不让步,他依旧生气地说:"他们根本不认错嘛!恩来同志,我建议这事要认真开会讨论,一次不行就开两次,一个月不行就开两个月,政治局解决不了,就发动全体党员来解决。"说罢,起身退场。

会后,周总理立即与"三老四帅"商量对策及过关的办法,提出三条建议:第一,要心安气静,吃好睡好,不要住院,要与他们奉陪到底;第二,要坚守自己的岗位,一定要抓工作,自己的岗位绝不放弃,放弃阵地就是退却、逃兵;第三,该检查的就检查,要讲点策略和斗争艺术,不要匹夫之勇。这样做并不是怕谁,过去打天下时,为了人民,可以把生死置之度外,现在为了把住人民所给的权力,受点侮辱、批判又算得了什么。"三老四帅”被他一片良苦用心深深感动，同意他的意见，主动要求找毛主席作检查。

2 月下旬至 3 月中旬，根据毛主席的意见，周恩来同志主持召开七次“政治生活批评会”。会上，他自己首先作检讨，为“三老四帅”承担责任。江青、康生、陈伯达、谢富治等对谭震林、陈毅、徐向前等同志横加指责、无限上纲，把他们的正义抗争诬蔑为“资产阶级复辟逆流”（后改称“二月逆流”）。

“政治生活批评会”后，中央文革小组代替了中央书记处，中央政治局停止了活动，从而剥夺了参与二月抗争的几位中央政治局委员出席会议的权利。这样一来，周恩来同志的处境愈加困难了。

毛主席虽然对“三老四帅”激烈批评“文化大革命”和中央文革小组一伙很不满意，但是并不想打倒他们。所以，在 1967 年 4 月 30 日晚上，毛主席把周恩来、李富春、陈毅、叶剑英、聂荣臻、徐向前、谭震林、李先念、余秋里、谷牧等同志召集到他那里，表示：不要再讲“二月逆流”了，你们是搞阳谋，不是搞阴谋。毛主席还当场批准周总理提出的请“三老四帅”“五一”节晚上到天安门观看焰火的建议。当时，一位领导人是否能参加重要的集会，名字是否公开见报和广播，被认为是政治上能否站得住的一种信号。因此，当中央人民广播电台和《人民日报》发表了“五一”节晚间“三老四帅”上天安门观看焰火后，林彪、江青一伙掀起的“反击二月逆流”的恶浪，不得不暂时停下来。但是，这场斗争并没有到此结束。

周总理于 5 月 5 日致信陈毅、谭震林、李先念、余秋里、谷牧同志并告李富春同志，提出：“五一团结（指“五一”天安门观看焰火晚会），不要又造成你们五位同志的错觉，否认‘二月逆流’，再压造反派，支持保守派，实行打击报复，那就又要来一个新的反复。为了预防你们五位同志走入绝路，专此警告，勿谓言之不预。”周总理这封信语气严厉，他以这种罕见的方式来提醒他的战友们，切不可大意，以致产生错觉，把所谓“二月逆流”问题看得太轻了。

周总理不愧为富有远见卓识的政治家，正像他预料的那样，林彪、江青一伙绝不会善罢甘休，他们利用各种机会，继续对"三老四帅"进行打击报复。

1968年10月，党中央召开八届十二中全会，毛主席在全会开始讲话时要大家讨论：究竟"文化大革命"要不要搞？搞的中间成绩是主要的，还是成绩太少，错误太多？显然，这是针对参加二月抗争的老一辈革命家的观点提出来的。林彪、江青一伙借此机会再次发难。他们经过策划，把所谓"二月逆流"的参加者陈毅、叶剑英、李富春、李先念、徐向前、聂荣臻同志和所谓"一贯右倾"的朱德、陈云、邓子恢同志分在不同的小组，组织围攻批判。林彪在这次会议上宣称："二月逆流"是"八届十一中全会以来发生的一次最严重的反党事件"，是"资本主义复辟的预演"，并写进了会议公报。

这次会议以后，毛主席又确定犯有"二月逆流"错误的陈毅、徐向前、李先念等同志，到毛主席亲自抓的试点（工厂）去蹲点，接受工人阶级的教育。当时，周总理的处境已经极度困难，他无力阻止这种安排。他对这几位下放的老革命家关怀备至，亲自找有关单位的军宣队负责人交代，要安排好他们的生活，保障他们的安全，不要光劳动，要让他们做些调查研究。

1971年9月13日，林彪企图搞反革命政变，阴谋败露后乘飞机叛逃，摔死在蒙古人民共和国的温都尔汗。这使毛主席受到极大震动，他经过冷静思考后，对所谓"二月逆流"的看法发生了重要改变。他在维护"文化大革命"的前提下，开始为"三老四帅"平反。

1971年11月，周总理、叶剑英同志等陪同毛主席接见参加成都地区座谈会的领导干部时，毛主席在批判林彪的谈话中提出："不要再讲'二月逆流'了，它的性质是老帅们对付林彪、陈伯达、王、关、戚。那个王、关、戚，'五一六'，要打倒一切，包括总理、老帅。"

1972年1月6日，周总理和叶剑英同志前往毛主席处商谈工作，谈完后，毛主席说："二月逆流"经过时间的考验，根本没有这个事。今后不要再讲"二月逆流"了，请你们去向陈毅同志传达一下。根据毛主席的意见，叶剑英同志前往医院向重病中的陈毅同志作了传达。当天，也就是1972年1月6日11时55分，身患癌症、久治无效的陈毅副总理不幸逝世。在陈老总的心脏停止跳动前，毛主席决定为他平反，是对这位蒙受巨大冤屈，遭受残酷迫害的共和国元勋的莫大安慰。

20世纪60年代的陈毅。

1月10日，毛主席参加了陈毅同志追悼大会，他对陈毅夫人张茜说：陈毅是个好同志。并且表示，要是林彪的阴谋搞成了，是要把我们这些人都搞掉的。毛主席参加陈毅同志的追悼会，是经过深思熟虑的政治行动，而不是例行公事。陈毅同志的丧事安排是毛主席审定的。他在审批时并没有讲要参加陈毅同志的追悼会。毛主席穿着睡衣到八宝山礼堂。周总理在追悼会（下午3时）前不到一小时才知道毛主席要参加。显然，毛主席这一行动是经反复考虑后决定的。这既是为功勋卓著的老部下恢复名誉的一种表示，也是承认自己在所谓"二月逆流"问题上整错了"三老四帅。"

陈毅元帅逝世后，我参加了治丧工作。原定的治丧规格比较低。周总理得知毛主席要参加追悼会后，提前赶到八宝山公墓礼堂，见到我立即指示：主席要来，参加追悼会的负责人要增加，追悼会推迟半小时。周总理一口气说了二三十个名字，大体上是党和国家领导人，以及各方面有代表性的人。我立即电话告诉国务院值班室马上通知。陈老总是文武兼备的开国元勋，一身正气，刚直不阿，深得人民群众的爱戴和敬仰。尽管江青一伙唆使造反派制造谣言，诽谤他、丑化他、打倒他，但是，陈老总在人民心中的崇高形象是打不倒、抹不掉的。陈老总的逝世在干部和群众中引起很大悲痛,人们怀念他,为他鸣不平,许多干部和群众想参加追悼会而没有机会。全国政协副主席周建人同志因为没有得到参加追悼会的通知,给周总理写信表示不满。周总理批给我,要我给周老写一信,检讨几句,让他消消气。我遵照总理指示给周老写了一封信,承担了责任,向他检讨和道歉。

在党和国家面临危机的时候,"三老四帅"作为中央政治局委员和中央军委副主席,在党的会议上对林彪和中央文革小组一伙的倒行逆施提出批评,是符合党章的,是正常的。但是,由于党内生活不正常,"三老四帅"的正义抗争不仅被压制下去,而且被林彪、江青一伙污蔑为"二月逆流",这完全是是非颠倒。七位老革命家的凛然正气,一心为党为民的崇高品质,是十分可贵和令人敬佩的。当时,周总理在政治上与"三老四帅"是完全一致的。由于所处的地位不同,更重要的是周总理认识到同毛主席对抗将会造成对党和人民不利的结果,因而采取检讨过关、保存力量的策略。如果他不采取这样的策略,而采取正面对抗的方针,无非是两种前途:一是他和"三老四帅"像刘少奇、邓小平同志一样,都被打倒,把政权让给林彪、江青一伙;二是与毛主席分道扬镳,将会造成不堪设想的后果。历史证明,周总理的选择是正确的。

二月抗争遭到毛主席压制后,国务院除林彪、谢富治外,其他所有的副总理都被整得无法工作。这对处境已经很困难的周总理,真是雪上加霜。这时,周总理一面帮助陈毅、李富春、李先念、谭震林、聂荣臻、余秋里同志检讨过关,争取继续工作;一面经毛主席、中央政治局批准,组建国务院业务组,协助总理处理国务院日常工作。那时各地区、各部门关于政府被夺权、领导干部被扣押、交通运输中断、武斗、停工停产等报告像雪片一样飞来,各种各样的难题都堆到周总理那里,他日日夜夜为党、为国操劳。可是林彪、江青一伙还不断地搞阴谋诡计进行破坏,我们看在眼里、恨在心上,也为周总理的命运担忧。

八、1967年夏秋的大搏斗

（一）坚决保护参与二月抗争的老一辈革命家

老一辈无产阶级革命家的二月抗争，由于受到毛主席的压制而失利。但是，毛主席并不想打倒“三老四帅”，对周总理仍然采取保护和支持的态度。然而，林彪、江青一伙却另有打算，他们利用毛主席对“三老四帅”“一批、二保、三看”的方针，企图乘机打倒“三老四帅”，打倒保护“三老四帅”的周总理。于是，在1967年夏秋，以周总理为代表的老一辈革命家与林彪、江青一伙展开空前激烈的斗争。

1967年2月的这场斗争，本来是在党中央内部进行的。可是，林彪、江青一伙却把毛主席对“三老四帅”的批评捅到社会中去，并加上“二月逆流”的罪名。在他们的煽动和指挥下，各地的造反派掀起一股所谓“反击自上而下的复辟逆流”的恶浪，大批党、政、军老干部遭到迫害。3月14日，在江青一伙的策划下，首都举行了数万人参加的游行示威，叫嚣“反击二月逆流”，公开提出“打倒谭震林、陈毅、徐向前、叶剑英、李富春、李先念、聂荣臻”等反动口号。此后，北京一些高等学校和中央党政机关的造反派，纷纷要求揪斗各位老革命家。他们到中南海几个门口用高音喇叭进行吵闹，或者搞假绝食静坐，向周总理施加压力。周总理的回答是：各位老同志的错误是认识问题，属于人民内部矛盾，他们还要继续工作,有错误可以批判,不许揪斗,更不能打倒。尽管周总理一批又一批地做了很多说服工作,但是造反派根本不听话,他们执意要打倒各位老革命家。周总理坚决保护“三老四帅”,绝不让造反派揪斗。

陈毅副总理兼外交部长,主管外事口各部门的工作。他是一个胸怀坦荡、刚直不阿、坚持真理、不畏强暴的人。“文化大革命”开始后,他对地方和军队造反派的胡作非为不断进行批评。在二月抗争中,他面对面地尖锐批判林彪、江青一伙推行的极左路线。因此,林彪、江青一伙把陈老总视为眼中钉、肉中刺,极力煽动外事口的造反派打倒他。

1967 年 5 月 11 日,周总理接见外事口造反派代表,劝说他们不要开大会造声势揪斗陈毅同志。他指出:揪斗陈毅中央不能同意。会上,造反派围攻周总理,并企图把陈毅是“三反分子”的说法强加于周总理。周总理愤然指出:我没有讲陈毅是“三反分子”,你们不能强加于我,我要抗议!

1967 年 5 月 15 日凌晨,周总理接见外国语学院造反派代表,严厉批评他们为揪陈毅而冲击外交部。他说:我把政策交代了,你们不听,要走向反面。你们要打倒陈毅,陈毅就倒了? 没有这么简单! 我马上下令,让部队加强对外交部的保卫,以后谁也不能去,谁去扣留谁。

周总理为了保护陈老总,曾先后四次参加陈老总作自我批评和接受批判的大会。例如,1967 年 8 月 11 日,外事口“批陈联络站”在人民大会堂召开“批陈”大会,事先周总理曾向造反派头头重申:不许呼喊“打倒陈毅”的口号,不许挂“打倒陈毅”的标语,不许有侮辱人格的举动。他们表示遵守。然而造反派头头出尔反尔,自食其言。在会议中间,突然从大礼堂二楼吊下许多“打倒陈毅”的大标语,还有几个造反派要上台对陈老总搞武斗,当即遭到警卫人员的阻拦。周总理严肃地批评造反派头头们不讲信用,并指示有关人员保护好陈毅同志。之后,愤然退出会场,以示抗议。

外事口另一派,定于 8 月 27 日晚在人民大会堂召开“批陈”大会,周总理准备参加。但是,外事口“批陈联络站”头头们提出种种无理要求,进行阻挠。当日凌晨,已经连续工作十几个小时的周总理接见“批陈联络站”的头头们,试图说服他们不要捣乱。但是,他们不但不听,而且还威胁说:“要组织群众冲击会场。”周总理愤怒地说:“你们完全是在向我施加压力,是在整我了! 从 26 日下午 2 点到现在,我已连续工作 18 个小时,我的身体不能支持了……”这时,周总理感到心脏不适,服药后仍未好转。但是造反派头头们毫无人性,继续纠缠,置之不理,致使周总理心脏病发作。在场的保健医生搀扶周总理离开会场。造反派头头们仍不罢休,他们叫喊:“我们就是要拦陈毅的汽车”,“还要冲击会场”。走到会议厅门口的周总理转身怒斥:“你们要拦截陈毅同志的汽车,我马上挺身而出,你们谁要冲击会场,我就站在人民大会堂门口,让你们从我身上踏过去!”此后,周总理因病一天半不能工作。周总理委托李富春副总理参加了当天晚上另一派召开的“批陈”大会。

在 1967 年 8、9 月的 40 多天里,陈老总共接受大小会批判 8 次,在周总理的精心安排下,陈毅同志虽曾多次遇到被“揪”之险,但人身安全得到保障。

李先念副总理兼财政部长,主管财贸口各部门的工作。当时,他被江青一伙和造反派抓住的“把柄”不多,尚能勉强协助周总理工作。江青一伙为了搞垮国务院,孤立和打击周总理,极力策动财贸口造反派打倒李先念同志,周总理坚决保护。

1967 年 3 月 21 日,周总理接见财贸口造反派和各部党组成员时,针对造反派提出要批判陈云同志和把批判李先念同志的大字报贴到街上去,明确指出:我不能答应。中央常委内部问题,由中央决定,中央常委没有决定批判陈云同志。李先念是副总理,中央信任他,不能“火烧”,不能大字报上街,有错误可以检查。

1967 年 5 月 4 日,周总理接见财贸口造反派代表,明确表示不同意成立“批李先念联络站”。在谈到对“二月逆流”的看法时说:那是认识和观点不同,没有什么原则问题,倾向性错误是人民内部矛盾。先念同志的问题,是人民内部矛盾,看人不能仅看一时,还要看他的整个历史。

1967 年 6 月 16 日,周总理接见财贸口造反派代表,严厉批评他们不听劝阻,在 13 日执意召开"打倒李先念"大会,说:"打倒李先念",我不赞成。你们不调查,不核实,随便把一个中央政治局委员说成是"大叛徒头子",这谁高兴?敌人高兴。不能造这个谣,我要辟谣!李先念同志59 岁了,总是奋斗了一辈子,打了一辈子仗。红军长征越过雪山,一、四方面军会师时,毛主席一眼就看出这个同志有政治头脑,年轻优秀。

造反派污蔑李先念同志是"大叛徒头子"究竟是怎么一回事呢?1967 年春,在林彪、江青一伙的煽动和支持下,各地造反派抓"叛徒"活动达到最猖獗的地步。1967 年 5 月 6 日,康生在中央组织部鼓吹抓"叛徒"时说:"最近全总发现了一个文件,1946 年五师(注:是人民解放军中原军区部队,不是新四军五师)撤退时,郑位三、陈少敏也是允许自首的,组织部可以把这些材料收集起来,供大家批判。"康生的话一传出,北京的造反派就加紧揪斗原中共中央中原局负责人郑位三、陈少敏同志,逼迫他们交代"允许自首"的情况,以及这个"决定"同军区司令员李先念的关系。同时,财贸口造反派还派几十人到武汉等地对李先念同志进行调查。造反派把李先念同志说成是"大叛徒头子"的根据,是十分荒唐可笑的。他们的主要根据是:1946 年,蒋介石集中 30 万大军,将我中原军区主力部队包围于湖北省宣化店地区,妄图一举消灭我军。在中原军区部队突围前,中共中央中原局为了保存力量,于 4 月 6 日对不能突围的干部作了如下口头决定(即"四六决定"):

1. 尽可能利用社会关系,化装去其他解放区。

2. 不能化装去的,尽量利用社会关系隐蔽。

3. 如果被敌人发现,而无法隐蔽的情况下,可以承认新四军战士或农会会员。只要不暴露党员身份,不以党员面目自首,以后归队不以自首论。如果以党员身份自首,则另当别论。

这一“决定”本来是无可非议的，是有利于保存革命力量的政策，但康生等人却把它说成是“叛徒哲学的产物”，实在是用心险恶。

周总理曾找李先念同志询问此事的历史情况。李先念同志说，当时忙于突围的军事部署，还真不知道有什么“四六决定”。周总理要求李先念同志找有关同志回忆一下有没有这个“决定”，弄清事实后，向毛主席写个报告。之后，李先念同志即找当年中原军区副司令王震、王树声等同志回忆此事，他们也不记得当时作过这个“决定”，认为如果有也是负责地方工作的同志口头讲的。据此，1967 年 6 月 9 日，李先念同志向毛主席、党中央写了一个报告，全面详细地讲述了中原突围前的工作，说明他不记得有“四六决定”，并表示如果有也是出于保护突围不出的人员不致被杀害，以保存力量的目的。毛主席看到报告后，一天晚上让秘书打电话，请李先念同志去看戏。在开演前，毛主席还特意把李先念同志拉到他身边坐下，并风趣地说：“大叛徒头子来了”，“今天我要和大叛徒头子坐在一起看戏”。显然，毛主席这一举动，是表示对李先念同志的信任。

1967 年 8 月 17 日，在周总理的安排下，李先念同志在财贸口群众组织代表大会上作检查。会议由周总理主持，李富春同志出席。陈伯达、康生、叶群也到了场。李先念同志检查了“执行资产阶级反动路线”问题，为财贸口各部门领导人承担责任，没有提所谓“二月逆流”。李先念同志检查后，周总理讲话，强调李先念同志的检查是经毛主席批准的。由于是经毛主席批准的，陈伯达在讲话时不得不假惺惺地讲几句表示赞同的话，但还是不放过李先念同志。他说：“希望李先念同志今后到各部群众中去，能听同志们的意见。”意思是还要李先念同志到各部的造反派中作检讨。周总理、李先念同志当然不会按他的说法办。就这样，在周总理的保护下，李先念同志暂时免遭批斗。

谭震林同志在二月抗争中，慷慨激昂，坚决反对“文化大革命”中的许多错误做法。林彪、江青一伙恨之入骨，非要打倒谭震林同志不可。

在一段时间里，毛主席对谭震林同志也不大谅解。1968年10月召开的党的八届十二中全会，参与二月抗争的"三老四帅"（都是中央委员），唯有谭震林同志被取消了参加会议的权利。1969年4月召开的党的第九次代表大会前夕，毛主席提出的中委候选人名单中，也没有谭震林同志的名字。这对周总理保护谭震林同志增加了很大的困难，但周总理仍然尽力保护。

1967年6月11日、13日，周总理接见农林口造反派，针对他们要揪谭震林同志说："谭震林同志我怎么有权交出？这要和中央常委、中央文革商议。你们写的谭震林同志的材料，我看过了，还要核实，结论不能作这么早。"

1969年10月17日，毛主席、党中央决定，为了防止苏联搞突然袭击，全国要备战。当晚，周总理召集老同志开会，宣布中央政治局决定：10月20日前，在京的老同志全部战备疏散，并宣布了各位老同志前往的地点：陈毅去石家庄、徐向前去开封、叶剑英去长沙、李富春去广州、谭震林去桂林……

1972年12月18日，周总理根据毛主席的意见，致信纪登奎、汪东兴同志，提出："谭震林同志虽有一时错误——现在看来，当时大闹怀仁堂是林彪故意造成打倒一批老同志的局势所激成的——但还是好同志，应当让他回来，重新安排工作。"之后，谭震林同志从桂林回到北京。因身体不好，暂时治病休息。1973年8月党的第十次代表大会，谭震林同志当选为中央委员。1975年1月，在第四届全国人民代表大会上，当选为全国人大常委会副委员长。所有这些，都是周总理在条件成熟时努力争取的结果。

谭震林同志是周总理最早保护的副总理之一。1967年1月8日凌晨，北京农业大学的学生冲进了中南海西门，要抓谭震林同志，被警卫部队挡在西门内20米左右的地方。当时，周总理正在国务院会议厅开会，得到报告后，立即赶到西门。周总理要学生们退出中南海，但他们根本不听，拼命喊叫“打倒谭震林”的口号。当时，天气非常寒冷，周总理穿着单薄的衣服，站在室外，说服学生选出代表，到房子里谈判。又经过耐心地做工作，与学生代表达成协议：学生撤离中南海，到人民大会堂去；周总理和谭震林副总理前去听取大家的意见。周总理和谭震林同志到人民大会堂坐在一起，听取学生们的意见两个多小时。周总理用这种办法，既让学生们离开了中南海，又保护了谭震林同志。

1967 年年初，周总理接见哈尔滨军事工程学院红卫兵代表，批评他们冲击国防科委的错误行为，指出：国防科委、国家科委在聂荣臻元帅的领导下，成绩是主要的，原子弹和导弹都上了天，怀疑一切，是不科学的，不是毛泽东思想。

1967 年 6 月 3 日晚 10 时至次日凌晨 4 时，周总理接见国防工业系统群众组织代表和军管会负责人时指出：七机部“9・16”在国防部门口用大喇叭高喊“炮轰聂荣臻”的口号，是错误的，是极左倾向，你们要承认错误。

1967 年 7 月 26 日，周恩来同志在京西宾馆主持召开中央碰头会。会上，谢富治、吴法宪污蔑武汉军区司令员陈再道等同志是“7・20 反革命暴乱”的“罪魁祸首”，并污蔑徐向前、徐海东同志是“后台”。吴法宪还对陈再道等同志进行武斗，当即受到周恩来同志的严肃批评。而江青却表扬吴“有造反派的精神”。

林彪、江青一伙唆使清华大学蒯大富之流，于 7 月 29 日抄了徐向前同志的家，抢走了大量机密文件。周总理得知后，立即指示北京卫戍区领导同志：1. 所有进入徐向前同志家的人员全部撤走；2. 保证徐向前同志及其家属子女和工作人员的安全；3. 徐向前同志家里的东西一律不许拿走。对已抢走的文件柜和材料，责成北京卫戍区到清华大学全部要回。

1967 年 7 月 31 日，林彪、江青等人反对徐向前、聂荣臻、叶剑英三位中央军委副主席出席八一建军节招待会。周总理请示在外地的毛主席。

毛主席指示,朱德、徐向前及其他受冲击的老帅都要出席。从而挫败了林彪、江青一伙打击迫害老帅们的图谋。周总理亲自打电话通知徐向前同志出席建军节招待会,并布置有关同志选定从徐帅住处到人民大会堂的行车路线,以防意外。

1967 年 8 月 1 日,《红旗》杂志发表由关锋主持起草,陈伯达签发的社论《无产阶级必须牢牢掌握枪杆子》,提出"要把军队一小撮走资本主义道路的当权派揭露出来,从政治上思想上把他们斗倒斗臭",并说"这是斗争的大方向"。这一社论的矛头是对着反对极左路线的中央军委几位副主席和其他高级将领的。各地区和军内造反派闻风而动,在全国掀起一阵冲击军事机关的恶浪。

徐向前

聂荣臻

叶剑英

1967 年 9 月 6 日,周总理接见中央文革联络员和驻各地记者时指出:"揪军内一小撮"的提法,是极左倾向,是怀疑一切、打倒一切的无政府主义倾向。

1967 年 9 月 16 日、17 日,周总理和江青、陈伯达等分别接见北京大专院校"天派"、"地派"代表,警告蒯大富等人,继续宣传"揪军内一小撮"、"跟解放军对立"的做法是错误的,"是一种极左思潮"。

1967 年 10 月,在江青的唆使下,北京"天派"学生准备前往北京西山搜查老帅们的住所。周总理指示北京卫戍区司令员傅崇碧同志派两个团去警卫和劝阻。周总理在深夜亲自带领北京卫戍区负责人到老帅们的住处视察警卫工作,并作具体指示。

1968年4月20日,周总理接见国防科委、国防工办、七机部、中国科学院等单位的代表时说:要允许别人犯错误,不要把别人一棍子打死。国防科委几位副主席有错误,要帮助他们改正。聂荣臻同志我很熟,我们是老战友,毛主席要我帮助他。不能说国防科研、生产中有坏人,领导就一无是处。国防工办、国防工业部门做了很多事情,是合乎毛主席革命路线的。在国防科研、生产、教学上也是做得对的。各有中心,各有重点。不然我们的东西("两弹一星")怎么能上天?现在国防科研、生产、教学急需把领导班子组成,不能再等了。生产上不去,我很痛心,再不能耽误了,应该赶快结束争论。

1968年夏,国防科委造反派给黄永胜等人写信,诬蔑聂荣臻同志"有捏造毛主席最高指示和林副主席指示,从政治上陷害毛主席、林副主席的问题"。7月4日,黄永胜、吴法宪就此事写报告给毛泽东、林彪、周恩来及中央文革小组。7月11日,周恩来阅后批道:"聂荣臻同志有错误,但他不是一个搞阴谋的人。"

1968年10月,在党的八届十二中全会上,林彪、江青一伙利用党的会议,对参与二月抗争的"三老四帅",再次进行围攻和批判。在会议结束时,毛主席重申"一批、二保、三看"的方针,并要求与会者回去后,"二月逆流"问题要传达,又要选他们做九大代表。在九大前夕,毛主席陆续提出:对"所有与'二月逆流'有关的老同志及其家属,都不要批判,要把关系搞好",要"陈毅、徐向前、聂荣臻、叶剑英同志研究国际问题","九大报告上不要讲'二月逆流'了,这次会议要开成一个团结的大会","要把叶剑英、徐向前、聂荣臻、李富春、李先念、陈毅选进中央委员会"。尽管毛主席仍然坚持"文化大革命"的"左"倾错误,不给所谓"二月逆流"平反,但是,毛主席的上述指示,对于保护"三老四帅",不让林彪、江青一伙打倒他们,有决定作用。

江青集团不仅要打倒"三老四帅",他们对1966年秋经毛主席批准调国务院协助周总理抓经济工作的余秋里同志(时任国家计划委员会副主任)、谷牧同志(时任国家建设委员会主任)也不放过,唆使国家计委、石油部、国家建委等部门的造反派,连续给毛主席、林彪、周总理和中央文革写信,给余、谷妄加种种罪名,要求批斗。林彪、江青一伙表示支持。在当时的形势下,为了避免与群众对立,激化矛盾,周总理不得不同意余、谷白天到有关部委接受批判。他们每次去接受批判,周总理都安排联络员陪同和保护。事先联络员还根据周总理的指示,跟造反派"约法三章":1. 只能批两个小时;2. 不许搞体罚;3. 不能让别派抢走。有了这三条"约法",他们挨斗时的处境稍好一些。但是,造反派不会老老实实地执行周总理的指示,余、谷每次被批斗,常常是四五个小时,有时造反派对他们还有"揪头发"、"扭胳膊"等体罚动作。余秋里、谷牧同志十分理解周总理这样安排的苦衷,晚上回到中南海,就把白天造反派对他们的人格污辱和体罚置之度外,全力以赴投入工作,经常工作到深夜才休息,有时彻夜不眠。他们这种为国为民、忍辱负重的崇高党性,一直令我十分敬佩。后来,谷牧同志又被造反派诬蔑为"叛徒"、"特务",在未查清事实真相之前,他难以继续工作下去,在不得已的情况下,周总理和李富春副总理同意谷牧同志回到国家建委接受审查。从此,周总理又失去了一位得力助手。在周总理和李富春、李先念同志的关怀和督促下,经过一年多审查,弄清了事实真相,完全否定了造反派强加于谷牧同志的"叛徒"、"特务"罪名。

参加二月抗争的各位老革命家,都是在中国革命和建设事业中功勋卓著的政府和军队的领导人。周总理竭尽全力保护他们,也是保护党的健康力量和他们掌握的党和国家的部分领导权,它体现了党和人民的意志。历史已经证明,这对于后来粉碎林彪、江青两个反革命集团,保持国家稳定,进行拨乱反正,都有不可估量的意义。人们不会忘记周总理在这方面作出的重大贡献。

（二）中央文革小组一些人公开叫嚣“打倒以国务院为首的第三个司令部”

二月抗争失利后，林彪、江青一伙策动北京一些高等学校和中央机关的造反派，公开点名打倒参与二月抗争的“三老四帅”的同时，中央文革的王力、关锋、戚本禹四处活动，在造反派中散布：周总理是“二月逆流的后台”，“二月逆流黑干将的保护人”，“存在着新文革与旧政府的矛盾”，等等。所谓“旧政府”，显然指的是以周总理为首的国务院。

5月16日，《人民日报》等报刊公开发表1966年的“五一六通知”，此后在社会上即流传“周总理快要被打倒了”的谣言。北京一些高等院校和中央机关一些造反派，开始放肆地攻击周总理。例如，外交部和外事口一些单位的造反派，先后贴出矛头对着周总理的大字报和大标语：“周恩来是资产阶级反动路线的制定者和执行者之一，决不是毛主席、林副主席的亲密战友，决不是毛主席司令部的人！”“炮打周恩来决不是炮打无产阶级司令部！”“炮打周恩来是当前运动的大方向！”等等。北京的一些高等院校也出现类似情况。

广大干部和群众对于这股攻击周总理的逆流十分反感，非常气愤！纷纷用大字报等方式进行反击和声讨。首都大专院校红代会发表声明：“炮打周总理就是炮打无产阶级司令部，就是反革命！谁要恶毒攻击我们敬爱的周总理，我们就打倒谁！”外交部的许多干部对这股攻击周总理的妖风也十分气愤，有几位同志商定，向毛主席反映这个情况，刘华秋同志（现任中央外事办公室主任）执笔整理了一份简要情况材料，王海容、唐闻生同志送给毛主席。5月29日，毛主席阅后批示：“林彪、恩来同志，文革各同志：此件请阅。极左派的观点是错误的。请文革同志向他们做说服工作。”

毛主席批评了极左派攻击周总理的风潮后，中央文革陈伯达、江青等人不得不到外语学院等单位假惺惺地表示：“周总理是毛主席司令部的人”,“反对周总理是严重的政治问题”,“必须悬崖勒马”。以后的事实证明他们讲的这些话,是言不由衷的,是为了应付毛主席。他们继续阴谋策划打倒周总理。

6 月中旬至 8 月初,中央文革一伙乘毛主席不在京,策动大批造反派包围中南海,号称“揪刘(少奇)火线”,叫喊“揪出刘少奇、邓小平、陶铸”等党和国家领导人,企图冲击党和政府最高领导机关。国务院各口(即外事、财贸、工交、农林等系统)造反派积极配合,要求揪斗陈毅、谭震林、李富春、李先念、余秋里、谷牧等同志,向周总理施加压力。戚本禹给周总理打电话,请他搬出中南海,到钓鱼台去住。周总理严词拒绝,岿然不动,坚守在中南海,使造反派不敢冲进中南海,从而保护了住在中南海的党和国家领导人。后来,由于毛主席批评了这种做法,8 月 5 日,包围中南海的造反派被迫撤退。

1967 年 7 月 15 日,北京外国语学院等单位的造反派组成所谓“揪陈(毅)大军”,到外交部门前“安营扎寨”,要求揪出和批斗陈毅副总理兼外交部长。他们先后召开了“批斗陈毅誓师大会”,“陈毅推行三降一灭外交路线罪行报告会”,“陈毅问题答辩会”,“陈毅黑史报告会”。他们还组织宣传队在天安门、北京火车站等地发表演讲,散发传单,张贴大字报等,对在中国革命和建设事业以及外交工作中作出重大贡献的陈毅同志进行污蔑和攻击。8 月 4 日,外交部造反派姚登山传达戚本禹的所谓指示:“揪陈毅是革命行动,大方向是正确的。陈毅应当下到群众中去接受批判。”谢富治到外交部门前“慰问揪陈大军”,表示支持。造反派在外交部门前闹腾了 21 天,于 8 月 5 日,也就是与包围中南海的造反派同一天撤退。

8 月 1 日,《红旗》杂志发表由关锋主持起草,陈伯达签发的社论,提出“要把军内一小撮走资本主义道路的当权派揭露出来,从政治上思想上把他们斗臭”,并说“这是斗争的大方向”。其矛头显然是指向参与二月抗争的叶剑英、徐向前、陈毅、聂荣臻四位中央军委副主席和其他不赞成林彪、江青一伙推行极左路线的高级将领的。

8 月 7 日，谢富治在公安部工作人员大会上发表讲话，公然叫嚣“砸烂公、检、法”。他说：“大多数公、检、法机关都是死保当地走资本主义道路的当权派，镇压群众”，“不把旧机器彻底砸碎，要转变过来是困难的。”随后，全国各地的造反派纷纷冲击公安、检察、法院三机关，大批政法干部遭到残酷迫害，公、检、法机关陷入瘫痪。8 月 24 日，周总理在接见广西两派代表时指出：“对公、检、法要一分为二，不能说没有好的。”

8 月 9 日晚，有一个名为“首都五一六红卫兵团”的反革命组织，深夜在北京西直门外、甘家口、三里河、西四等地区张贴十几种恶毒攻击周总理的传单，署名都是“首都五一六红卫兵团”。这些反革命传单的内容在政治上同江青集团如出一辙。

1967 年 8 月 9 日，林彪在他主持的一个会上说：“这次文化大革命真是代价最小最小，胜利最大最大。”“现在不少地区党政机关瘫痪了，表面上看起来很乱，这个乱是必要的，正常的。”“垮就让它垮。”

这些重大事件的发生，不是孤立和偶然的。1967 年 8 月，中央文革一些成员在造反派中散布“现在是新文革与旧政府的斗争，要打倒以国务院为首的第三个司令部”等论调。所谓“第三个司令部”，按照江青一伙的说法，就是毛泽东为首的司令部是第一个，“刘少奇为首的司令部”是第二个，“第三个司令部”为首的不言而喻就是周恩来了。所谓第二、第三个司令部，完全是无中生有，都是根本不存在的。江青一伙制造谣言，胡说国务院是“第三个司令部”，其狼子野心，就是要打倒周总理和他的战友们，以夺取中央政府的领导权。1967 年夏秋的一系列反革命事件，不过是林彪、江青一伙最终打倒周总理所采取的一些具体步骤。

在 1967 年夏秋的激烈斗争中，林彪、江青一伙妄图打倒周总理和参与二月抗争的各位老革命家，由于违反党心和民意，因而遭到广大干部和群众的坚决反对；由于毛主席仍然信任和支持周总理，不赞成打倒各位老革命家；由于周总理运用高超的斗争策略进行有力的反击，从而挫败了林彪、江青一伙的反革命阴谋计划。毛主席、周总理决定隔离审查王、关、戚，给江青集团以沉重打击，他们不得不暂时收敛一下反革命活动。这对于“文化大革命”以来不断升级的大破坏、大混乱产生了一定的遏制作用。江青集团对处置王、关、戚起了关键作用的周总理更加仇恨。

(三)面对“伍豪事件”的诬蔑陷害

1967 年春，天津市一个大学的红卫兵在所谓“抓叛徒”时，查阅 1932 年的旧报，发现了所谓《伍豪等脱离共党启事》。当他们知道了“伍豪”是周恩来同志的别名，便于 5 月 12 日将载有伪造启事的报纸抄件送给了江青。江青收到后如获至宝，根本不考虑是真是假，迫不及待地于 5 月 17 日给林彪、周恩来、康生三人写了一封信，把伪造启事的抄件摆在他们三人面前，信中阴险地说：“他们查到一个反共启事，为首的是伍豪(周××)，要求同我面谈。”这封信实际上是以突然袭击的方式逼迫周总理作出交代的通牒。面对这个挑衅，周总理迅速地断然地予以反驳。5 月 19 日，他在江青的信上写道：“伍豪等脱离共党启事，纯属敌人伪造。只举出 243 人，无另一姓名一事，便知为伪造无疑。我当时已在中央苏区，在上海的康生、陈云同志均知为敌人所为，故采取了措施。详情另报。”随后，周总理查阅了 1932 年上海各旧报，亲自给毛主席写了一封信，并将 1931 年至 1932 年的有关事件编为《大事记》，一并送给毛主席。信中说：“现在弄清楚了所谓‘伍豪启事’，就是 1932 年 2 月 18 日的伪造启事”，“伪造启事和通过《申报》馆设法的处置，均在我到江西后发生的。”毛主席看了周总理送去的信和材料以后批：“送林彪同志阅后，交文革小组各同志阅，存。”1967 年年底，北京有一个学生向毛主席写信重提此事，毛主席于 1968 年 1 月 16 日批：“此事早已弄清，是国民党造谣污蔑。”毛主席除上述两次亲自澄清国民党伪造“启事”外，还曾经嘱咐周恩来同志在适当的会议上给同志们讲一讲，录下音，存入档案，使后人了解此事。

1972 年 6 月,党中央召开批林整风汇报会,毛主席要周恩来同志在会上讲讲国民党伪造的“伍豪启事”问题。这个问题列入了会议议程。周恩来同志在会上专门报告了这个问题,再次说明这是敌人的造谣诬蔑。

陈云同志参加了这次会议。他在会上发言说:“我当时在上海临时中央。知道这件事的是康生同志和我。对这样历史上的重要问题,共产党员要负责任,需要对全党、全世界共产主义运动采取负责的态度,讲清楚。这件事我完全记得是国民党的阴谋。伍豪等二百四十几人的脱党声明,是在恩来同志已经到达中央苏区之后”。同一天,陈云同志还写了书面发言说:“我现再书面说明,这件事我完全记得,这是国民党的阴谋。”

康生 1932 年在上海党的临时中央工作,他十分清楚国民党伪造“启事”这件事。早在“文化大革命”以前,他曾先后在涉及这个问题的两份材料上批道:“这完全是造谣污蔑”,“实际上当时周恩来

伍豪等脫離共黨啓事

敝人等深信中國共產黨目前所取之手段所謂發展紅軍牽制現政府者無異消殺中國抗日之力量其結果必爲日本之傀儡而陷於中國民族於萬劫不回之境地有違本人從事革命之初衷況該黨所操之國際路線乃蘇聯利己之政策蘇聯口口之要反對帝國主義而自己卻實行帝國主義試觀目前日本侵略中國蘇聯不但不嚴守中立而且將中東路借日運兵且與日本訂立互不侵犯條約以助長其侵略之氣焰卒時所謂扶助弱小民族者皆爲欺騙國人之口號敝人本良心之覺悟特此退出國際指導之中國共產黨

伍豪等二百四十三人啓

巴和律師代表周少山緊要啓事

事務所法大馬路四十一號六樓五號 電話一萬三千二百三十九號

1932 年 2 月 20 日《申报》刊登的国民党伪造的“伍豪脱党”启事。

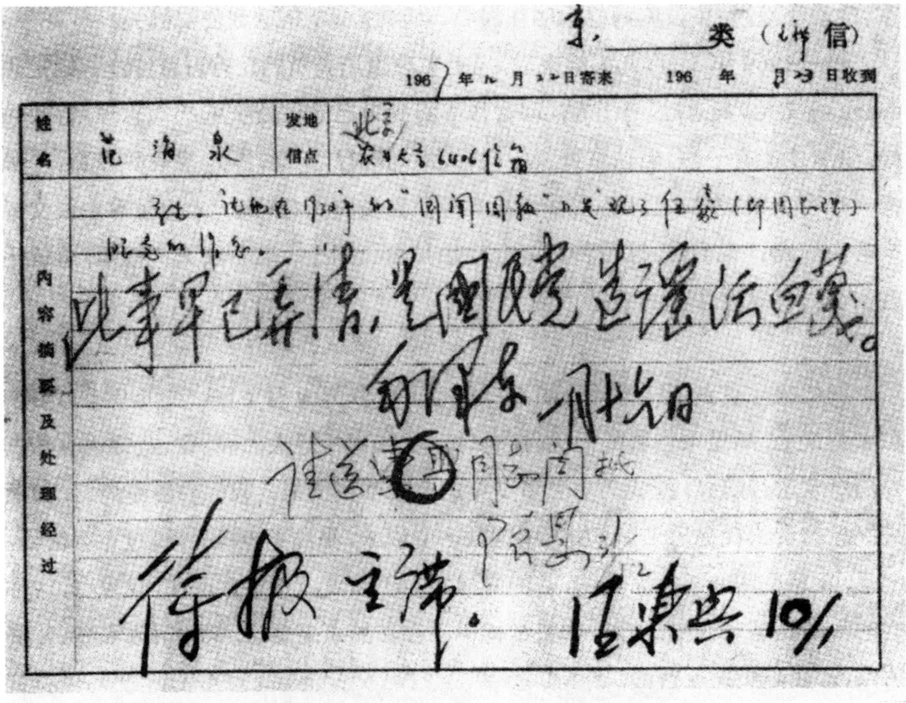
类
196 年 月 日寄来 196 年 月 日收到
姓名	范海泉	发信地点	北京
内容摘要及处理经过	此事早已弄清，是国民党造谣污蔑。 毛泽东 一月十六日		

1968年1月16日，毛泽东对一学生关于“伍豪脱党”事来信的批示。

同志早已到苏区去了，根本不存在这件事”。1972年2月18日，康生口授了一个记录，出面证实：“所谓‘伍豪启事’完全是国民党特务伪造，用来攻击污蔑我们党和周总理的。”

至此，江青诬陷周总理的阴谋彻底破产。但是，江青等人仍不死心。江青将国民党伪造的“伍豪启事”等材料亲自保存起来。王洪文还要上海的亲信把伪造的“伍豪启事”存入档案。他们的罪恶目的，就是等待时机，重新向周总理发动进攻。

为了彻底消除国民党造谣污蔑造成的不良影响，1981年11月18日，陈云同志要党史资料征集委员会把国民党伪造的“伍豪事件”的前前后后搞清楚。之后，党史资料征集委员会做了许多工作，并和文献研究室、党史研究室一起搜集了大量资料，于1982年12月23日共同写出了《“伍豪事件”的前前后后》一文，经中央政治局常委各同志审阅后，交中央办公厅印发中央政治局、书记处各同志，并发中央有关部门和各省、市、自治区党委存档。

1967 年 9 月 1 日，在北京市革命委员会扩大会议上，周总理当着江青、陈伯达、康生、张春桥等人的面，尖锐地指出：我知道有些人专门对我进行研究，把我历史上多少年的东西都找出来。我感谢他们，如果是“好意”给我提出来的话。现在算起来，1922 年入党（注：据 1985 年党中央批准的中央组织部的报告，周总理入党时间确定为 1921 年），46 年了。这 46 年里是犯了不少错误，说了不少错话，写了不少错误的文章。但是，我最终是跟着毛主席走的！今天，我的工作岗位和所负责的工作总还要我本人去做，一刻不能休息，不能袖手旁观，所以，我还是要干下去。现在我申明，对某些人的“帮助”，我欢迎，只要他是善意的。但是，如果拿不存在的问题来要挟，来煽阴风、点鬼火，搞阴谋活动，那我是坚决反对的！

（四）关于“五一六”集团

江青集团把周总理视为篡党夺权的最大障碍，他们处心积虑要打倒周总理。由于毛主席仍然信任和支持周总理，由于周总理在全党全军和全国人民中享有崇高的威望，江青集团不敢公开亮出“打倒”周总理的旗子。在这种背景下，北京出现了一个反革命阴谋集团“首都五一六红卫兵团”（以下简称“五一六”集团）。

“五一六”集团以极左面目伪装革命，混在首都造反派里面进行反革命活动。他们人数很少，气焰嚣张，集中攻击的目标是周总理，同时攻击参与二月抗争的国务院副总理和中央军委副主席。

1967 年 5 月 16 日，《人民日报》等报刊公开发表 1966 年中共中央“五一六通知”后，北京钢铁学院、北京外国语学院、农业大学等学校的少数造反派宣布成立“五一六”兵团，并在学校内张贴大字报大标语，恶毒攻击周总理。当即遭到本校广大师生的愤怒反击和声讨。5 月 29 日，毛主席看到一件揭露造反派攻击周总理的材料后批示：“极左派的观点是错误的,请文革同志向他们做说服工作。"此后,造反派攻击周总理的活动,由公开转入隐蔽。6月14日,北京钢铁学院、北京外国语学院"五一六"兵团头头张××、刘××等人在北京外国语学院密谋策划成立了"首都五一六红卫兵团"。之后,他们秘密地张贴大字报和传单,恶毒攻击周总理。

1967年8月9日深夜,"五一六"集团还发动了一次攻击周总理的所谓"战役"。当晚,他们在北京西直门外、甘家口、西四丁字街、三里河地区,偷偷地贴出许多攻击周总理的反革命传单。10日晨,不少群众用电话向国务院值班室报告了这个情况。我们接到群众报告后,大家即分头上街去查看和揭取那些传单,同志们取回十几种。之后,群众又寄来一些。我们当即报送周总理。这些传单的题目是:"揪出二月逆流的后台周恩来"、"周恩来之流的要害是背叛'五一六'通知"、"彻底摧毁资产阶级司令部,责问周恩来"、"周恩来是毛泽东主义的可耻叛徒"、"揪出最大的走资本主义道路的当权派、保守势力的总后台周恩来"、"二十三个为什么?责问周恩来"、"周恩来是刘少奇路线的制定者和执行者"、"周恩来是王明路线的推行者"等等,署名都是"首都五一六红卫兵团"。

把"首都五一六红卫兵团"定为反革命阴谋集团,是毛主席首先提出来的。1967年9月8日,《人民日报》发表姚文元写的《评陶铸的两本书》一文,毛主席在审阅文稿时加了一段话:"现在有一小撮反革命分子用貌似极左而实际极右的口号,刮起怀疑一切的妖风,炮打无产阶级司令部,以达到不可告人的目的。所谓'五一六'的组织者和操纵者,就是一个搞阴谋的反革命集团。应予以彻底揭露。受蒙蔽的、不明真相的青年人要猛醒过来,反戈一击,切勿上当。"此后,中共中央决定清查"五一六"集团。1968年,中共中央成立清查"五一六"专案领导小组,陈伯达毛遂自荐当上了组长,谢富治、吴法宪为领导小组成员。"五一六"集团只有极少数人,其活动主要在首都北京。江青一伙别有用心地任意扩大清查范围,鼓吹查组织,查登记表,千方百计混淆和转移清查目标。他们还把某些反对林彪、江青一伙否定一切、打倒一切的干部和群众，打成“五一六”反革命分子。例如，林彪、江青一伙曾污蔑杨成武（代总参谋长）、余立金（空军政委）、傅崇碧（北京卫戍区司令员）是“五一六”集团的“后台”。这完全是栽赃陷害。实际情况是，杨、余、傅三位将军都是久经考验、忠于党和人民的老革命家。1967年夏季，毛主席巡视大江南北，杨成武、余立金同志随行。毛主席在接见各地党政军领导干部时，有些重要谈话，包括对林彪不满的谈话，林彪听到一点风声，急欲了解实情。林彪对杨成武同志不向他汇报，本来就不满意。在指使吴法宪先后找余立金、杨成武同志探听消息，杨、余坚持原则，遵守纪律，使吴碰壁以后，林彪很生气，认为杨成武、余立金同志封锁他，对他“不忠”。特别是在毛主席、周总理决定隔离审查王力、关锋、戚本禹的过程中，毛主席在上海，周总理在北京，杨成武同志作为毛主席、周总理信任的联络员，穿梭于北京上海，坚决按毛主席的指示办事，不仅对江青一伙保密，也不向林彪透露，更加得罪了林彪、江青一伙。傅崇碧同志在“文化大革命”初期，积极支持周总理保护中央机关和各省、大军区来京的高级干部，也引起林彪、江青一伙不满，早就图谋把他“整”下去。林彪、江青一伙强加于傅崇碧同志的所谓“带部队冲击钓鱼台（中央文革住在里面）”完全是莫须有的罪名。总之，林彪已不信任杨成武、余立金、傅崇碧三位将军，为了有朝一日篡党夺权，要撤掉三位将军的职务，安排他的亲信控制总参、空军、北京卫戍区的军权。于是，林彪勾结江青搞阴谋诡计，在1968年3月，诬告“杨成武同志有野心”、“勾结余立金夺吴法宪的权”、“勾结傅崇碧夺谢富治的权”等等，欺骗毛主席，撤销了杨、余、傅三位将军的职务。他们还诬蔑余立金同志为“叛徒”，将其逮捕关押起来。林彪安排黄永胜、温玉成等控制了总参、北京卫戍区等要害部门的军权。可是，林彪、江青一伙还嫌不够，又乘清查“五一六”集团之机，对杨、余、傅三位将军进行栽赃陷害，妄图将他们置于死地。

在清查“五一六”集团的过程中，周总理一直坚持实事求是的原则。

他对于反对自己的那些被极左思潮冲昏了头脑的学生和机关的年轻人，一直采取宽容态度，总是苦口婆心地进行说服教育，决不感情用事，决不因反对自己就把他们打成反革命。周总理是一位具有丰富政治经验、处事冷静而稳健的政治家，清查"五一六"集团一开始，他即提出既要认真清查，又要防止扩大化。

1967 年 9 月 16 日、17 日，周总理和陈伯达、江青等先后接见北京大专院校"天派"、"地派"代表，谈到揭批"五一六"集团时指出："五一六"仅仅是一小撮坏头头，蒙蔽了一些群众，把他们揭露出来就行了，不要扩大化，不要在群众中抓一批、打一批。

1969 年 7 月 2 日，周总理看了外交部关于清查"五一六"集团的简报后批示：请告外交部大联委、军代表和党委：防止对"五一六"专案（审查）扩大化，严禁逼供信。要调查研究，重视人证、物证、旁证，不要轻信口供。

1970 年 1 月 24 日，周总理同江青、康生、姚文元、黄永胜、谢富治、吴法宪等接见驻文教、宣传系统军宣队负责人，在谈揭批、清查"五一六"集团问题时说：在群众运动中，掩藏着一种极左思潮，小资产阶级狂热性，对现实不满，走极端，否定一切，等等。"五一六"集团则利用极左思潮，掩盖其反革命阴谋活动。在揭批、清查"五一六"集团的过程中，对为首的与胁从的或受蒙蔽的，要区别对待。整个清查工作，既要深入，又要谨慎，不能搞逼供信。

尤其是 1970 年 11 月 18 日，周总理就北京外国语学院清查"五一六"集团的事，约外交部、公安部、8341 部队和驻学院军、工宣队负责人开会，提出：揭发、清查要抓住要害。要害就是 1967 年 7、8 两个月比较集中的几件事。如在外交部门前搞安营扎寨、包围中南海、外交部夺权、火烧英国代办处、8 月 11 日"批陈（毅）"大会等等。凡是这类事情都有王、关、戚插手。强调在清查中要有充分的人证、物证和旁证。办法还是专案与群众运动相结合。

周总理提出的清查“五一六”集团要抓住的几件要害事，非常重要。只有抓住这些要害问题，才能查清真正的“五一六”反革命分子，才能既稳又准地打击敌人。这说明在清查的方向、目标上，周总理与江青、陈伯达一伙存在根本分歧。周总理揭露了王、关、戚在几件事上都有插手。

关于王、关、戚与“五一六”集团的关系，毛主席在1971年11月14日，和周总理、叶剑英同志一起接见参加成都地区座谈会的张国华、梁兴初、李大章等人时，指出：“不要再谈‘二月逆流’了，它的性质是老帅们对付林彪、陈伯达、王、关、戚。那个王、关、戚，‘五一六’，要打倒一切，包括总理、老帅。”毛主席的这次谈话，把王、关、戚和“五一六”并列，表明他把王、关、戚和“五一六”看成是一路货色。

尽管周总理再三告诫清查“五一六”集团要抓要害，重罪行，重证据，防止扩大化。但是，终因江青一伙控制了清查的领导权，他们千方百计进行破坏，致使周总理未能把清查工作引导到正确的轨道。结果造成严重扩大化，伤害了大批好同志。这是令人痛心的。

1971年2月，中共中央重新组建了“五一六”专案领导小组，由吴德同志担任组长，李震(时任公安部副部长)任副组长。这时，由于中央文革一伙有意破坏等原因，清查“五一六”集团扩大化的严重错误已经形成，主要是扩大化，也有真正的“五一六”反革命分子溜掉了。在江青一伙还有权有势，极左思潮仍在盛行的时候，要想纠正扩大化的错误，扭转局面，是十分困难的。在“文化大革命”后期，特别是粉碎“四人帮”以后，经过复查，被错定为“‘五一六’反革命分子”的同志，陆续得到了平反。查有实据的“五一六”集团嫌疑分子，在清查与“四人帮”篡党夺权有牵连的人和事的时候，已同“四人帮”在各方面的帮派头目和骨干分子一起被清查出来，并且根据他们的罪行，依照党纪、政纪、国法分别作了处理。

现在回顾我党与“五一六”反革命集团斗争的历史，我认为，既有成绩，也有错误。在毛主席的领导下，党和人民及时制止了“五一六”集团的反革命活动，保护了周总理和参与二月抗争的各位老革命家，维护了周总理、李先念、叶剑英等在国务院、中央军委的领导地位。这对于国务院行使对内对外的职能，保障几亿人民的基本生活需要，维持社会秩序和国际关系；对于人民解放军的稳定和国家的安全；对于粉碎林彪、江青两个反革命集团，都有不可估量的重要意义。不幸的是，清查“五一六”集团严重扩大化，使大批干部和群众遭到伤害，有些同志含冤去世，这是非常不幸的。

我认为，造成扩大化的主要原因：1. 林彪、江青一伙蓄意干扰破坏，故意把水搅浑。2. 当时把“炮打无产阶级司令部”定为“五一六”集团的主要罪行，而“无产阶级司令部”是指党中央政治局常委毛泽东、林彪、周恩来、康生、陈伯达。江青是个“特殊”人物，她不是中央常委，人们也把她列为“无产阶级司令部”的人。这样就把反对林彪、康生、陈伯达、江青推行极左路线的好同志错定为“五一六”反革命分子。3. 当时法制极不健全，人们缺乏依法办事的意识。“五一六”反革命分子的标准和清查工作的政策界限都缺乏具体规定。当时，普遍存在宁“左”勿右的极左思潮，存在两派的矛盾和斗争。在这种情况下，发动群众搞清查，许多单位产生了派性干扰和逼供信的做法，以致造成极大混乱。

值得庆幸的是，在党的十一届三中全会以后，党中央总结和吸取了“文化大革命”的教训，制定了正确的路线、方针、政策，把建设社会主义民主政治，健全社会主义法制，实行依法治国，作为政治体制改革的方向和目标。这是避免重犯类似错误的根本保证。

九、庐山会议和林彪事件

党的“九大”之后，林彪集团掌握了党和军队的许多重要权力。林彪作为毛主席的接班人被写入了党章。但野心家林彪并不满足，他们阴谋利用召开四届人大和修改宪法的机会，攫取更大的权力。

在“文化大革命”中，林彪、江青两个集团既互相勾结又互相争夺。这些野心家根本不讲原则，他们的一切活动都是为了争夺各自宗派集团的权力。在“文化大革命”中取得显赫地位的陈伯达，这时与江青的矛盾日益尖锐，转而投入林彪集团。在审定宪法修改草案时，这两个集团之间积累的矛盾开始表面化。在 1970 年 8 月 13 日的宪法工作小组会上和 8 月 14 日的中央政治局会上，吴法宪坚持要在宪法中表述毛主席发展了马克思主义的句子中加上“天才地、全面地、创造性地”三个副词。而康生、张春桥则发言反对。他们之间为此发生激烈争论。从表面上看，这只是文字之争，实际上是借题发挥，是一场大的斗争的前奏。

1970 年 3 月，中央开始筹备四届人大会议和讨论修改宪法。4 月，林彪不顾毛主席多次说过的不设国家主席，他也不担任国家主席的主张，再次建议宪法要规定设国家主席和请毛泽东同志担任国家主席。毛主席认为林彪此议“不妥”，但林彪并未善罢甘休。表面上林彪建议毛泽东同志当国家主席，实际上另有他图。叶群 1970 年 7 月在私下与林彪的亲信说:"如果不设国家主席,林彪怎么办,往哪里摆?"

8月23日至9月6日,中共九届二中全会在庐山举行。会议的主要议程是讨论修改宪法和四届人大的准备工作。林彪在开幕会上突然发表长篇讲话,仍然坚持设国家主席的主张。他大讲"天才"问题,说毛主席是天才,我还是坚持这个观点。随后,林彪的党羽立即倾巢而出,陈伯达、吴法宪、叶群、李作鹏、邱会作,分别在各小组发言,吹捧林彪讲话"非常重要,非常好,语重心长",并且强烈要求宪法设国家主席,毛泽东同志当国家主席,林彪当副主席。他们在各小组宣讲陈伯达选编的《恩格斯、列宁、毛泽东关于称天才的几段语录》。他们还在发言中不指名地煽动有人"否认毛主席是天才"、"贬低毛泽东思想"、"不赞成毛主席当国家主席"。陈伯达指使华北组抢先发出第二号简报。参加会议的绝大部分同志不明真相,表示愤慨,要求把这种人"揪出来",在党中央全会上制造了一场罕见的大混乱。毛主席及时识破了林彪的阴谋,决定停止讨论林彪的讲话,收回华北组二号简报,并责令陈伯达检讨。周总理也连续找吴、李、邱谈话,责令他们向党中央作检查。8月31日,毛主席发表《我的一点意见》的文章,严厉批评了陈伯达,揭穿了称"天才"的骗局。当时,毛主席对林彪还是采取了保护态度,没点他的名。但揭发批判陈伯达这件事本身,就沉重打击了林彪集团。

庐山会议的较量,以林彪反革命集团的失败告终。但林彪并不甘心失败,他在庐山对吴法宪说:"搞文的不行,搞武的行。"他们转向以暴力方式抢班夺权,积极策划反革命政变。

1971年3月初,林彪授意林立果搞一个武装暴乱计划。他说:"南唐李后主有两句诗:'几曾识干戈','垂泪对宫娥'。他就是不懂得武装斗争的重要性,所以才亡了国。这是前车之鉴,我们不能束手待毙。"当时,林立果在空军司令部担任办公室副主任兼作战部副部长。他利用职权和特殊身份很快在空军里纠集了一群死党,组成反革命别动队,代号为"联合舰队"。经过一阵密谋,制订了武装政变计划,代号为《"571"工

中共九届二中全会会址。

程纪要》。《纪要》提出“军事上先发制人”，“夺取全国政权”，或者制造“割据局面”。强调“不管准备和没准备好，也要破釜沉舟”把毛主席杀害。

九届二中全会之后，毛主席让周总理主持召开华北会议，揭发批判陈伯达。经毛主席批准，中央决定纪登奎、张才千二人参加军委办事组，为该组成员。1971 年 4 月，中央召开“批陈整风”汇报会，并责令林彪集团的黄、吴、叶、李、邱在会上作检讨。党中央采取的这一系列措施，削弱了林彪集团的权势，打乱了他们的阵脚，使他们陷入被动境地。

1971 年 8 月 14 日，毛主席乘坐专列离开北京去南方巡视。他先后到武汉、长沙、南昌、杭州，一路会见了当地党政军负责人。毛主席在南巡讲话中提出：“要搞马克思主义，不要搞修正主义；要团结，不要分裂；要光明正大，不要搞阴谋诡计”。他讲了党内多次路线斗争的历史，着重谈了 1970 年庐山那场斗争，指出：“庐山会议上，他们搞突然袭击，搞地下活动,为什么不敢公开呢?可见心里有鬼。他们先搞隐瞒,后搞突然袭击,五个常委瞒着三个,也瞒着政治局大多数同志,除了那几员大将以外。那些大将包括黄永胜、吴法宪、叶群、李作鹏、邱会作。我看他们的突然袭击、地下活动是有组织、有计划、有纲领的。纲领就是设国家主席,就是'天才'论,就是反对九大路线,推翻九届二中全会的三项议程。有人急于想当国家主席,要分裂党,急于夺权。""林彪同志那个讲话,没有同我商量,也没有给我看。"毛主席还说:这次保护林副主席,没有作个人结论,他当然要负一些责任。对这些人怎么办?还是教育的方针,就是"惩前毖后,治病救人"。回北京以后,我还要找他们谈话。他们不找我,我去找他们。有的可能救过来,有的可能救不过来,要看实践。前途有两个,一个是可能改,一个是可能不改。犯了大的原则错误,犯了路线、方向错误,为首的改也难。庐山这件事还没有完,还没有解决。对路线问题、原则问题,我是抓住不放的。

9月5日,李作鹏陪外宾到武汉,从武汉空军政委刘丰那里得知了毛主席讲话内容后十分紧张,他火速赶回北京,告诉了黄永胜、邱会作。黄永胜立即用电话报告了在北戴河的叶群。同日,林彪在广州的爪牙也将毛主席的讲话内容报告了北京的于新野。9月6日,于亲自驾驶直升飞机到北戴河将电话记录送给林彪。两路来的消息使林彪、叶群、林立果十分恐慌。9月7日,林立果对他的特务武装"联合舰队"下达了一级战备命令。9月8日,林彪下达了反革命武装政变的手令:"盼照立果、宇驰同志传达的命令办。"林立果、周宇驰二人分别向"联合舰队"成员下达谋害毛主席的具体方案,并指派江腾蛟(南京军区空军政委)为"第一线指挥"。

林立果等准备用来谋害毛主席的手段有:用火焰喷射器和四〇火箭筒攻击毛主席乘坐的火车;用炸药炸毁毛主席专列必经的苏州硕放铁路桥;派飞机轰炸专列或炸毁专列停车处的油库;派王维国(在上海的空四军政委)带上手枪,在毛主席接见时动手。他们在布置"南线"行动的同时，还研究了"北线"计划，攻击的目标是中南海和钓鱼台，准备消灭的对象包括周恩来、朱德、叶剑英、聂荣臻、徐向前、刘伯承，也有江青、张春桥、姚文元等人。

南巡途中的毛主席根据各方面的反映和一些反常迹象，对林彪集团少数骨干的阴谋活动有所察觉，改变了行动规律。9月10日下午，毛主席乘坐专列由杭州到达上海，他没有下火车，在专列上与许世友、王洪文谈话后，即离沪北上，昼夜兼程，于9月12日午后安全地回到北京，使林彪策划的阴谋化为泡影。在北戴河的林彪、叶群、林立果紧急策划南逃广州，企图另立中央，分裂国家。他们安排了几架飞往广州的飞机，其中一架256号"三叉戟"飞机是林彪的专机，在9月12日傍晚秘密调到山海关机场，供林彪一家使用。

9月12日晚，周总理在人民大会堂福建厅主持会议，讨论总理准备在四届人大会议作的《政府工作报告》草稿。李德生、纪登奎同志及黄永胜、吴法宪、李作鹏、邱会作等参加了会议。22时30分，中央警卫局张耀祠同志用电话向周总理报告：驻北戴河的中央警卫部队获悉，林彪等人打算离开北戴河出走，准备去哪里还不知道。这是林彪的女儿林立衡报告的。周总理立即指示警卫部队继续观察，随时报告。后来又有电话报告说，有一架"三叉戟"专机停在山海关机场。周总理立即把参加讨论《政府工作报告》草稿的吴法宪找来，要他马上查明这架飞机的情况。之后，吴法宪向周总理报告了假情况，说那架飞机是夜航试飞，出了故障飞不回来了。周总理当即命令："飞机就停在那里不准动，修好后马上飞回来。"这时福建厅的会议已经中止。

叶群于当晚23点20分打电话给周总理说："林副主席想动一动。"总理问："是空中动，还是地上动？"叶群答："空中动。"总理又问："你那里是否有飞机？"叶群撒谎说："还没有调飞机来。"当时，总理已经知道林彪的256号专机已调到山海关机场，他从叶群的撒谎判明林彪心怀鬼胎，可能外逃。总理立即给李作鹏打电话（因山海关机场由海军航空兵管理):停在山海关机场的256号专机不要动,要动必须有周恩来、黄永胜、吴法宪、李作鹏"四个人一起下命令才能飞行"。但李作鹏将命令篡改为:"四个首长其中一个首长指示放飞才放飞"。

由于周总理高度警惕,并且采取了紧急措施,使林彪集团意识到南逃广州另立中央的计划,已经不可能实现,于是决定改南逃为北叛,立即乘飞机逃往苏联。

9月12日23时40分,林彪、叶群、林立果、刘沛丰等不顾警卫部队阻拦,同乘一辆"红旗"防弹汽车高速驶往山海关机场。到机场后,林彪一伙急忙登机,在副驾驶员、领航员、报务员都没有上飞机的情况下,下令飞机在一片漆黑中强行起飞。此时已是9月13日零时32分。周总理得到报告后立即打电话报告了毛主席

当时,周总理对林彪突然逃走的意图和全部阴谋计划还不清楚,立即派李德生同志坐镇空军司令部,监视256号飞机动向;派杨德中同志陪同吴法宪(实际是监视)去西郊机场;派纪登奎同志去北京军区空军司令部,以便从各方面掌握情况。同时,周总理向全国发布禁空令:"关闭所有机场,停飞所有飞机,开动全部雷达监视天空。"发布禁空令的目的,是防止林彪、林立果的死党驾机外逃。周总理还请空军司令部的调度员用无线电向256号飞机呼叫,要林彪等飞回来,告诉他们:不论飞机在何处降落,我周恩来都到机场去接。但飞机上一直没有回答。

在空军司令部的李德生同志通过专线电话,不断将林彪所乘飞机的位置、高度、方向等情况向周总理报告。当飞机飞临中蒙边境时,李德生同志向总理请示处置办法。总理回答:已请示了毛主席,主席说:"天要下雨,娘要嫁人,由他去吧!"13日凌晨1时50分,林彪乘坐的飞机飞出了国境,进入蒙古人民共和国领空,并逐渐下降高度,直到我地面雷达上的飞机信号于温都尔汗以南消失。一个月后,总理在广州回答为什么不把林彪的座机击落时说:他是副统帅,打下来我怎么向人民交代?只好打开雷达监视飞机的行动,直到飞机飞出国境,才算是真相大白。当时,

周总理尚未掌握林彪一伙的全部阴谋计划，为了毛主席的安全，以防万一，从中南海接毛主席到人民大会堂暂住。随后，根据毛主席的指示，周总理召集中央政治局紧急会议，通报了毛主席回京和林彪叛逃的情况，研究部署各种应变措施。

13日凌晨3时15分，林彪的党羽周宇驰、于新野等人从北京沙河机场乘一架直升飞机向张家口方向飞去。李德生同志立即报告了周总理。总理指示说：马上派歼击机拦截，迫使它返回，不听就打下来。之后，北京军区空军出动8架歼6飞机拦截，迫使直升机回头，降落在怀柔县境内。周宇驰开枪打死了驾机回返的陈修文同志。然后周宇驰与于新野一起自杀。李伟信被活捉。根据李伟信的供词，在他的住处搜出大量林彪反革命集团的罪证。其中有谋害毛主席、发动政变的计划《"571"工程纪要》，另立中央南逃人员编组名单等重要罪证。

周总理已经一天一夜没有合眼了，值班人员多次劝他休息一下，他始终不肯。9月13日一整天，总理亲自给11个大军区和29个省、自治区、直辖市的主要负责人打电话，通报林彪外逃情况。为了暂时保密，又能使通话人听懂，总理说："庐山会议第一次全会上第一个讲话的那个人，带着老婆、儿子，坐飞机逃往蒙古人民共和国方向去了！你们要听从党中央、毛主席的指挥。从现在起，立即进入紧急备战。"

周总理还指示外交部，密切注意国外反应，抓紧研究提出因林彪事件可能引起的对外交涉所需的应对方案。他与其他领导同志一起，拟定向全军发出的紧急战备指示，并对北京地区的军队部署、京郊各机场的军管以及机动兵力的安排等作了布置。

上述应急措施，都是周总理提出建议，得到毛主席批准后开始行动的。

为了应付可能发生的各种情况，周总理作了十分周密的考虑和部署。他一直忙到9月14日下午，连续工作约50个小时，已经疲惫不堪，刚躺下来休息一会儿，又被秘书叫起来接外交部的电话。当他听到我驻蒙大使馆报告,林彪所乘的飞机在蒙古人民共和国的温都尔汗附近降落,机上8男1女全部死亡时,高兴得连声说:"摔死了,摔死了!"并立即向毛主席报告了这一大快人心的消息。

之后,根据周总理的指示,我方派专家小组赴蒙古人民共和国现场勘察飞机坠毁情况。勘察小组回来后,总理亲自听了汇报,并于9月22日就256号"三叉戟"飞机坠毁现场勘察情况给毛主席和在京部分中央政治局委员写信说:当林彪、叶群、林立果等乘坐的飞机飞临蒙古境内的温都尔汗时,因油料将要用完,飞机上又没有领航员和报务员,不得不强行迫降,机身因擦地而爆炸起火,机上人员全部摔出,焚烧致死。

林彪的座机——256号"三叉戟"残骸。

从已经掌握的情况看,黄、吴、李、邱与林彪、叶群的关系非同一般。对此,在林彪逃跑后,毛主席告诉周总理:"看他们十天,要他们坦白交代,争取从宽处理。"9月23日,毛主席过问此事,周总理汇报说:黄永胜等人正在拼命烧材料。毛主席决定立即处理黄永胜等人。9月24日,周总理在人民大会堂福建厅主持会议，宣布将十天来一直拒不交代问题，反而加紧烧毁材料的黄永胜、吴法宪、李作鹏、邱会作四人实行隔离审查。林立果的“联合舰队”在各地的骨干分子也先后被捕归案。中共中央随即决定撤销军委办事组，成立由叶剑英同志主持的军委办公会议。

在处理林彪叛逃过程中，周总理处于整个指挥的中心。他明察秋毫，当机立断，及时作出周密布置，挫败了林彪集团南逃另立中央的图谋，避免了内战的危险，并以最微小的代价，彻底斩除了林彪反革命集团。在九一三事件中，周总理为国家和人民立了大功。他本人也更加受到毛主席的信任，得到全党、全军和全国人民的衷心拥戴。

周总理同林彪集团的斗争并非从党的九届二中全会开始。周总理很早就不赞成林彪用形而上学的观点对待毛泽东思想和毛主席的指示。1966年7月26日，周总理在中央政治局扩大会议上说：林彪提出毛泽东思想是马列主义的“顶峰”，毛主席的话“一句顶一万句”，毛主席的指示是“最高指示”、“最高最活”等类言辞，我同毛主席谈过，也同林彪交换过意见，认为“应当力求科学、准确、恰当”。周总理对林彪宣扬“突出政治，一通百通”、“有精神成果就一定能出物质成果”等政治决定一切的历史唯心主义观点，也表示反对。周总理强调“政治要与业务相结合，政治挂帅要落实到业务上”，“反对空头政治”。

周总理对林彪把党的领导视为“束缚群众运动的框框”，对林彪取消《军队院校文化大革命由院校党委领导的决定》，表示反对，周总理强调，不能把党的领导同大民主对立起来，反对“踢开党委闹革命”。对于林彪借“文化大革命”不择手段地整老同志表示反对。如林彪打击迫害贺龙同志，周总理用保护的方式进行抵制。对于林彪在1969年年底—1970年年初战备期间的瞎指挥，周总理也进行了抵制，如林彪曾下令放掉密云、官厅两个水库的水，周总理知道后，在一次国务院业务组会议上，对列席会议的黄永胜说：密云、官厅水库的水不能放，现在情况没有那么紧急，把水库的水放掉，北京几百万人生活用水和工业用水怎么办？要黄永胜立即报告林彪。

九一三事件以后,毛主席对周总理更加信任和倚重。毛主席决定由周恩来同志主持党中央的日常工作。1973 年 8 月党的十大会议上,周恩来同志重新被选为党中央副主席。本来周恩来同志是党的八大选出的中央副主席,1966 年党的八届十一中全会后,周恩来同志和其他几位党中央副主席不再提及,只有林彪被称为副主席。党的九大后,林彪便成为唯一的副主席,周恩来同志只担任中央政治局常委。从周总理党内职务的变化中可以看出,毛主席发动"文化大革命"时,没有把周恩来同志视为可以信赖的助手,他信任和依靠的是林彪、康生、陈伯达、江青等人。九一三事件,使人们清楚地看到,鼓吹个人崇拜最厉害的林彪,竟然企图杀害毛主席;由党章确定的接班人竟然叛国出逃;新提升的六名政治局委员竟然一同从事反革命活动;等等。所有这些不能不促使人们进行严肃的思考:"文化大革命"究竟是不是必要的?它所造成的灾难究竟有什么价值?继续下去有什么意义?它促使人们从个人崇拜的狂热中觉醒,客观上宣告了"文化大革命"的理论和实践的破产。毛主席也由此产生极大的痛苦和失望,不得不对自己的错误政策作局部调整。但是,毛主席依然坚持"文化大革命"的错误路线,依然信任和支持江青集团。因此,周总理同毛主席的分歧和矛盾依然存在,周总理的工作依然困难重重。

我记得,在粉碎"四人帮"之后,李先念同志讲过这样一件事:在粉碎林彪反革命集团以后,周总理问先念同志:"你看中央的问题解决了吗?"先念同志说:"没有解决,中央文革一伙还在嘛!"周总理说:"问题远没有解决,难啊!"说着说着,总理眼眶里充满了忧国忧民的热泪。

九一三事件后,毛主席恢复了对周恩来、叶剑英同志的信赖,党的健康力量有所增长,党中央、中央军委、国务院的日常工作,分别由周恩来、叶剑英、李先念同志主持。1973 年 3 月,恢复了邓小平同志的组织生活和副总理职务,以后小平同志又先后当选和被任命为中共中央委员、中央政治局委员、政治局常委，中央副主席、中央军委副主席兼总参谋长，这就使党的健康力量更为增强。但是，以江青为首的中央文革一伙的力量也有增长。1973 年 8 月，在党的十届一中全会上，江青继续当中央政治局委员；王洪文成为中央政治局委员、常委，中央副主席；康生继续当中央常委；张春桥任中央常委；姚文元仍为中央政治局委员。自 1971 年 9 月林彪自我爆炸后，党内便逐渐形成了以周恩来、邓小平、叶剑英、李先念等同志为代表的健康力量与江青集团尖锐斗争的格局。

十、打开中美、中日关系的大门，开创外交工作新局面

20世纪60年代末，国际形势发生了巨大变化。新中国成立后，美国对我国采取敌视政策长达20余年，它们不仅在外交上不承认中华人民共和国，阻挠我国解放台湾，而且对我国实行孤立和封锁，妄图把新生的人民共和国扼杀在摇篮里。然而，新中国的发展是不可阻挡的，中国不但没有被扼杀，相反地成为世界上一个重要力量。与此同时，中苏关系由友好盟国变为敌对状态。美国为了与苏联争夺世界霸权，根据自己的战略需要，不得不改善同中国的关系。1969年2月1日，尼克松入主白宫，这位明智的总统下决心同中国建立正常的外交关系。毛主席、周总理审时度势，适应形势变化的需要，对我国外交作出富有远见和胆略的重大决策。其核心内容是利用美苏矛盾，改善中美关系，对付苏联的军事威胁，打破西方国家对我国的孤立和封锁。为了贯彻实施这个战略决策，周总理一方面要用更多的精力抓外交工作，特别是中美、中日关系正常化工作；另一方面要排除林彪、江青集团的干扰破坏。同时，还要说服教育受极左思潮影响的干部和群众。周总理为此夜以继日地工作，付出了大量心血。

1971年5月26日，周总理根据毛主席的意见，主持中央政治局会

议，商讨中美关系问题。会后，周总理起草了《中央政治局关于中美关系的报告》。《报告》回顾了自第二次世界大战以来中美关系演变的过程，估计了同基辛格的预备会谈和尼克松的访问可能出现的各种情况，并拟出相应的对策，提出中美会谈的八点方针，主要是：美国一切武装力量和专用军事设施，应规定期限从中国台湾省和台湾海峡撤走；台湾是中国的领土，解放台湾是中国的内政，外人不容干预；中国人民力争和平解放台湾；中国政府和人民坚决反对进行“两个中国”和“一中一台”的活动；美国如欲同中国建交，必须承认中华人民共和国政府是代表中国的唯一合法政府。《报告》还有针对性地回答了一些对中美会谈存有疑虑的问题。

1971 年 4 月，中美两国乒乓球运动员进行友谊比赛。

6 月 4 日—18 日，党中央召开工作会议，传达讨论中美关系及有关国际问题。6 月 4 日，周总理宣讲《中央政治局关于中美会谈的报告》。在谈到批判对外工作中的极左思潮问题时说：一直到现在我们总说批判极左思潮不彻底，不敢大胆批评，包括我们中央的许多部门，这个问题一直到现在还存在。你不把极左思潮肃清，怎么能掌握正确的政策呢？在谈到对外宣传工作时强调：毛主席的方针就是不要强加于人，不要以我为核心，自以为左，藐视一切，瞧不起人家。6 月 18 日，周总理出席中央工作会议最后一次会议，就国际形势、中美关系以及国内工作等问题讲话，提出：在当前形势下，要动员全党了解和体会毛主席的外交路线和政策，同时，还要批判在“文化大革命”中被坏人利用的极左思潮，特别是对外政策方面的极左行动，像火烧英国代办处、主张出兵香港、随便提断交、冲砸外国大使馆、到外交部夺权等等。这种“左”的言行要批判，但也要防止右的。

1971 年 10 月 20 日，基辛格再度访问北京，为尼克松访华作具体安排。周总理与基辛格举行会谈。在谈到台湾问题时，基辛格表示美国不会背弃“老朋友”，不会与台湾“断交”。周总理立即严正声明：中华人民共和国政府是中国的唯一合法政府；解放台湾是中国的内政；美国军队必须撤出台湾。我们这三项立场是不变的。

1972 年 1 月 6 日，周总理接见为尼克松访华进行技术安排的美国总统国家安全事务副助理黑格时，就台湾问题重申中国的立场：在这个问题上，中国人是有着非常强烈的情感的。如果美方真有改善中美关系的愿望，就应当对中美关系的这个关键问题采取解决问题的积极态度。

1 月 6 日晚上的会谈中，周总理针对黑格带来的美方公报草稿中，有“美国方面关心中国的生存能力（Viability）”这样的字句，严肃地指出：“黑格先生，你们为什么要在公报中使用‘生存能力’（Viability）这样的字眼呢？”黑格作了解释。周总理指出：“美方对中国的‘生存能力’表示怀疑，并声称要‘维护’中国的‘独立’和‘生存能力’，令人惊讶。中国认为，任何国家绝不能靠外力维护其独立和生存，否则只能成为别人的保护国和殖民地。社会主义的新中国是在不断抗击外来侵略和压迫的斗争中诞生和成长起来的，并一定会继续存在和发展下去。”“为什么我们这样一个主权国家的生存能力要你们美国政府来关心？美国人在世界上就是习惯于到处充当保护人。我要直率地说，这是一种帝国主义观念的反映，我们不能接受。”黑格自知理亏，抱歉地说：“我实在没有想到这个词包含有这个意思，很抱歉，总理先生，我们可以把这句话删掉。”

在黑格来北京期间，周总理指示熊向晖同志与黑格的助手齐格勒洽谈：请美方帮助租用一个通讯卫星。齐格勒估计租金可能需要 100 万美元。他建议中国不必花钱租用，只要在尼克松总统所到的北京、上海、杭州安置地面站，费用由美国承担。熊向晖同志向周总理作了汇报。周总理说:“不要一听 100 万美元就想缩头。这不是花多少钱的问题,而是涉及我国主权问题,不能有丝毫含糊。”周总理要熊向晖同志告诉齐格勒:“第一,请他负责为中国政府租用一颗通讯卫星,租用期是北京时间 1972 年 2 月 21 日上午 1 时至 2 月 28 日 24 时;第二,在租用期间,这颗卫星的所有权属于中国政府,美国方面必须事先向中国政府申请使用权,中国将予以同意,中国向使用者收取使用费;第三,租费和使用费都要合理,不做冤大头。”齐格勒听后很惊讶地说:我第一次遇到这样的谈判对手。我完全同意中国政府提出的前两点办法。租费一定很合理。可以设想,租费和使用费这两项费用之间会画个“=”(等号)。我很佩服你们的精明,更佩服你们处处维护国家的尊严。齐格勒还表示很赞成基辛格的看法:周恩来是世界上罕见的令人衷心敬佩的伟大政治家和外交家。

1972 年 2 月 22 日至 25 日,周总理与尼克松举行四次限制性会谈,就国际形势和双边关系问题坦率深入地交换看法。在尼克松重申美方对处理台湾问题的原则后,周总理指出:还是那句话,不愿丢掉“老朋友”,其实“老朋友”已经丢了一大堆了。“老朋友”有好的,也有不好的,应当有选择嘛。你们希望和平解放台湾,我们只能争取和平解放台湾,因为这是我们同蒋介石两方面的事。

经过多次磋商,在达成协议的中美《联合公报》中说:“中美两国的社会制度和对外政策有着本质的区别。但是,双方同意,各国不论社会制度如何,都应根据尊重各国主权和领土完整、不侵犯别国、不干涉别国内政、平等互利、和平共处的原则来处理国与国之间的关系。国际争端应在此基础上予以解决,而不诉诸武力或武力威胁。美国和中华人民共和国准备在他们的相互关系中实行这些原则。”“中国方面重申自己的立场:台湾问题是阻碍两国关系正常化的关键问题;中华人民共和国政府是中国的唯一合法政府;台湾是中国的一个省,早已归还祖国;解放台湾是中国的内政,别国无权干涉;全部美国武装力量和军事设施必须从台湾撤走。中国政府坚决反对任何旨在制造‘一中一台’、‘一个中国、两个政府’、‘两个中国’、

‘台湾独立’和鼓吹‘台湾地位未定’的活动。美国方面声明：美国认识到，在台湾海峡两边的所有中国人都认为只有一个中国，台湾是中国的一部分。美国政府对这一立场不提出异议。它重申它对由中国人自己和平解决台湾问题的关心。考虑到这一前景，它确认从台湾撤出全部美国武装力量和军事设施的最终目标。在此期间，它将随着这个地区紧张局势的缓和逐步减少它在台湾的武装力量和军事设施”。

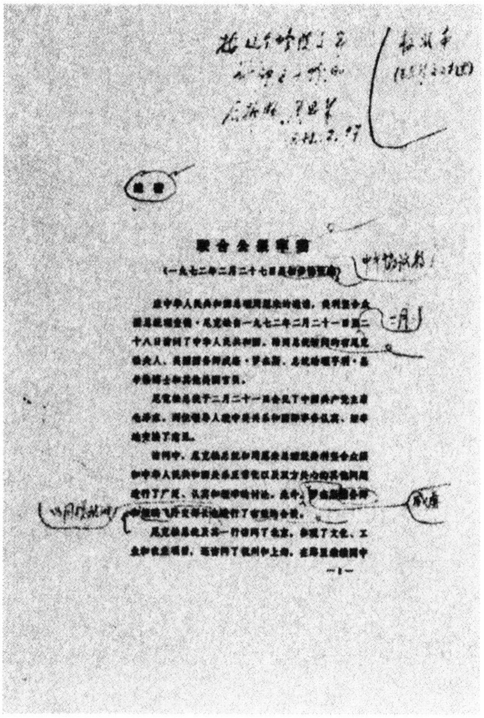

中美两国《联合公报》底稿。

周总理在同尼克松会谈中，既坚持原则，又适当灵活，促成了中美会谈的成功，达到了改善两国关系的目的。中美会谈的每一步，周总理都要向毛主席请示报告，并得到毛主席的批准。中美会谈的方针等重大问题都经过中央政治局讨论通过。在尼克松访华前，召开中央工作会议，传达讨论中美关系问题。会后，各地区、各部门传达了会议精神。由于中美会谈的方针是毛主席批准的，周总理又作了如此周密细致的安排，使时刻准备挑毛病进行干扰破坏的江青集团找不到借口，无计可施。江青曾提出：“欢迎尼克松来访，奏美国歌曲《美丽的阿美利加》，是为美帝国主义唱赞歌。”还说：“不能在中国土地上向美国和全世界为尼克松进行电视宣传。”江青的这个无理指责，遭到周总理的批驳。周总理说：“《美丽的阿美利加》，我记得这是一首赞美美国风光的曲子嘛，不要太‘左’了。”对于电视播放，周总理十分气愤地说：“岂有此理！过去美国政府一直敌视中国，现在美国总统来中国访问，这是历史性的转变。美国和其他国家的亿万人民通过电视看到尼克松访华的情况，就会引起思考，增加对中国人民的了解和友谊。这是为尼克松宣传？还是为新中国宣传？”

中美关系的缓和直接推动了中日关系的改善。日本政府曾长期追随美国采取敌视中国的政策。尼克松访华后，在日本朝野引起很大反响，日本舆论强烈要求尽快争取中日建交。1972 年 7 月 7 日，日本佐藤内阁下台，田中角荣就任内阁总理大臣。田中首相就任以后，毅然提出新的对华政策，声明要加紧实现同中华人民共和国的邦交正常化，表示能够充分理解中国方面提出的复交三原则（即：一、中国只有一个，中华人民共和国政府是代表中国人民的唯一合法政府。坚决反对制造“两个中国”和“一中一台”的阴谋；二、台湾是中国的一个省，是中国领土不可分割的一部分，台湾问题是中国的内政。坚决反对“台湾归属未定”的论调；三、日台条约是非法的，必须废除），并且为此采取了实际步骤。中国政府本着一贯立场，作出了积极的响应。实现两国邦交正常化已经有了良好基础。

1972 年 9 月 25 日—30 日，应周恩来总理的邀请，日本新任首相田中角荣访问了中国。毛泽东主席于 9 月 27 日会见了田中角荣。周总理与田中首相就两国邦交正常化问题进行会谈。由于事先经过频繁协商，观点比较接近，两国领导人本着求同存异的原则，建交谈判总的来看比较顺利。但是，也曾出现若干重要分歧。

9 月 25 日晚，周总理举行欢迎宴会。在周总理致祝酒词后，田中首相致答词，在谈到日本侵华战争时，轻描淡写地说：“遗憾的是，过去几十年，日中关系经历了不幸的过程，其间，我国给中国国民添了很大的麻烦。对此，我再次表示深刻的反省。”周总理和在场的中方人员听了田中的这番话都十分反感。

26 日下午，周总理与田中首相举行第二次会谈。周总理严肃地说：在昨天的晚宴上，田中首相对过去的不幸的过程感到遗憾，并表示要深刻的反省，这是我们能够接受的。但是，说“添了很大的麻烦”这句话，好像是在街上弄湿了过路女人的裙子，说一声道歉似的。周总理列举侵华日军大量罪行后说：日本军国主义发动侵略战争，给中国人民带来深重灾难，日本人民也深受其害，用“添了很大的麻烦”来表达，在中国人民中间是通不过的，而且会引起强烈反感。田中在解释日本立场后表示：“如果你们有更适当的词汇，可以按中方的习惯改。”周总理说：关于恢复中日邦交问题，我非常欣赏田中首相和大平外相所说的这样一句话：恢复日中邦交，应从政治上解决，而不要从法律条文上去解决。从政治上解决，比较容易解决问题，而且可以照顾双方。如果从法律条文上去解释，很难说通，甚至发生对立。中日要建交，如同大平外相所说，就要同蒋介石“断交”，“日台条约”就自然失效。如果把旧金山和约、“日台条约”都拿出来作根据，问题是无法解决的。我们说，只有在你们充分理解我们提出的复交三原则的基础上，才能照顾你们面临的一些困难，而不是相反。“日台条约”在联合声明中可以不提，但不能让我们承认这个条约的存在和合法。这是我们根本不能接受的。关于战争赔偿问题，周总理说：高岛先生的说法，使我感到惊讶和愤慨。蒋介石政权早已被中国人民推翻，他不能代表中国，他与日本签订的所谓“和约”是非法的，无效的。遭受战争损失主要在大陆上，蒋介石宣布不要战争赔偿，是慷他人之慨。我们是从中日两国人民友好关系出发，为的是不增加日本人民的负担，才宣布放弃索取战争赔偿要求的。这也是毛泽东主席的主张。对此，高岛先生不仅不领情，还提出中日联合声明中不必再提战争赔偿问题，因“日台条约”已宣布放弃要求赔偿的权利。这种说法是对我们的侮辱，我听了以后，简直不能容忍！

9 月 28 日，周总理与田中首相举行第四次会谈。周总理说：明天发表中日建交联合声明以后，大平外相根据田中首相的指示，准备对记者发表一个讲话，声明日本政府将跟台湾断绝“外交关系”，对此我们表示欢迎。这证明你们这次来是守信义的，这是我们两国和平友好关系的良好开端。又说，我们重建邦交，首先要讲信义，这是最重要的。中国有句古话说：“言必信，行必果”。你们这次来表现了这种精神。周总理当场用毛笔写了“言必信，行必果”六个字送给田中。田中也将日本旧宪法上的一句话“信为万事之本”写成汉字赠给周总理。多年之后，田中在他的回忆录中写道：“不拘泥于一件事情，而是抓住大局，高瞻远瞩，推进谈判，仅此一点就不能不使我感动，周恩来这个人不愧是一位伟大的政治家。”

1972年9月29日，中日两国政府《联合声明》在北京签字。

9月29日上午10时，中日两国政府《联合声明》在北京人民大会堂签字。《联合声明》说：“两国人民切望结束迄今存在于两国间的不正常状态。战争状态的结束，中日邦交的正常化，两国人民这种愿望的实现，将揭开两国关系史上新的一页。日本方面痛感日本国过去由于战争给中国人民造成的重大损害的责任，表示深刻反省”。《联合声明》说：“自本声明公布之日起，中国和日本之间迄今为止的不正常状态宣告结束；日本国政府承认中华人民共和国政府是中国的唯一合法政府；中国政府重申：台湾是中华人民共和国领土不可分割的一部分。日本国政府充分理解和尊重中国政府的这一立场，并坚持遵循《波茨坦公告》第八条的立场；中国政府和日本国政府决定自1972年9月29日起建立外交关系，并尽快互换大使；中国政府宣布：为了中日两国人民的友好，放弃对日本国的战争赔偿要求；中国政府和日本国政府同意在互相尊重主权和领土完整、互不侵犯、互不干涉内政、平等互利、和平共处各项原则的基础上，建立两国间持久的和平友好关系；中国政府和日本国政府为了巩固和发展两国间的和平友好关系，同意进行以缔结和平友好条约为目的的谈判和以缔结贸易、航海、航空、渔业等协定为目的的谈判。”

随后，日本同台湾当局断绝了“外交关系”。

中日谈判中的所有方针、原则问题，周总理都向毛主席请示报告，并得到毛主席的支持。为了使全国人民理解中日关系正常化的意义，外交部根据周总理的指示起草了《关于接待田中角荣首相访华宣传提纲》，周总理亲自作了修改，经中央政治局讨论后，作为中央文件下发。这个文件要求各大城市在田中首相访华前做到家喻户晓。文件还有针对性地回答了在人民群众中存在的疑问。这个文件对统一全党和全国人民的思想起到了很好的作用，使江青集团无隙可乘。

中美、中日关系的改善意义重大。它有力地推动了西欧、大洋洲许多西方国家与我国建交；第三世界国家同我建交的也迅速增加。它不仅有利于我国的安全，有利于解决台湾问题，而且彻底打破了西方国家对我国的孤立和封锁，为加快我国的经济发展和以后实行对外开放政策创造了外部条件。

十一、批判极左思潮的斗争

九一三事件使毛主席受到极大震动。他没有想到自己亲自选定的接班人竟然要谋害他。这促使他对“文化大革命”的错误开始有了一些认识。他批评了一些极左行为，纠正了一些错案，解放和重新起用了一些老干部。

毛主席决定由周恩来同志主持党中央的日常工作，叶剑英同志主持中央军委的日常工作，李先念同志主持国务院的日常工作。这就使以周恩来同志为代表的健康力量在同江青反革命集团的斗争中处于有利的地位，增强了在党、政、军的影响力。但是，毛主席从总体上仍然坚持“文化大革命”的错误指导思想，他依然信任和重用江青反革命集团。林彪、江青两个反革命集团，都是“左”倾错误路线的产物。这两个集团在本质上是一丘之貉，他们之间的矛盾在于谁来夺取党和国家的最高权力。周总理深知，对党和国家各方面造成的严重破坏，不完全是林彪集团干的，江青集团所造成的破坏更加严重，其根子是毛主席的“左”倾错误路线。这是周总理不能公开讲的实际情况。当时，周总理只能在不否定“文化大革命”的前提下，批判和纠正林彪集团所造成的严重恶果。

在“文化大革命”出现否定一切，打倒一切的狂潮后，周总理就开始批判极左思潮和无政府主义。他批评“建国 17 年来实行的是修正主义路线"的说法,认为"毛主席的革命路线占统治地位";他批评把老干部都看成"走资派"和"文化大革命的对象"的观点,认为"领导干部的大多数是好的和比较好的","老干部是党和人民的宝贵财富";他批评"踢开党委闹革命"的行为,主张"坚持党的领导";他反对"全面夺权",同意"夺文化大革命的领导权","其他权不能夺"。他批评"只要民主,不要集中;只要自由,不要纪律"的无政府主义;他主张"稳定人民解放军",反对人民解放军搞"四大",反对"揪军内一小撮走资派",反对"冲击军事机关";他坚持"抓革命、促生产","反对停产闹革命","反对破坏生产秩序";他批评林彪的"顶峰"、"最高最活"论,认为这种提法"不科学";他批评林彪的"空头政治",认为"政治挂帅要挂在业务上","政治要与业务相结合";他坚决反对"武斗",反对抢夺人民解放军的武器装备等等。1970 年开始,周总理即结合政府业务工作,系统地批判和纠正极左思潮和"左"倾错误。九一三事件后,周总理在领导批林整风时,更加全面地展开对极左思潮的批判,并从这里入手落实党的正确政策。

(一)在经济战线上批判极左思潮,整顿国民经济

"文化大革命"中,极左思潮和无政府主义泛滥,是非颠倒,引起极大的思想混乱,使国民经济遭到严重破坏。抓生产被指责为"唯生产力论",抓业务被指责为"冲击政治",抓企业管理被说成是"管卡压",抓盈利被攻击为"利润挂帅",把按劳分配攻击为"物质刺激"。林彪集团还宣扬"什么有计划按比例,打仗就是比例"等等。很显然,不批判极左思潮,就难以扭转国民经济的混乱局面。为此,在周总理的领导下,国务院采取一系列措施。

1970 年 10 月 5 日,经周总理审阅同意,国务院向中共中央报送《关于北方地区农业会议的报告》。《报告》针对当时农业战线存在的"左"的错误作出若干规定。例如,强调"农业六十条"中关于人民公社现阶段的基本政策,仍然适用。三级所有、队为基础的制度和自留地制度,一般

不要变动。坚持“按劳分配”的原则,反对平均主义。不可“分光吃净”,也不要一下子积累过多,影响社员的当年收入。在服从国家统一计划的前提下,允许生产队因地制宜种植。不许无偿地调用生产队的劳动力、生产资料和其他物资,不得加重社员负担。中共中央于1970年12月11日批准了这个报告。这些政策和措施,对于稳定农村的生产关系,调动农民的积极性,发展农业生产,发挥了积极作用。

1971年3月30日,周总理主持会议讨论通过国务院向中共中央报送的《关于全国棉花、油料、糖料生产会议的报告》。《报告》说,棉油粮生产形势很好,但仍不能适应国民经济发展和战备的需要。解决产需之间的矛盾既不能降低人民的消费水平,更不能靠进口,根本方针是:“发展经济,保障供给”。在努力增产粮食的同时,积极发展棉油糖生产:(1)合理安排油料、糖料集中产区的粮食征购和统销指标,坚决保证社员口粮不低于邻近产粮区的标准;(2)油料超购部分继续实行加价奖励的办法。留油标准由省、市、自治区自定,增产多、贡献大的,可以适当多留;(3)适当提高花生、油菜籽、芝麻、大豆等部分油料、油脂收购价格和糖料收购价格;(4)大豆种植面积和产量与粮食分别计算,一年一熟的大豆集中产区,上《纲要》的指标,建议定为260斤;(5)丘陵山区,要大力发展木本油料;(6)社员自留棉换购,由一斤皮棉三尺布票,改为五尺布票。中共中央1971年4月11日批准这个《报告》,并发到全国公社、大队。1971年8月14日,国务院发出通知,决定提高油料、糖料、农副产品的收购价格,降低化肥、农药、煤油、柴油和一些农业机械等支援农业产品的价格。这些都有利于调动农民的生产积极性,发展棉、油、糖生产。

1971年8月21日,中共中央批准国务院的建议,发出《关于继续实行粮食征购任务一定五年的通知》。自1965年开始,已经连续实行了粮食征购一定三年的政策。实践证明,实行这项政策,对于农业生产的发展起了积极作用,因此决定从1971年起改为一定五年的政策。

1971年12月26日,党中央批准国务院代拟的《中共中央关于农村人民公社分配问题的指示》。《指示》针对当时农村存在的"分光吃净"，集体增产、个人不增收，超支户多，分配不兑现，以及劳动计酬上的平均主义等现象，要求解决好六个问题：(1)应在生产发展的基础上逐步增加积累，但也不要一下子积累过多，要尽可能使农民能够在正常年景下，从增加生产中增加个人收入。(2)口粮分配要采取基本口粮和按工分分粮相结合的办法，或大多数社员拥护的其他办法，做到既有利于调动最大多数社员的劳动积极性，又要保证军烈属、职工家属和困难户能够吃到一定标准的口粮。(3)坚持"各尽所能，按劳分配"的原则。学习大寨劳动管理办法要从实际出发，不要硬搬照套。(4)社队办集体福利事业，要和经济发展水平相适应，不许任意增加脱产人员，宣传队、广播员、体育队必须在业余时间进行活动，"赤脚医生"要参加集体劳动。大队、生产队干部补贴工分不能超过"农业六十条"的规定。(5)切实解决超支户的问题，干部要带头偿还欠款。(6)注意农业的全面发展，不能把党的政策允许的多种经营当作资本主义去批判。

1971年5月24日，周总理会见并宴请美国朋友韩丁(威廉·欣顿)和夫人雷洲安及其女儿卡玛，在谈到学大寨经验时说：首先是学毛泽东思想，要实事求是。有些地方如不能采取同样的办法，就不要强求一致。第二是学自力更生的精神。第三是学先公后私的精神。如果讲大寨否定私，也不对。毛主席常说公私兼顾。发展生产的结果要对国家、集体和个人三者都有好处。如果只讲公，不讲私，就不科学。

1974年3月24日—31日，坦桑尼亚总统尼雷尔来华访问。周总理与尼雷尔总统会谈，在谈到中国农村情况时，介绍说：人民公社成立15年了，在一些地方还有极左的现象，如取消自留地，不准社员家里养猪、养鸡，使农民的积极性受到影响。此外，学大寨也要注意实事求是，因地制宜。现在大寨是二级所有，如全国都来学就很不利。

1972年5月23日，周总理批发的国务院批转商业部《关于少数民族商品生产和供应情况的报告》。国务院的批示说：我们党对少数民族历来是关怀的，对少数民族特需商品的供应一向是重视的。但是，近几年来由于受极左思潮的影响，有些地方不考虑少数民族的特殊需要，任意取消少数民族特需商品的生产和供应，这种做法是错误的。要教育我们的干部认真执行党的民族政策，尊重少数民族的风俗习惯，切实搞好对少数民族特需商品的生产和供应工作。

1971 年 12 月 16 日，国务院在北京召开全国计划会议，1972 年 2 月 12 日结束。这次计划会议在批判林彪集团的《“571”工程纪要》的同时，还批判了他们鼓吹的“空头政治”，提出批林要联系经济战线的实际，解决林彪一伙干扰破坏造成的恶果问题。2 月 5 日，周总理听取国家计委汇报会议情况时指出，现在我们的企业管理乱得很，要整顿。会议根据周总理的指示和与会同志的要求，在国务院领导同志的主持下，起草了《1972 年全国计划会议纪要》。这个文件针对经济工作中的问题，提出了若干整顿措施，其中包括加强统一计划，做好综合平衡；整顿和加强企业管理；落实党对干部、工人和技术人员的政策，凡是应该解放而没有解放的干部，都要及时解放，大胆使用；正确处理政治与经济，政治与技术的关系，做到又红又专。忽视政治，埋头生产，空谈政治，不敢抓生产，都是不对的；把产品质量提到第一位，关键是肃清林彪集团煽动的极左思潮和无政府主义，特别是在企业管理上，明确规定要恢复和健全七项制度，即岗位责任制、考勤制度、技术操作规程、质量检验制、设备管理和维修制、安全生产制、经济核算制。明确要求企业要抓七项指标，即产量、品种、质量、原材料燃料动力消耗、劳动生产率、成本、利润指标。

这个会议《纪要》经周总理主持讨论定稿后，拟提请中央批转下发。在中央政治局开会讨论时，张春桥借口“文件长了，不好发”，不同意批转这个《纪要》。张春桥还公然反对批“空头政治”，声称批“空头政治”就是批“文化大革命”，就是批我们，同时对会议施加压力，把会议出现的批林热潮强行压制下去。尽管这个《纪要》因张春桥的阻挠中央未批转下去。但是，根据周总理的指示，国务院办公室于 1972 年 2 月 22 日将此

《纪要(草稿)》印发各省、市、自治区革委会,国务院各部委,请他们按此向下传达,以后以中央正式批准的文件为准。

以后,国家计委将《1972 年全国计划会议纪要》改写成《关于坚持统一计划,加强经济管理的规定》。1973 年 2 月,周总理指示将这个《规定》拿到全国计划会议上讨论。这个文件针对经济工作中存在的问题,作出以下十条规定:(1)坚持统一计划,搞好综合平衡,主要是中央和省、市、自治区两级的平衡,反对各行其是;(2)不许乱上基本建设项目,不许随意扩大建设规模和增加建设内容;(3)职工总数、工资总额以及物价的控制权属中央,任何地区、部门和个人无权擅自增加和改变,企业事业单位的劳动力,要服从中央和省、市、自治区的统一调度;(4)严格执行物资分配计划和订货合同,保证物资调得动,不准随意中断协作关系,申请物资不许弄虚作假、虚报冒领;(5)加强资金管理,严禁拖欠、挪用税款和利润,不准用银行贷款和企业流动资金搞基本建设;(6)中央下放的大中型企业,由省、市、自治区或少数省属市管理,不能再层层下放;(7)整顿企业,按照党委领导下的厂长负责制原则,建立强有力的生产指挥系统;(8)坚持按劳分配的原则,实行计时工资加奖励的办法,少数重体力劳动可以实行计件工资;(9)加强纪律性,对于违反纪律的行为,要给予批评教育,违法乱纪的,要按照党纪国法给予处分和制裁;(10)加强党对经济工作的一元化领导,加强各级经济领导机构,政治挂帅要挂到业务上,经济工作要越做越细。这个文件拿到 1973 年计划会议讨论时,28 个省、市、自治区赞成,唯有上海反对。张春桥说这是"拿多数压我们,我坚决反对,我们是光荣的孤立",并要会议把文件收回。《规定》的起草,是对林彪、江青一伙煽起的破坏经济建设的极左思潮的尖锐斗争。

周总理在 1972 和 1973 连续两年想搞纠正经济领域极左错误的文件,均遭张春桥和中央文革一伙的反对。1972 年计划会议讨论的那个《纪要》,主要内容是解决企业管理问题,在江青、张春桥一伙反对时,周总理之所以暂时退让,可能是因为毛主席一度病危(1972 年 1 月中旬),

尚未康复的缘故。1973 年计划会议讨论的十条规定,主要内容已经扩大为解决经济建设全局中的问题,这次遭到江青、张春桥一伙的反对后,周总理退让是由于毛主席在不久前(1972 年 12 月 17 日)明确表示不赞成周总理批林彪的极左,而支持江青、张春桥批林彪的极右。

1970 年以来,主要由于林彪集团不顾条件大上军工项目,致使积累率过高,基本建设规模过大,因而导致 1971 年我国经济工作出现职工人数突破 5000 万人,工资总额突破了 300 亿元,粮食销量突破了 800 亿斤。周总理首先发现了这“三个突破”问题。他在 1972 年年初全国计划会议上指出:“三个突破”对国民经济各方面带来一系列问题,不注意解决,就会犯错误。但是,到 1973 年年初,“三个突破”不仅没有解决,而且货币发行也突破了计划。当年市场平衡有 30 亿元的商品差额,票子发多了,到了最大警戒线。周总理指出,“三个突破”不如这“一个突破”,国民经济要按比例发展,但现在根本没有比例!为了解决这个问题,1973 年计划会议决定采取大力加强农业、缩短基本建设战线、压缩国防和行政开支、精简职工等措施。

1972 年 5 月 30 日,国务院批转国家计委、国家建委、财政部《关于加强基本建设管理的几项意见》。这个文件针对基本建设中存在的战线长、浪费大、制度松弛、贪大求洋等问题提出如下意见:(1)基本建设要加强计划管理。所有的基本建设都要纳入计划,一律不准搞计划外工程。(2)用自筹资金安排的基本建设,其投资、材料和设备必须落实。(3)必须按照基本建设程序办事。全国基本建设计划,经中央批准后,不得擅自扩大建设规模和任意变更主要建设内容。(4)认真做好勘察设计工作。在对建设条件进行调查研究的基础上,提出几个方案,以便选择确定。(5)基本建设项目所需设备,实行成套供应。(6)加强施工管理,提高投资效果,尽快形成生产能力。(7)加强经济核算,努力降低工程造价。建设银行要严格按照国家计划、财政预算和工程进度拨款。(8)积极进行基本建设投资大包干的试点。

1971年12月15日，周总理对国产“歼6”飞机的质量作出批示：“‘歼6’40架，原说是为援外装配的，一经检查，有7架不能交付，占全数17.5%，只此一端，就可以看出我们的飞机生产质量下降到什么程度，还不够我们提起警惕么！”总理严令对该机必须严格执行试飞和全检制度，合格方准出厂。12月26日，周总理出席叶剑英同志召开的航空产品质量座谈会，在听取汇报后说：“为什么合理的规章制度没有恢复？要批判林彪反党集团，批判无政府主义，批判极左思潮。各单位一把手要亲自抓产品质量，要对党对人民负责，对祖国的荣誉和战士的安危负责。”1972年1月21日，周总理责成国家计委负责人把一汽、二汽和北京、南京汽车厂的产品质量抓一抓，并严肃指出：质量这样下降，如何援外，如何战备？此后，周总理又在四五月间连续抓了出口罐头、衬衫、照相机和其他日用工业品质量问题。他在接见参加广州出口商品交易会有关部门和单位的代表时，着重批判了极左思潮对企业管理和产品质量带来的恶劣影响。指出：对质量问题，现在是主管机关不敢讲话，企业领导不敢管，无政府主义泛滥，这种状况必须改变，要把产品质量提到第一位。凡是质量低于历史最好水平的，要限期改进。凡是质量不合标准的产品，一律不准出厂。

在经济领域批判极左思潮，落实党的方针、政策，尽管受到江青、张春桥等人的阻挠，但是，周总理反对极左的指导思想已经深入人心，许多地方和企业加强了经济管理，使全国的经济建设出现了转机。1971年全国工农业总产值比上年增长12.2%，其中农业增长3.1%，工业增长14.9%。1972年工农业总产值比上年增长4.5%，其中农业因遭受严重自然灾害，比上年下降0.2%，工业增长6.6%。1973年工农业总产值比上年增长9.2%，其中农业增长8.4%，工业增长9.5%。

在“文化大革命”期间，我国实行的是计划经济制度，在农村实行人民公社制度。周总理批判经济战线上的极左思潮，整顿国民经济，是批评和纠正林彪、江青一伙鼓吹和煽起的违反当时政策、破坏经济建设的极左论调和极左行为的。在当时的条件下，周总理这样做是完全正确的，是维护党和人民的利益，因而得到广大干部和群众热烈欢迎和积极支持，大大减轻了极左路线所造成的灾害损失。

（二）在外交战线上批判极左思潮

在“文化大革命”初期，与我国建交和半建交的 40 多个国家中，有近 30 个国家同我国发生外交纠纷，其中有些是由于我方处理不当引起的。有少数驻外使馆的干部受极左思潮的影响，不尊重驻在国的主权，处理问题简单粗暴；在对外宣传工作上，不顾内外有别的原则，把宣传毛泽东思想作为主要任务，唯我独革，强加于人。这些极左现象，使我国的国际形象受到严重损害。毛主席、周总理曾多次批评，要求纠正。

对主要由于我方原因而损害的国家关系，周总理指示外交部和驻外使馆主动进行修复。例如，1967 年被坏人烧毁的英国代办处，经周总理批准，我方为英方修建了新的住所。1971 年春工程竣工。3 月 2 日，周总理接见英国驻华代办谭森，在谈到 1967 年火烧英国代办处一事时说：英国代办处的房子是被坏人烧的，中国政府是反对这种做法的。那天晚上，以我为首的几个人联名广播，劝包围英国代办处的人不要冲、烧，但那些坏人不听。你们的代办后来被解放军保护起来了。我祝贺你们搬回新居，修复费用应由中国方面负担。英国驻华代办当即表示理解和感谢。

由于我国驻外人员受极左思潮的影响，干涉柬埔寨内政，1967 年 9 月 1 日，西哈努克宣布解散柬中友协。事后，周总理对我驻柬人员提出批评。11 日，西哈努克又宣布封闭五家华侨报纸。13 日，西哈努克宣布撤回驻华使馆人员，但不断交。为此，14 日，周总理接见柬驻华大使张岗，表示遗憾，同时进行劝说和挽留。18 日，西哈努克撤销其撤回使馆人员的决定。

1967 年 10 月 20 日，毛里塔尼亚伊斯兰共和国总统达达赫来华访问。24 日,周总理在送达达赫总统前往朝鲜访问去机场的路上,请达达赫向金日成首相和柬埔寨西哈努克亲王、埃及纳赛尔总统转达三点口信:1. 我们一直教育华侨要遵守所在国的法律,但对于他们的行动我们并不能掌握。2. 我们的使馆在工作中也有一些偏差,我们并不掩饰,随时可以改正。3. 帝国主义污蔑我们,而实际上我们对朝鲜、柬埔寨和埃及的政策并没有变,我们一贯支持他们的反帝斗争。

1971 年 8 月 6 日—12 日,缅甸联邦政府总理奈温来华访问。周总理与奈温总理举行会谈。当奈温对 1967 年"6 · 26"事件(此事件的直接起因是,在仰光的华侨学生佩戴毛主席像章,引起纠纷;以后牵涉到中国驻缅使馆,发生了数十人死亡以及华侨被捕的情况)表示"深切的遗憾",并感谢周总理给他机会前来解释两国间可能存在的误会时,周总理说:"1967 年华侨学校的某些行动,我们也不赞成。""在那个阶段,极左思潮影响到我们外交部。但我国政府还是要控制这个局势,特别是同缅甸的关系。"又说:"我们对华侨和华侨所在的国家都宣布,侨民应服从所在国的法令,不应当违反所在国的法令,要按照所在国的习惯生活和工作。"

1971 年 6 月初,新华社副社长石少华同志率中国新闻代表团访问朝鲜民主主义人民共和国,朝中社社长会见时谈了两国关系中的问题。石少华立即通过大使馆报告国内。周总理阅后批示:外交部电告石少华:"对朝中社社长谈话要表示诚挚的谢意",对我方在极左思潮中破坏朝中关系的错误,"要作出检讨"。石少华接到周总理指示时,已经离开平壤,到达新义州,不能再会见朝中社社长。石少华即在新义州朝方举行的欢送会上致答词时说:过去在中朝边境诬蔑金日成主席的是受极左思潮影响的人和坏人干的,他们不代表中国党和政府。我们已经把坏人抓起来了。石少华还对发生这种破坏中朝友谊的问题表示道歉。

1971 年 8 月 26 日,周总理会见墨西哥《至上报》社长胡利奥 · 谢雷尔 · 加西亚,在谈到"中国是世界革命中心"的提法时,说:毛主席从未这样讲过，也不赞成这一说法。别人把中国叫成是“世界革命中心”，我们不能负责。中国极左分子这样说，我们不赞成。又说，思想总是要传播的，但行动要靠本国人民选择。

1972年8月1日、2日，周总理向回国述职大使和外事部门的负责人作批判极左思潮的主题报告。在讲到国际形势和外事、宣传工作方针时，指出：“极左思潮是有世界性的。中国也有极左思潮，在我们的鼻子下面也有嘛，外交部也有，驻外使领馆也有。如果驻外使馆现在还有人搞极左，就把他们调回来学习，不要妨碍我们的对外工作。”又说：“实际上各单位的极左思潮都是林彪放纵起来的。有几年，他们利用‘二月逆流’那一点错误，说得了不起，要把老干部都打倒，把所有政治局的老同志都搞掉，都换成他的死党。”“他们打倒一切，破坏主席的威信和威望。”“林彪用极左的方法破坏主席的威信，把主席说过了头，什么‘顶峰’呀，‘一句顶一万句’呀，‘第三个里程碑’呀等等。其实这些都是假的，结果是要谋害主席。这样的人暴露出来是大好事。”强调指出：“极左思潮，就是夸夸其谈，不实事求是，就是空洞、极端、形式主义，空喊无产阶级政治挂帅，很抽象。这是违反毛泽东思想的。关于这个问题，如果我们不好好做工作，还要犯错误。极左思潮不批透，右倾又会起来。”关于政治与业务的关系问题，提出：“运动就是要落实在政策和业务上。无产阶级政治挂帅挂在什么地方呢？就是要挂在业务上。运动和业务不能对立，如果真正懂得运动就要懂得政策，政策就是要落实在业务上。”“如果真正考察一个干部，说这个干部运动好，但业务不好，说明还没有落实。”在讲到解放干部的问题时，指出：“各部门应该把老干部解放出来。有些地方解放老干部的工作做得不够好，你们应该好好想一想。”

1973年3月8日，周总理出席中联部、外交部举办的庆祝三八国际劳动妇女节招待会，向到会的各国专家及其家属讲话。对“文化大革命”以来极左思潮泛滥，外国专家工作受到严重干扰，一些专家及其家属受到不公正、不礼貌、非同志式待遇等情况逐个举例说明，并表示：“这个责任我们要负,作为政府的负责人,我负更多的责任。”还当场向在座的一些专家赔礼道歉。对于已经回国的专家,提出,如果他们愿意回来,中国政府将诚恳欢迎他们,以弥补当时我们未照顾好他们的过失。在谈到今后的外国专家工作时,说:遵照毛主席最近批评的不敢同外国人交往的错误倾向,有关部门要努力克服保守、排外的观念,增进与外国朋友的友好往来。周总理的这番讲话使在场的各国专家深为感动,从而挽回了极左思潮所造成的不良影响。

(三)在教育、文化和科技战线上批判极左思潮

教育、文化战线是毛主席确定的“文化大革命”的重点,也是政治上的敏感区。周总理不能像对其他战线那样批判极左思潮,不然的话,就会同毛主席迎头相撞。尽管如此,周总理出于对国家和人民负责,仍然就某些极左错误进行批评和纠正。科技战线的情况有所不同,周总理能够更坚决地纠正极左错误。

1971 年 7 月 6 日,周总理接见全国教育工作会议领导小组成员,针对会上关于建国后 17 年教育工作估计的争论,提出:毛主席的红线也是照耀了教育战线的;知识分子的大多数是接受共产党领导的,是为社会主义服务的;对教师队伍和解放后培养的学生要作具体分析,要辩证地看问题。在这个时候,毛主席对 17 年教育战线的估计也有所松动。他曾经指出:17 年的估计不要讲得过分,在无产阶级专政下执行了错误路线的,不是大多数人,是一少部分人;多数知识分子还是拥护社会主义制度。但是,张春桥、姚文元等人无视这些意见,仍然主张全盘否定。由张春桥、姚文元修改定稿的全国教育工作会议纪要,提出所谓“两个估计”:建国后 17 年“毛主席的无产阶级教育路线基本上没有得到贯彻执行”,“资产阶级专了无产阶级的政”;大多数教师的“世界观基本上是资产阶级的”。这两个完全错误的估计,长时期成为广大教师以致广大知识分子的沉重的精神枷锁。

1972年10月14日，周总理会见美籍华人科学家李政道和夫人，就国内教育和科研问题发表谈话。关于教育，他说："对学习社会科学理论或自然科学理论有发展前途的青年，中学毕业后，不需要专门劳动两年，可以直接上大学，边学习，边劳动。当然这总是少数，大多数人要参加劳动，不一定升学。"关于科研问题，要求在座的国内科学家（吴有训、周培源、钱学森、朱光亚、华罗庚等）应注重研究人才的培养、提高。周总理还告诉李政道：准备派遣一批研究生去美国学习、深造。周总理的这些想法，今天看来是理所当然的。可是，在当时要这样做，同"左"的"教育革命"方针是不相容的。要派研究生去美国深造，更是大逆不道。

周恩来与李政道。

1972年4月9日，周总理在广州观看部队文艺演出时，对提高艺术质量问题发表意见，要求肃清文艺工作中的极左思潮。周总理还在其他场合提出："现在要提倡毛泽东思想指引下的百花齐放。"

1973年1月1日，周总理与中央政治局成员接见电影、戏剧、音乐等文艺工作者代表，对电影工作发表意见。他说："群众提意见，说电影太少，接到很多群众来信，这是对的。不仅电影，出版也是这样"，"这是我们的大缺陷"。"总结七年来这方面的工作，还是薄弱的，文化组要把电影工作大抓一下。"江青针对周总理讲话说："不是七年，是二十几年电影的成绩很少，放毒很多。"张春桥也说：在讲电影少的人当中，"不排除少数别有用心的人"。江青、张春桥这种不顾事实、拒绝批评的态度，表明他们根本不关心人民群众的文化生活需要。

在"文化大革命"中，林彪、江青两个反革命集团煽起的否定一切的极左思潮，在出版方面造成严重恶果。建国后17年出版工作的巨大成就，被全盘否定，领导干部遭到残酷迫害。到1971年，全国的出版工作，除了出版毛泽东同志著作、中小学课本外，其他图书基本陷入停顿状态。许多知识分子为了避免遭到批判，不敢写作，出版社不敢出书。书店里只卖马恩列斯和毛主席的著作，其他的图书被视为"封资修"，不敢出售。大多数图书馆也封闭起来。广大群众特别是青少年要求读书，既买不到又借不到，以致引起人民群众的强烈不满。

当时，在中央分管宣传和文教工作的张春桥、姚文元，对人民群众的呼声，置若罔闻，漠不关心。在这种情况下，与人民群众休戚与共的周总理于1970年9月17日召集国务院文化组、科教组和出版部门的负责人，针对群众反映"中小学生没有字典用"、"青年人没有书看"等问题，对出版工作提出批评。他说：王云五编的四角号码字典为什么不能用？不要因人废文。一个人有问题，书就不能用了？它总有可取之处嘛！要懂得水有源树有根。《新华字典》也是从《康熙字典》发展来的嘛！编字典可以有创造，但创造也要有基础。要古为今用，推陈出新。新的出不来，旧的又不能用，怎么办？芭蕾舞是洋的，能说是我们创造的吗？我们编的芭蕾舞剧，基础是原来的，内容却是新的，形式又有了改变。这就叫作洋为中用。周总理进一步指出：马克思主义的三个来源是德国的古典哲学、英国的古典政治经济学和法国的空想社会主义。这三个来源还不是资产阶级的或受唯心史观限制的学说吗？可是它们都含有合理的因素。任何思想的发展都不是无根的，新社会是从旧社会脱胎出来的。毛泽东思想是从马克思列宁主义发展来的，马克思列宁主义是毛泽东思想的根。这就叫历史唯物主义。要有点辩证法，不要一听封建主义、资本主义就气炸了，那叫形而上学、片面性。周总理强调，要贯彻古为今用、洋为中用、推陈出新的方针，多出书、出好书，解决青年一代着急没有书看的问题。

在这次会议上，周总理指定科教组负责组织力量，对《新华字典》进行修订，争取早日出版发行。但是，整个出版工作中存在的问题，仍然无人来抓。因为主管出版方针、政策的中宣部和主管出版行政管理的文化部已被“砸烂”，文化组、科教组都不管出版工作。江青集团日夜想的是篡夺党和国家的领导权，他们只顾破坏，根本不负责任。当时存在的主要问题是极左思潮泛滥成灾，如果由江青集团来抓出版工作，不仅不能解决面临的问题，而且会把事情搞得更糟，因此，周总理不会请他们出面解决。日理万机的周总理只好亲自来抓。

1971 年 3 月初，周总理决定 3 月 15 日召开全国出版工作座谈会，并指定我具体主持这个会议。对出版工作我是门外汉，承担这个任务困难很大。可是，我想到周总理当时的困难情况，勉为其难，接受了这一任务。我们组织了一个会议领导小组，有一部分富有经验的老出版工作者参加，自己不懂的事情，虚心向大家学习，特别是向有经验的同志请教，并及时向总理反映情况，重要事项都向总理请示。周总理在百忙中挤出时间，曾先后两次接见会议领导小组成员，听取会议情况的汇报，审阅会议起草的国务院向党中央的报告。4 月 12 日，第一次接见，从凌晨 1 点开始，5 点 20 分结束。周总理在听取汇报时，详细询问了许多情况，对极左思潮进行了批判，并对如何纠正极左错误作了具体指示。会议于 7 月 22 日结束。7 月 29 日，周总理在接见其他会议代表时，一起接见了出版会议的代表。

在两次接见中，周总理针对林彪、江青集团对出版工作的干扰破坏，深刻地批判了他们鼓吹的形而上学，割断历史，否定一切，打倒一切的反动思潮。周总理指出：你们管出版的要印一些历史书。我们要讲历史，没有一点历史知识不行。现在书店里中国和外国的历史书都没有，地理书也没有。不出历史、地理书籍是个大缺点。不讲历史、割断历史怎么行呢？有的地方把封存的图书都烧了，我看烧的结果就是后悔。应当选择一些旧的书籍给青少年批判地读，如辛亥革命是怎么一回事，应当让青少年知道。邹容撰写章炳麟作序的《革命军》一书，应当让青少年阅读，使他们知道历史是怎么发展来的。否定一切，不一分为二，这是极左思潮，不是毛泽东思想。我们要用历史唯物主义观点看问题。把《鲁迅全集》和《红楼梦》、《水浒》等古典名著封起来干什么？这不是滑稽得很吗！把有点问题的书都封起来，只有少数人能看，只相信自己不会受影响，其他人就都会受影响？群众总是比我们个人知道得多，他们是能够作出判断的。一面说青年人没有书读，一面又不给他们书读，这是不相信青年人能判断，这完全是思想垄断，不是社会主义民主。我看现在要出一批书，要广开言路。读马列的书和毛主席的书是主要的，但也要读历史、地理、哲学等。有些青年连世界地理位置、重大历史事件都搞不清楚，知识面越来越狭窄，这不行，这样是不可能高举毛泽东思想伟大红旗的。我党的出版工作，必须坚持把出版马列著作、毛主席著作放在首位，同时应该做好学习马列著作和毛主席著作的参考读物，青少年读物，文学艺术读物，科学技术读物，经济、历史、地理、国际知识读物和工具书等各类图书，以及少数民族文字的图书出版工作。

周总理十分关心青少年的成长，对出版他们需要的文学艺术作品和工具书、科普读物等，都作了详细的指示。周总理还指示，要研究制定一个出版计划，动员和组织各方面的力量写作，有些旧书可以重印，图书馆应该清理开放。在谈到出版队伍的建设时，周总理明确提出，要正确执行党的知识分子政策，充分调动一切积极因素，为社会主义服务。

周总理还很关心毛主席批准的二十四史的校点出版工作，指示从全国调一批专家从事这项工作，并请我国著名历史学家顾颉刚先生负责总其成。在出版会议期间，我曾前往拜访顾颉刚先生，向顾老传达了毛主席、周总理的指示。顾先生表示，十分感谢周总理的信任和重托，一定要竭尽全力完成这一任务。

周总理在批判极左思潮时，不点名地批判了陈伯达的假革命、野心家、两面派的真面目(当时,陈伯达的问题还没有公开);批评了破“四旧”时,不分青红皂白,违反政策,破坏文物的错误;还批评了中南海有些人胡造反,将紫光阁后院的乾隆谕旨碑和紫光阁前面的石狮子,以及清朝摄政王府(今第四会议室)门前的石狮子搬走的错误行为。周总理说:乾隆谕旨碑上有一句话“下马必亡”。这是乾隆教育他的后代,不要贪图享乐,不要忘记战备。我们共产党人当政以后,也要警惕和防止产生这类问题。周总理责成我查找石碑和石狮子的下落。在中央办公厅警卫局的帮助下,费了很大的劲,终于把石碑、石狮子找回来,并请人将损坏的地方修补后,放置原位。我看过那座石碑,由于年久风化,碑文中有些字迹已经不清楚,没有看到“下马必亡”几个字。但碑上刻有“凡为君者,耽于酒色,未有不亡者也。……悉遵旧制,时时练习骑射,以备武功”等语,也就是“下马必亡”的意思。中南海的工作人员一直称那座碑为“下马必亡”碑。

会议根据周总理的指示精神,起草了国务院给党中央的《关于全国出版工作座谈会的报告》,并草拟了一个出版计划。《报告》要求各省、自治区、直辖市党委和中央有关部门党的核心小组,把出版工作列入自己的议事日程,一年抓几次。目前,第一书记应抓一下出版工作。经毛主席、党中央批准后下达各省、自治区、直辖市和中央各部门贯彻执行。这个报告由于受历史条件的限制,说了一些违心的话,但总的精神是批判和纠正极左思潮的。毛主席、党中央批准的国务院《报告》下达后,各地区、各部门的领导抓出版工作的胆子大了,积极性高了,加上广大出版工作者的辛勤劳动,买书、看书难的问题较快地得到缓解。以后,国务院决定,成立国务院出版事业管理局,加强对出版工作的领导和管理。

那个时候,斗争极为复杂,有人利用出版为林彪篡党夺权造舆论。例如有一个省编了一本画册,名为《井冈山的斗争》,第一张画是林彪带南昌起义部队上井冈山与毛主席会师,要求列入出版计划,在全国发行。我报告了周总理,总理指示:“这是歪曲历史,压下来,不答复。”还有一个高级干部,写了一本书,大肆吹捧林彪,也要求列入计划,在全国发行,并且几次打电话、发电报催办。我根据周总理的指示精神,压了一段时间,发生九一三事件,林彪自我爆炸,此事不了了之。

“文化大革命”以来,在极左思潮影响下,我国的科研,特别是基础理论研究,长期处于停滞状态,加大了我国与世界先进水平的差距。周总理对这种情况早有批评。1972年7月2日,周总理会见杨振宁博士,对他提出的中国应加强基础理论研究和交流的建议,表示赞同。7月14日,对北京大学周培源教授说:“你回去把北大理科办好,把基础理论水平提高。这是我交给你的任务,有什么障碍要扫除,有什么钉子要拔掉。”7月20日,周培源教授给周总理写信,反映老教师普遍的思想情况是不愿意搞也怕搞基础理论研究,怕挨理论脱离实际的批评,并提出改变国内基础科学长期落后的建议。7月23日,周总理将周培源教授的信批给中国科学院和国务院科教组负责人,要他们好好议一下,并认真实施。

10月5日,周总理接见赴美访问的中国科学院代表团和医学代表团全体成员时提出:中国科学院的研究工作以基础理论为主,也要结合生产;生产部门的科研工作以结合生产实践为主,也要搞点基础理论。强调:对于外国的先进技术,好的东西,我们要学习要吸收。但是,必须有分析有批判地学,做到洋为中用。

10月6日,《光明日报》发表周培源教授根据周总理多次指示精神写的《对综合大学理科教育革命的一些看法》一文。文章提出:工和理,应用和理论,都必须受到重视,不可偏废;综合大学理科要对基本理论的研究给予足够的重视。文章发表后,张春桥、姚文元提出:周培源有后台,不管他的后台多大多硬,就是要批!随即指使人撰写批驳文章,对周培源教授的文章进行围攻。

8月10日,根据周总理的提议,全国科学技术工作座谈会在京召开。会议就加强科研工作、重视基础理论研究等问题展开讨论,并取得一致意见。但张春桥却说:“会议的大方向有问题”,“是右倾回潮”,并要求在会议《纪要》中写入“黑线专政”。周总理同张春桥进行了斗争,坚持不让在会议《纪要》中写上“黑线专政”,以保护科技战线的广大干部和科学工作者。会议最后形成的《全国科学技术工作会议纪要》,经国务院批准后下发。

9月11日,周总理同意张文裕、朱光亚等18名科学工作者反映国内高能物理研究工作落后,要求改变现状的来信。复信时说:看了来信很高兴,这件事不能再延迟了。科学院必须把基础科学和理论研究抓起来,同时又要把理论研究与科学实验结合起来。高能物理研究和高能加速器的预制研究,应该成为科学院要抓的主要项目之一。之后,周总理同二机部、中国科学院负责人研究确定:组建中国科学院高能物理研究所,进行高能加速器的预制研究,以加强高能物理的研究工作,尽快赶上国际先进水平。

“文化大革命”开始后,林彪、江青一伙怀着不可告人的目的,利用广大群众对毛主席的热爱,鼓动大家佩戴毛主席像章,各地滥制滥发毛主席像章成风,不仅个人佩戴,而且作为礼品互相赠送,式样不断翻新,数量迅速增加。各地纷纷向物资部要制作像章的铝材。尽管铝是国家的紧缺物资,当时有的飞机制造厂因铝供应不足而停工待料,但是在个人崇拜盛行的年代,物资部只能给,不能说不。不然的话,林彪、江青之流就会兴风作浪,诬蔑物资部领导甚至国务院领导对毛主席不忠、反对毛主席。

1969年2月,在全国计划会议前夕,物资部在压力下给各地拨了5000吨铝,用以制作毛主席像章。这件事毛主席知道后表示不赞成。周总理指示物资部把它收回来。物资部军代表和刚刚解放出来工作的部长袁宝华同志感到收回难度很大,有些踌躇。周总理很体谅物资部领导的难处,便巧妙地利用听取全国计划会议汇报的机会(到会的有各地区各部门负责人),点名问袁宝华同志:让你收回5000吨铝,你为什么不办？用这么多铝做纪念章，毛主席不赞成。你赶快办，再不收回唯你是问。周总理这几句话，表面上好像是批评袁宝华同志，实际上是告诉大家，收回5000吨铝，是毛主席的指示，国务院的决定。这对袁宝华同志的工作是有力支持，也是采取釜底抽薪的办法遏制滥制滥发之风。会后，物资部连夜发通知，很快收回了这5000吨铝。

(四)批判极左思潮出现反弹

1972年10月14日，根据周总理8月初以来多次强调要批判极左思潮的指示精神，《人民日报》用一个整版发表一组批判极左路线和无政府主义的文章，即署名"龙岩"的《无政府主义是假马克思主义骗子的反革命工具——学习笔记》等三篇文章。对此，江青等极为不满。姚文元提出："当前要警惕的是右倾思潮抬头"，"不能说什么都是无政府主义，不要批到群众头上，不要混淆两类矛盾。"江青说：这版文章"就是要在全国转移斗争大方向"。江青等还一再追查文章的"背景"，组织批判会和反驳文章。

11月30日，周总理审阅并修改中联部、外交部《关于召开外事会议的请示报告》，阅后批："拟同意，送毛主席及在京政治局委员传阅。"次日，张春桥阅后对报告中批判极左思潮的内容提出异议，质问："当前的主要问题是否仍然是极左思潮？批林是否就是批极左和无政府主义？"12月2日，江青也批道："应批林彪卖国贼的极右"，"同时也应着重讲一下无产阶级文化大革命的胜利。"同日，周总理批示将该传阅件送中联部、外交部有关领导传阅，并准备在中央政治局会议上讨论。

12月2日，周恩来同志主持中央政治局会议，讨论中联部、外交部《关于召开外事会议的请示报告》。次日，根据政治局讨论意见，外交部对原报告作了修改，删去了"批判极左思潮和无政府主义"等内容。但所列会议文件中，仍强调"主要学习毛主席最近一两年来关于对外工作的批示"和"总理今年8月1日、2日接见驻外使节的讲话(纪要)"。4日，周总理审阅同意修改后的报告，并注明这是“经政治局讨论后，加以修改的”。毛主席圈阅了此报告。

12 月 5 日，人民日报社王若水写信给毛主席，反映一段时间以来在批判极左思潮问题中，周总理与张春桥、姚文元之间存在不同看法，并表示同意周总理关于要批透极左思潮的意见。6 日，毛主席约见江青，要她将王若水的信转给周总理、张春桥、姚文元等，提出由他们一起找王若水谈话，解决一下这个问题。当日，江青将王若水的来信送周总理等阅。关于找王若水谈话事，江青提出：“建议我们先谈谈，统一一下认识。否则冒冒失失地找他们来，各说各的不好。”当日，周总理阅批：“同意我们政治局内部先谈一下。”

12 月 15 日、16 日，周总理主持中央政治局会议，讨论王若水 12 月 5 日信和对批极左问题的认识。

12 月 17 日，周总理和张春桥、姚文元等到毛主席处开会。毛主席提出：“王若水那封信我看不对，极左思潮少批一点吧。”关于林彪路线的实质，毛主席说：“是极右。修正主义，分裂，阴谋诡计，叛党叛国。”

12 月 19 日，周总理和江青、张春桥、姚文元等约人民日报社鲁瑛、吴冷西、崔金耀、王若水谈话，传达毛主席关于林彪路线的实质是极右的指示。江青在讲话中称，王若水 12 月 5 日信“客观上对中央起挑拨作用”，并提出要批一篇文章（指署名龙岩的《无政府主义是假马克思主义骗子的反革命工具》），批一个版面（指 10 月 14 日《人民日报》刊登龙岩等文章的第 2 版），批一个部门（指人民日报社的理论部）。周总理在讲话中提出：“我们内部极左思潮要批透”，但“不是讲林彪整个路线”。并表示：这是中央务虚不够，不能完全责备报社工作的同志。

批林彪应当批极左还是批极右之争的实质，在于“文化大革命”的理论和实践是正确的还是错误的？林彪集团和江青集团都是“左”倾错误路线之下应运而生的产物，批林彪的极左，必然牵连到江青集团，必然涉及“文化大革命”的错误，发展下去，将会导致否定“文化大革命”。不仅江青集团会疯狂反对,毛主席也是不能允许的。

毛主席既然反对批林彪的极左,主张批林彪的极右,周总理只好暂停。但是,正义和责任使周总理不可能真心诚意地支持错误的东西,他仍然在实际工作中反对极左,只不过把音量放低而已。

十二、大力发展对外贸易，引进外国先进技术

中美两国关系缓和，中日建交，中国与许多欧洲国家以及澳大利亚、新西兰等国建交，彻底打破了美国等西方国家对我国的孤立和封锁。这是我国外交战线上取得的伟大胜利。在这种新的形势下，为了加快国民经济的发展，早日实现四个现代化，周总理及时提出发展对外贸易、引进外国先进技术、开展国际经济和科技交流的政策。

（一）大力发展对外贸易

1972 年 4 月 9 日，周总理在广州接见参加广交会的各地区、各部门的代表时说："我们是以国内市场为主，国外市场为辅，但是能够出口的还要争取多出口。""我们现在出口数量不大，质量这么差，怎么向国家交代？怎么向人民交代？为什么国外能搞，我们搞不了？过去能搞的，现在搞不出来？我对此非常难过。"在谈到我们生产的染料质量不行时说："可以进口，学会了再自己搞。我们只能基本自给，哪能完全自给呢？需要进口的就进口。"在谈到出口罐头的质量问题时说："产品质量不稳定，就是规章制度执行不好。要遵守好的规章制度和好的工艺流程。"周总理还批判了极左思潮对企业管理、产品质量带来的恶劣影响。最后号召

大家“一定要在‘四五’计划中,鼓足干劲、力争上游,多快好省地发展对外贸易”。

1973年1月4日,根据周总理的意见,李先念同志在全国外贸工作会议上发表了讲话。他说:我国手工业品、工艺品和土特产品占去年出口总额的23%,这些商品是可以大发展的。轻工业品、水产品也大有发展前途,要积极搞。有些东西,国内生产能力有余,原料不足,国际市场又有销路,也可以进口原料,加工为成品出口。比如,可以多进口些棉花、羊毛,加工成针、棉织品和毛织品出口;也可以进口些木材加工成家具出口。还有化工、机电、石油、煤炭、矿砂等,也要逐步增加出口。我国的对外贸易应有一个较大的发展。从国内建设上看,也需要发展出口贸易。我们要进口成套设备,引进先进技术,还要进口钢材、有色金属、橡胶、化肥、粮食等。进口这些东西是需要外汇的。这样做更有利于我们自力更生。李先念同志还强调:外贸要统一对外,互通情报,不要互相保密,互相竞争,这股不正之风必须坚决纠正。同外国人做生意,要熟悉人家的政治、经济情况,随时掌握国际市场动态,做到胸中有数。这是做好外贸工作的基本功。国际市场商品价格,经常由于供求关系的变化而上下浮动。我们要根据市场规律定价。不能把国内规定的成本加利润的作价原则,运用到国际市场上去。李先念同志的这个讲话与周总理发展对外贸易的指导思想是完全一致的。

1973年3月20日,经周总理同意,国务院决定选择部分企业和县社,试办出口工业品专厂、专车间和出口农副土特产品生产基地。试办的出口工业品专厂、专车间,凡是使用外汇贷款进口原料进行加工的产品,全部出口;国内外都适销的产品,按外贸收购计划确定出口数量,超产原则上都出口,不能出口的转内销,内销不出去的加工改制,其费用和损失由外贸部负担。有供应港、澳市场任务的省、市、自治区,可以有选择地建立鲜活产品和农副产品生产基地。各省、市、自治区对传统的名贵土特产品或出口的大宗农副产品,可以在集中产区或有条件的地区建立生产基地。基地所需物质条件自行解决,解决不了的由外贸部扶植。建立出口专厂、专车间和生产基地,对于保证出口货源的稳定,增加国家的外汇收入,起了良好作用。

1973年2月,在国务院讨论国民经济计划时,周总理曾提出开发山东省兖州地区的煤炭资源,作为煤炭出口基地。同时,建设石臼所港(即山东日照港),修建兖州至石臼所港铁路,要国家计委会同有关部门进行研究。周总理这一设想,列入了国家计划,后来变成现实。

遵照周总理要总结广交会经验的指示,外贸部向国务院报送《关于广州交易会几个问题的请示报告》,《报告》提出:“出口成交过于集中在交易会进行,对于选择销售时机和进行价格斗争有不利的一面。就整个对外贸易来说,应以平时成交为主。交易会主要销售适宜看样成交的商品。规格、花样比较简单的,国际市场上价格比较敏感的大宗商品,主要通过平时成交。交易会要以中、小客户为主要对象,以民间贸易为主,积极发展直接贸易,主要搞出口,同时兼顾进口,大宗的进口商品一般不在交易会洽谈。要重合同、守信用。签了合同就要认真按质、按量、按时执行,绝不可因价格上涨而不履行合同。”1973年9月26日,经周总理批准,国务院转发了外贸部的报告。

由于采取了一系列措施,迅速扭转了“文化大革命”开始后我国进出口贸易额连续四年(1967—1970年)下降的局面。1971年开始回升(达到48.5亿美元),1975年达147.5亿美元,比1971年增长2倍多。

(二)引进外国先进技术

为了增加钢材品种,满足国内对薄板的需求,减少进口,冶金工业部和国家计委1972年8月建议从联邦德国、日本进口1.7米轧机,建在武汉钢铁公司。这个建议在周总理、李先念同志支持下,得到党中央、国务院批准。武钢1.7米轧机是建国以来最大的引进项目之一。这套设备具有大型化、自动化、高速化、连续化的特点,是70年代的先进水平。这项工程全部概算投资为38.9亿元，其中国外引进费用22.28亿元，折合外汇为6亿美元，国内费用16.6亿元。全部建成后，按设计能力，年产300万吨热轧板卷，可加工279万吨成品板材。

1973年1月2日，根据周总理的指示，国家计委向国务院报送《关于增加设备进口、扩大经济交流的请示报告》，提出从国外进口43亿美元成套设备和单机的方案，即"四三方案"。"四三方案"的项目，有一部分在此以前就已确定进口。"四三方案"确定后，又陆续追加了一批项目，达到51.4亿美元，但没有全部实现。到1977年年底，实际对外签约成交39.6亿美元。引进的项目包括：13套大化肥、4套大化纤、3套石油化工、1个烷基苯工厂、43套综合采煤机组、3个大电站、武钢1.7米轧机以及透平压缩机、燃气轮机、工业汽轮机制造工厂和斯贝发动机项目。这些引进项目，除单机按现汇交易支付外，成套设备项目大部分采用延期付款方式。周总理在审批这些项目时强调：要坚持一学、二用、三改、四创的方针，以提高我国自力更生的能力。到1979年年底，这些引进项目大部分都已建成投产，完成基本建设投资（包括国内配套工程在内）约240亿元。把"四三方案"1977年以前对外签约项目全部建设起来，共需投资260亿元。已建成投产的"四三方案"项目，不但增强了我国基础工业的力量，增添了新的工业门类，提高了现代化技术水平，填补了一些缺门产品，而且培养了一批能掌握现代化先进技术的工程技术人员和管理人才。这是周总理为实现初步建立我国独立的、比较完整的工业体系的"四五"计划任务所作的巨大贡献。

（三）关于造船、买船的问题

为了尽快地发展我国的远洋运输事业，早在1964年周总理就作出造船和买船同时并举的决策，并得到毛主席的同意。1970年周总理又提出在1975年基本结束主要依靠租用外轮的局面。为了达到这个目标，我们一方面发展造船工业，一方面在国内造船能力一时还不能适应需要的情况下，适当从国外买一些船舶，以减少每年租用外轮所需的大量外汇（仅1973年租费就达3亿多美元）。实践证明，这样做对我们是有利的。

从1963年到1980年这18年，我国交通部门用中国银行的23.6亿美元贷款，买了553艘船，总吨位1017万吨。靠买来的船所挣运输收入还本付息，到1980年年底尚欠银行贷款3.12亿美元，实际上等于在18年的时间白赚1000万吨船。如果不采取用贷款买船和用运费还账的办法，而是把运费花在租用外轮上，则钱一个不少花，船一条也买不下来，将来还要花大量外汇租用外轮，显然是不划算的。到1995年，我国远洋运输船队拥有的船舶已达2350万载重吨，已跻身于国际航运大国行列。20多年来，我国的造船工业也有了很大发展。这同周总理的远见卓识、正确决策是分不开的。对这样一个正确的政策，江青攻击说：从曾国藩、李鸿章、袁世凯、蒋介石一直到刘少奇、林彪奉行的都是“造船不如买船、买船不如租船”的洋奴哲学，推行了一条“卖国主义路线”，用以影射攻击周总理。1974年6月18日，王洪文在几封来信上写批语，污蔑向国外买船是“迷信外国资本主义的‘假洋鬼子’”，“是修正主义路线”。这完全是有意歪曲事实，颠倒是非，把矛头指向周总理。

（四）加快港口建设

1972年以来，随着我国对外贸易的发展，加上港口职工出勤率和劳动效率低，港口压船（货物卸不下、装不上）日益严重，在经济上造成很大损失。常常动员解放军突击装卸，不是长久之计。周总理多次约交通部负责人了解情况，研究解决办法。港口压船的主要原因，一是受极左思潮影响，在分配上搞平均主义，干和不干、干多干少一个样，影响了职工的劳动积极性；职工队伍分成两派或几派，派性矛盾越来越深，甚至发生武斗；领导干部普遍不敢抓生产。二是我国港口建设落后于国内经济发展和对外贸易发展的需要。当时，全国各个港口万吨级以上的泊位总数只有40多个,不如荷兰鹿特丹一个港口多。这是造成压船的一个重要原因。针对这种情况,周总理一方面纠正"左"的错误,允许试行计件工资制;另一方面与国务院业务组同志商量后决定,采取非常措施,加快港口建设。指定粟裕、谷牧同志(粟裕病休后由谷牧负责)组织一个班子,进行调查研究,提出港口建设计划,争取三年改变面貌。到1995年,我国万吨级以上泊位,已发展到438个,成绩辉煌。

(五)民航要"飞出去"

1973年8月2日,周总理指示中国民航要尽快实现"飞出去"的目标。他说:"现在建交的国家越来越多了,国际交往日益频繁,现代的世界,不能锁国自守,要把'飞出去'作为政治任务来切实规划,进行认真准备。"当月,周总理又提出:"中国应当参加国际民航组织,参加进去发言权就大了。"随即,派外交部有关负责人到民航总局督促落实。1974年4月22日,民航总局向周总理报送《关于民航国际通航准备的报告》。周总理阅后批送李先念同志阅转余秋里、谷牧同志负责召集有关部门开一专门会议,"审查今年(1974)下半年开始国际通航(东通日本、加拿大,西通巴基斯坦、罗马尼亚、阿尔巴尼亚、法国)条件是否具备,保证双方往来,不致发生空中导航、通信、气象、指挥、机场、起降、供应、修理、运输、食、住、安全等事故。如条件不够,必须加快准备,不能随便批准。"

1975年4月27日,周总理在医院同李先念同志谈话时,要李转告谷牧同志:"在抓港口建设的同时,也要注意抓飞机场建设。海运、空运,我们都很落后。"

(六)加强口岸建设

海、陆、空国际口岸工作,包括边防、港务监督、海关、卫生检疫、动植物检疫、商品检验等部门的业务,当时存在领导不统一,政策法令执行情况不好，工作效率低，服务质量差等问题，不适应国际间人员往来、货物运输迅速发展的要求。周总理责成有关部门进行了调查研究并提出改进意见。国务院于1973年2月15日发出《关于口岸工作情况和改进意见》的通知。通知提出了加强口岸工作的统一领导和组织建设、认真贯彻执行党的涉外政策、改进口岸业务工作和服务接待工作、做好对外宣传工作、充实口岸工作急需的工具设备等整顿措施。

(七)发展旅游事业

"文化大革命"开始后，我国的旅游工作基本上停下来了。发展国际旅游，既可以增进我国人民同各国人民的友谊，使外国游客了解我国悠久的历史文化和新中国的建设成就，又可以增加外汇收入，促进第三产业的发展。开展海外华侨、华人和港澳台同胞来大陆旅行探亲，是广大中华儿女的迫切要求，做好这方面的接待工作，更有其特殊重要意义。

周总理一向重视旅游工作，并且把旅游工作列为民间外交工作的一部分。1971年4月7日，周总理在接见旅游工作会议代表时，批判了对外关系中的极左思潮，传达了毛主席对旅游局1971年接待外国旅游者计划报告的批示："人数可略增加，右派也可来一点"。周总理说："从1971年开始，我们开展了新的外交攻势，首先从乒乓球队开头。""我们要打开外交战线，允许外国人到中国来。这是一个新阶段。这次把各地管旅游工作的同志找来开会，原因就在这里，出现了一个新时期。不久以后，参加31届世界乒乓球赛的许多国家的球队要到中国来。美国乒乓球队也想来，我们同意他们来，美国记者也可以来。我们今天请这么多人，就是为了让大家胆子大一点，积极发展旅游事业。"

为了发展旅游事业，根据周总理的指示，国务院先后决定，恢复华侨旅行总社(后改名为中国旅行社)，负责统一领导和承办华侨、港澳台同胞和一般外籍华人旅行和探亲等业务；逐步恢复和健全各地国际旅行分社和支社机构，作为国际旅行社的下属机构，负责接待外国来华旅游者；北京等 18 个开放城市和革命圣地，年内出版游览图、革命圣地和名胜古迹介绍材料，其他各地省会和中等城市，也应在今明两年做好这方面的准备工作。国务院针对外宾到书店购书，有的卖给、有的拒售的情况，规定：书店公开出售的书籍允许外宾购买；对外保密的书籍，不要在书店陈列。国务院还通知各地区各部门，要正确对待有海外亲属的人员，不要歧视，应一视同仁。广东省根据周总理、李先念同志对华侨接待工作中存在的问题的指示，对全省的接待工作进行了三个多月的整顿，并向国务院写了专题报告。国务院将广东省的报告批转各省、市、自治区，要求各地能像广东省那样整顿服务工作。

周总理还就接待外宾和华侨、港澳台同胞的宾馆布置问题指示说：“宾馆的布置要朴素大方，要体现中国悠久的历史文化和艺术水平，要有民族风格和时代风格，要陈列国画。”有关部门据此精神在北京、上海等地组织美术工作者创作一批国画，改变了当时普遍以毛主席语录做装饰的情况。但江青集团借此攻击周总理。

1974 年 2 月 15 日，“四人帮”的亲信于会泳等秉承江青旨意，开始在中国美术馆和人民大会堂举办所谓“黑画”展览。展出 18 名作者的 215 幅美术作品。这些作品都是有关部门根据周总理指示组织创作的，并用于宾馆装饰和外贸出口的。在于会泳一伙编写的展览前言中特别点出：这些画的产生，“是得到某些人公开鼓励支持的”，“特别值得我们深思”。遭到批判的 18 位艺术家，在“文化大革命”中曾受到不同程度的迫害，多数是从“五七”干校调回搞创作的。他们不计报酬，为国家作奉献，这种精神是值得敬佩的。他们的作品，不是什么“黑画”，而是艺术珍品。

（八）对外开放的思想

在我们打破美国等西方国家对我国的孤立和封锁之后，周总理不仅要大力发展对外贸易，引进外国先进技术，而且还有对外开放的意图。

从1971年6月到1973年11月，周总理先后会见来我国访问的加拿大工商和贸易部长佩潘，法中友协主席贝特兰，墨西哥总统埃切维里亚，美国大通曼哈顿银行董事长洛克菲勒，澳大利亚总理惠特拉姆，都曾讲到我们实行自力更生的方针是被动的，是由于美国等西方国家对我国实行孤立和封锁，逼着我们搞自力更生。我们实行自力更生，绝不是闭关自守。现在既然有许多国家愿意跟我们做生意，在平等互利、互通有无的原则下，我们也愿意进行这种贸易。对外国的先进技术我们要学习，也愿意购买。

1972年10月15日，外交部、对外经济联络部向国务院报送《关于同东欧一些国家进行科技合作项目的请示报告》，周总理阅后表示不同意这个报告，他提出："为什么不派人去伦敦、巴黎、波恩、渥太华、东京去研究西欧、美、加、日本的机械工业情况，反而求其次？"周总理这个指示表明，他主张根据新的情况适当调整对外科技合作对象。西欧、北美、日本的机械工业技术水平比东欧国家要先进，过去我们同西方国家没有进行科技合作的条件，现在有了合作的可能，不应当再局限于老的科技合作的伙伴。

1973年4月16日，周总理在审阅修改出席联合国工业发展理事会的中国代表团发言稿时，强调："自力更生，绝不是关起门来，排斥真诚有效的国际援助。各国应在平等互利，互通有无的原则下，开展经济交流，取长补短。这对于自力更生地发展本国工业，也是有利的。"

1973年6月29日，周总理在同美国大通曼哈顿银行董事长洛克菲勒谈两国贸易时说：一年两次的广州商品交易会，是在我们被封锁的情况下，不得已搞的，我们只好请人家进来看。因此，我们对国际上究竟哪一个国家需要什么货物并不清楚。我很坦率地说，这一点，我们还赶不上台湾的严家淦。台湾的贸易额之所以那么高，这两年我们通过调查才清楚了，它吸收了一部分外资，台湾的劳动力也很便宜。中美两国是大国,双方不可能不发展一点贸易,必须找到合适的方法。这需要研究对方,了解对方。

1973年10月31日,周总理会见来访的澳大利亚总理惠特拉姆时说:台湾有一个高雄港,是自由港,没有税。蒋介石在那里吸收外资带着原料去建厂,利用台湾的廉价劳动力,然后把商品回销外国。这样,吸引很多外商到台湾投资。周总理对台湾的做法表示肯定,很明显,有学习和借鉴的意思。我记得1973年在国务院的一次会议上,周总理半开玩笑地对李强同志说:“你这个外贸部长不如严家淦,人家在高雄搞了个出口加工区,把外贸发展起来了。”周总理接着又说:“这当然不能责怪李强同志,我们过去没有这个条件。现在情况变了,我们应当多想点办法。”

周总理的这些谈话和批示,清楚地表明,他有对外开放的思想。但是,在当时党中央不可能作出类似现在的对外开放的决策。周总理只能在发展对外贸易、引进外国先进技术的范围内开展工作。

尽管如此,周总理的主张仍然遭到江青集团的疯狂反对。例如,1973年9月16日,经周总理、李先念同志批准,从美国引进彩色电视机显像管生产线,以尽快解决国内生产彩色电视机的需要。当年,四机部曾派人到美国康宁公司进行考察,康宁公司送给考察组每人一个小礼品——玻璃蜗牛。1974年2月10日,江青抓住这根稻草大做文章,她亲自到四机部讲话说:“这是侮辱我们,说我们爬行”,“引进彩色显像管生产线,是屈服于帝国主义的压力,是崇洋媚外。”命令四机部把“蜗牛”退到美国驻华联络处去,并提出抗议。

周总理要外交部查明事实真相。经外交部调查,原来“蜗牛”在美国是一种工艺品,常作礼品和陈设之用,康宁公司赠送这个礼品并无恶意。周总理召开中央政治局会议决定,收回江青在四机部的“讲话”,从而挫败了江青的政治阴谋。但是,在“蜗牛”事件影响下,引进彩色显像管生产线被推迟好几年。

以上事实清楚地表明,在我国冲破美国等西方国家的经济封锁后,周总理积极主张同西方国家发展进出口贸易,引进他们的先进技术,以加快我国的现代化建设。周总理的这个指导思想得到毛主席的支持。尽管江青集团不断进行攻击和破坏,但是决定这方面政策的是毛主席和周总理,以及坚持正确政策的其他中央领导人,而不是江青一伙。

多年来,美国等西方国家媒体常常诬蔑我国过去长期实行“闭关锁国,与世隔绝”的政策,这种说法完全是歪曲历史事实。自从中国人民在中国共产党的领导下,推翻了美国支持的国民党反动派的统治,建立了中华人民共和国以后,毛主席曾多次发表谈话宣布:“中国人民愿意同世界各国人民实行友好相处,恢复和发展国际间的通商事业,以利发展生产和繁荣经济”,“我们不仅要同苏联等社会主义国家做生意,也愿意同资本主义国家做生意”。1963 年 12 月 5 日,周总理接受英国作家格林的电视采访时,阐明我国执行的自力更生建设方针的含义是:“依靠本国人民的劳动和智慧,充分利用本国的资源,来发展本国的经济;同时,在平等互利的基础上同世界各国发展贸易,互通有无。我们所说的自力更生,绝不是自给自足,闭关自守。世界上没有一个国家能够生产自己所需要的一切。但是,如果连自己有条件生产的东西也不去生产,那么,又拿什么东西去同别人进行交换呢?”可是,美国不甘心在中国的失败,一直对我国采取政治上孤立、军事上包围、经济上封锁的政策,妄图扼杀新生的人民共和国。然而中国的发展是不能阻挡的,它迅速成为在国际上举足轻重的力量,谁也不能无视它的存在。1972 年美国总统尼克松访华,中美两国建立了外交关系后,美国等西方国家对我国的经济封锁才逐渐被冲破。随着形势的发展变化,1972 年至 1973 年,周总理及时提出建议,经毛主席批准,决定进口 43 亿美元的外国先进技术设备。当时,我国的外汇很少,这是一笔很大的进口。在此期间,周总理会见来访的西方国家领导人时,曾多次表示:“我们实行自力更生的方针是被动的,是由于美国等西方国家对我国进行孤立和封锁。我们实行自力更生,绝不是闭关自守。现在既然有许多国家愿意跟我们做生意,在平等互利、互通有无的原则下,我们也愿意进行这种贸易。”所有这一切证明,新中国成立后的二十几年中,中国同美国等西方国家没有多少贸易往来,不是我们闭关锁国,而是美国等西方国家对我国进行经济封锁造成的。这个历史事实是不容篡改的。

十三、全力支持邓小平复出和主持党中央、国务院的日常工作

在“文化大革命”初期，邓小平同志被强加上“大走资派”等罪名而被撤销一切职务。1969 年年底，因“战备疏散”，小平同志一家被安排去江西省，周总理接连给江西省主要负责人打电话，对小平同志一家的安置作出具体指示。他否定了去赣州安置的方案，提出在南昌市郊选一个地方。后来将小平同志一家安置在南昌市新建县望城岗某步兵学校校长住过的一套住宅，其条件基本符合周总理的要求。这套住宅离小平同志的“劳动点”拖拉机修配厂不远。

林彪叛国外逃、坠机爆炸身亡的事件传达到基层之后，邓小平同志在江西知道了整个事件的真相。1972 年 8 月 3 日，邓小平同志给毛泽东主席写了封信，通过中办主任汪东兴同志转给毛主席。邓在信中谈了对林彪事件的感受，并实事求是地说：“我同林彪不很熟悉，没有什么重要材料可以揭发”，但他谈了对林彪以往表现的看法，准备参加批判林彪的罪行，同时表示了要为祖国建设和人民革命事业重新工作的强烈愿望，他希望先做些调查研究工作。

毛主席看了小平同志的信后，于 8 月 14 日作了批示：“请总理阅后，交汪主任印发各同志。邓小平同志所犯错误是严重的，但应与刘少奇加

以区别……”信中列举了邓小平同志在历史上的四条功绩。

周总理最先看到毛主席的这个批示，他内心充满欣喜之情，迅即将主席批示和小平同志的信一起交中央办公厅印出后，分送中央政治局委员阅读。15日，在中央政治局会议上传达了这一批示，并进行讨论。同时，以中央的名义正式通知江西省委，宣布对邓小平立即解除监督劳动，恢复党的组织生活。总理还指示：“可以让小平同志搞一些参观、访问和调查研究活动。”

12月18日，周总理根据毛主席的提议，致信纪登奎、汪东兴，请他们考虑邓小平重新出来工作的问题，约他们面谈此事。不久，纪、汪根据总理谈话精神提出邓小平任副总理的建议信。周总理征得毛主席同意后，在1973年3月10日以中共中央名义作出《关于恢复邓小平同志的党的组织生活和国务院副总理的职务的决定》。十天以后，小平同志一家登上了南昌到北京的快车。28日，周总理、李先念副总理约见了小平同志。29日，总理约小平同志到毛主席那里开会、见面。之后，总理主持中央政治局会议，确定邓小平参加国务院业务组工作，并以副总理身份参加对外活动，遇有重要政策问题，列席政治局会议参加讨论。

4月9日，周总理专门约小平、卓琳同志谈话。在12日宴请西哈努克亲王时安排小平同志公开亮相，媒体向海内外报道。5月20日，周总理在主持中央工作会议的全体会议上的讲话中，特别表示欢迎小平同志出席这次会议，并说对中央恢复邓小平的职务，“绝大多数同志都是满意的”。8月，在党的第十次代表大会上，邓小平被推选为主席团委员，并当选为中央委员。

小平同志复出后，开始协助周总理工作。1973年12月12日，毛主席在中央政治局会议上正式提议邓小平参加军委工作，任总参谋长，中央政治局委员，并说明是政治局请回来的，不是他一个人请回来的。1974年1月18日，周总理主持中央政治局会议。会议提议军委会成立以叶剑英牵头，有王洪文、张春桥、邓小平、陈锡联参加的五人小组，讨论处理军委的大事和紧急作战事项。20日,中央政治局会议正式向毛主席提出此建议,毛主席同意。此后,小平同志在中国和世界的影响与日俱增。邓小平接替周总理主持国务院日常工作的格局已基本奠定。

邓小平同志的复出,引起了企图篡党夺权的“四人帮”的恐慌,江青一伙不断施展阴谋诡计,设置重重障碍,关于邓小平同志出席联合国大会特别会议问题的争论,便是“四人帮”反对邓小平同志复出的第一次严重斗争。

1974年4月,联合国召开联大第六届特别会议,参加会议的大多是各国首脑。在周总理病重不能出席的情况下,由谁来代表中国政府出席这次会议,将产生重大的政治影响,是多方面所瞩目的。3月20日,毛主席在审阅外交部关于出席联大特别会议的代表团人选问题的请示报告后提议:由邓小平担任团长。他并且表示,这件事不要说是他的意见。可由外交部在给中央的报告中提出,报请中央政治局批准。看来,毛主席这样做,大概是想看看中央政治局成员的反应。3月24日,周总理接到外交部重写的报告,立刻表示赞成。同日,毛主席也圈阅同意这一报告。江青却提出反对意见,蛮横地要求外交部撤回报告。3月25日,毛主席托人转告周总理:“邓小平出席联大,是我的意见,如政治局同志都不同意,那就算了。”周总理当即表示:完全同意毛主席的意见。并将此意转告政治局其他成员,特别要在场的王洪文负责向江青、张春桥、姚文元转达毛主席的意见。3月26日,周恩来同志根据毛主席的意见,主持召开中央政治局会议讨论。在政治局会议上,绝大多数与会成员都赞成由邓小平同志率团出席联大会议。处于孤立的江青仍固执己见,声称她对这件事持“保留意见”。第二天,毛主席得知政治局会议情况后十分生气,写信告诫江青:“邓小平出国是我的意见,你不要反对为好”。当晚,在周恩来同志主持的会议上,江青被迫表示同意。会后,周恩来同志写信给毛主席:“大家一致拥护主席关于邓小平同志出国参加特别联大的决定。小平同志已于27日起减少国内工作,开始准备出国工作。”“小平等同志出国安全,已从各方面加强布置。4月6日代表团离京时,准备举行盛大欢送,以壮行色。"

这是邓小平同志恢复工作后担负的第一项举世瞩目的重大任务。周总理十分清楚邓小平同志出席联大特别会议的重要性。他不顾自己身患重病,对各项准备工作抓得很紧很细。3月27日、28日,周总理先后召集外交部和民航系统负责人会议,研究赴纽约参加联大特别会议的中国代表团的送迎礼仪和飞行安全等问题。4月初,周总理又连续主持中央政治局会议,讨论修改邓小平同志在联大会议上的发言稿,批准中国代表团在联大期间的工作方针。江青、张春桥、姚文元却借口"有病",拒不参加会议。4月3日、4日,周总理和邓小平同志联名写信给毛主席,报告在联大发言稿的讨论和修改情况。4月4日,毛主席在周、邓两人信上批示:"好,赞同。"第二天一早,周总理立即转告邓小平、乔冠华同志,并嘱咐外交部将毛主席的批件影印若干份,分送中央政治局成员传阅后归档,以防江青一伙日后再在这个问题上制造事端。

1974年4月10日,邓小平在联合国大会发言后,许多国家代表向他表示祝贺。

4月6日清晨,病情正在恶化而又通宵未眠的周总理驱车前往首都机场,为邓小平同志送行。

邓小平同志在联合国大会上代表中华人民共和国作了一个非常重要的发言,阐述了我国的对外政策,为中国走向世界提出纲领性意见。

1975年1月下旬,四届人大刚结束。周总理连日在医院里主持中央政治局会议,讨论国务院副总理的分工问题和工作安排。总理嘱咐我转告小平同志,请小平把副总理分工列出,并说:“他不好讲,由我讲。”2月1日,周总理到人民大会堂主持国务院常务会议,除了总理和几位副总理外,中央军委副主席叶剑英和中国科学院院长郭沫若列席。会议一开始,周总理开门见山地说:“我身体不行了,今后国务院的工作,由小平同志主持。医院是不想放我出来,但我还是想争取每星期和大家见一次面……”这次会议审定了国务院副总理的分工方案。周总理宣布:“邓小平同志任第一副总理,主管外事,在周恩来治病疗养期间,代总理主持会议和呈批重要文件……”这天,周总理接着又召开有各部长、各委员会主任参加的国务院全体会议。会上重申了毛主席对邓小平“人才难得”、“政治思想强”的评语,最后说:“今天是开始,恐怕我也只能完成这个开始的任务”,“今后这样的会,请小平同志主持”。此后,周总理的病势更加严重。但是,终于实现了由邓小平同志接班的愿望,这是周总理最感欣慰的事情。周总理在病中一直关注着国内政局的变化,以警惕的目光注视着“四人帮”的捣乱破坏,并且尽最大努力支持和帮助邓小平同志。邓小平同志也常常到医院去看望周总理,每周约有一两次向周总理通报情况,共商党和国家的大事。

邓小平同志1975年2月开始主持国务院的工作,6月开始主持党中央的日常工作后,他不负众望,在毛主席、周总理和叶剑英、李先念等同志的大力支持下,对“文化大革命”以来受到严重破坏的经济、科技、教育、军事等各方面的工作进行整顿,也就是批判和纠正“左”的错误。邓小平同志提出,以毛主席的三项指示(即学习理论,反修防修;要安定团结;要把国民经济搞上去)为纲进行整顿。在邓小平同志领导和主持下,先后召开了解决铁路运输堵塞问题的各省、自治区、直辖市党委工业书记会议,解决钢产量下降问题的钢铁工业座谈会,解决军工生产问题的国防工业重点企业会议,以及农业学大寨会议等,并主持召开国务院会议讨论《关于加快工业发展的若干问题》(即“工业二十条”),和中国科学院的整顿问题(即《中国科学院汇报提纲》)。同时,还召开了中央军委扩大会议,讨论了军队的整顿问题,提出要整顿军队的“肿、散、骄、奢、惰”。在上述这些会议上,邓小平同志以对党和人民高度负责和大无畏的革命精神,顶住“四人帮”的捣乱破坏,发表了许多重要讲话,旗帜鲜明地批判和纠正“文化大革命”造成的错误。

邓小平同志主持的一系列整顿工作,实际上是周总理1972年提出对国民经济进行整顿的继续和扩展,它为恢复国民经济正常秩序打下了一定基础。

在邓小平同志正在对国民经济和军队工作进行整顿的时候,江青一伙却在策划阴谋诡计,进行捣乱破坏,妄图把邓小平同志整下台,取而代之。

1974年12月26日,毛主席在长沙与周恩来单独长谈时,谈了学习无产阶级专政的理论问题。1975年2月9日,《人民日报》发表题为《学好无产阶级专政的理论》社论,公布了毛主席关于理论问题的指示。2月18日,中共中央发出《关于学习毛主席对理论问题指示的通知》。由此,全国开始学习“无产阶级专政理论”的运动。“四人帮”利用毛主席关于理论问题的指示,借题发挥,提出反“经验主义”,鼓吹“现在我们的主要危险不是教条主义,而是经验主义”。他们利用控制的宣传工具,连篇累牍地发表文章影射攻击周恩来、邓小平同志和“文化大革命”初期被打倒又恢复了工作的老干部,是“经验主义者”。公开反对周总理领导的批判极左思潮、纠正极左错误;反对邓小平同志领导的对各方面工作进行的整顿。4月18日,邓小平同志借陪同毛主席会见金日成的机会,向毛主席汇报了自3月份以来江青等人大反“经验主义”问题，并表示不同意关于“经验主义是当前的主要危险”的提法。毛主席同意邓小平同志的意见。之后，毛主席于4月23日和5月3日先后两次批评了江青一伙的反“经验主义”，并严厉批评江青等人搞“四人帮”，提出“请政治局一议”，要解决“四人帮问题”。

周总理在病中积极支持和配合邓小平、叶剑英等同志与“四人帮”的斗争。为了使政治局成员了解“四人帮”发动反“经验主义”的实际情况，开好政治局会议，周总理给政治局成员和毛主席写信，揭露张春桥、姚文元鼓吹反“经验主义”的事实。毛主席5月3日严厉批评“四人帮”后，周恩来同志因病不能主持政治局会议，毛主席便决定由王洪文负责召集会议，但王洪文故意拖延，迟迟不开会。后来毛主席与周恩来同志商定，改由邓小平同志召集会议，并主持党中央日常工作。之后，在邓小平同志主持下，政治局连续开会，邓小平、叶剑英等政治局多数成员，对江青一伙1973年12月在政治局会议上诬蔑周恩来同志“犯了路线错误”，是“第十一次路线斗争”；“批林批孔”又批“走后门”，以个人名义给一些单位送材料；学习理论，又批“经验主义”；搞“四人帮”的宗派活动，提出严厉批评。江青、王洪文在会上被迫作了检讨。至此，“四人帮”借学习理论大反“经验主义”的阴谋诡计遭到破产。

邓小平同志主持党中央日常工作以来，对各方面的工作进行整顿，并取得显著成效，周总理感到由衷的欣慰，并把希望寄托于邓小平同志。他完全清楚自己将不久于人世，因而用自己所剩无几的生命和时间，大力支持邓小平同志，并向外国朋友介绍邓小平同志。

1975年8月26日晚，周总理在医院会见即将返回柬埔寨的西哈努克亲王、宾努亲王和乔森潘副首相。在一个多小时的会见中，周总理热情地赞扬邓小平同志，给两位亲王留下深刻印象。在场的柬埔寨民主团结政府大臣秀蒲拉西回忆说：“周称赞邓小平副总理，并说有邓代替他，他就感到放心了。”

9月7日,周总理不顾自己的病情严重恶化和医护人员的再三劝阻,会见以罗马尼亚共产党中央政治执行委员会委员、中央书记伊利耶·维尔德茨为首的罗党政代表团。在回答客人的提问并介绍自己病情时,坦然说道:马克思的“请帖”,我已经收到了。这没有什么,这是不以人的意志为转移的自然法则。又说:我现在病中,已经不能工作了。邓小平同志将接替我主持国务院的工作。邓小平同志很有才能,你们可以完全相信,邓小平同志将会继续执行我党的内外方针。这是周总理最后一次会见外宾。

9月20日下午,医生对周总理施行大手术治疗。负责周总理治疗工作的邓小平、李先念、汪东兴、邓颖超同志和张春桥在医院守候。在生死难料的情况下,周总理在进入手术室前,躺在平车上询问:“小平同志来了没有?”邓小平同志立刻跨步到车旁,周总理握住邓小平同志的手,用力说道:“你这一年干得很好,比我强得多!”

这次手术过程中,发现周总理体内的癌瘤已扩散到全身,无法医治了。邓小平同志心情沉重地指示医疗组:“尽一切努力,减少痛苦,延长生命。”

此外,在这里我说一说在十年动乱中,林彪、江青一伙对周总理政治上陷害,精神上折磨,无所不用其极。他们把繁重的党和国家事务,几乎全部推给周总理,总理日夜操劳,平均每天工作16小时左右,遇到特殊情况,常常整夜不停地工作,身体日益消瘦。1974年6月1日总理住进医院做手术后,继续抱病工作,“四人帮”仍以许多具体事务来折磨他。我记得有这样一个事例:1975年5月,中国文字改革委员会将《第二次汉字简化方案(草案)》报送国务院。国务院办公室送请分管文教工作的副总理张春桥审批。张春桥扣压了几个月后,竟然在9月20日医生对周总理施行大手术治疗前几天,以文字改革的“历史发展,我不太清楚”为借口,推给周总理。9月14日,周总理以对国家高度负责的精神,抱病仔细审阅了文改会的报告,然后向秘书赵茂峰同志口述了他的意见,并嘱告我处理。9 月 15 日,我约教育部和文改会(文改会由教育部领导)负责人李琦、叶籁士等同志到国务院会议厅,向他们传达了周总理口述的指示。

周总理说:毛主席提出汉字要简化已经 20 多年了,第一次汉字简化方案公布实施近 20 年了,文改会提出的第二次汉字简化方案只简化 91 个字,太少了。应当广泛征求意见,深入调查研究,多简化一些。简化一个偏旁,就可以简化许多字。对不同意见要多讨论多酝酿,尽可能搞成熟一点。

周总理又说:应当继续推行汉语拼音方案,推广普通话。要坚持从小学一年级教汉语拼音,孩子们学会了汉语拼音,就为说普通话打下了基础。汉字在我国历史上有不可磨灭的功绩。但是,汉字形体复杂,字数太多,学习和使用都比较困难。我国的小学生学习汉字,比学习拉丁文,费的时间要长得多,这不利于我国的经济、文化发展。因此,汉字需要改革,走拉丁化方向。

此后,文改会遵照周总理的指示,对第二次汉字简化草案,继续展开调查研究,做了许多工作,并在此基础上提出修订草案,报送国务院。不幸的是,这时周总理已经离开人世,未能看到。

此事的处理过程表明,张春桥作为协助总理工作的副总理,是极不负责和居心险恶的。他不清楚文字改革的历史发展,应当找文改会的负责人汇报情况,然后提出处理意见,这是起码应当做到的。他完全清楚周总理的病情已经严重恶化,仍然把自己分管的事推给周总理。这是“四人帮”一伙在“文化大革命”期间惯用的折磨周总理的一种手段。

这是周总理生前最后交我办的一件事。

十四、关于“批林批孔”和“组阁”的斗争

（一）关于“批林批孔”

1973年8月5日，毛主席向江青讲述中国历史上儒法斗争，指出：历代有作为、有成就的政治家都是法家，他们都主张法制，厚今薄古；而儒家则满口仁义道德，主张厚古薄今，开历史倒车。毛主席还念了他写的一首《读〈封建论〉呈郭老》诗：

劝君少骂秦始皇，
焚坑事件要商量。
祖龙魂死秦犹在，
孔学名高实秕糠。
百代多行秦政法，
十批不是好文章。
熟读唐人封建论，
莫从子厚返文王。

这首诗表达他评法批儒的观点。次日，江青在周恩来同志主持的中央政治局会议上传达毛主席有关儒法斗争的谈话及所写七律诗，并要求将此内容写入十大政治报告。周恩来同志表示，对此需要理解、消化一

段时间,不必马上公布。

8月7日、13日《人民日报》先后发表广东中山大学历史系教授杨荣国写的《孔子——顽固地维护奴隶制的思想家》和《西汉时代唯物论反对唯心论先验论的斗争》两篇文章。之后,一些报刊开始登载有关批孔、批儒的文章和评论。不久,总理值班室赵茂峰同志向我传达周总理的指示:总理值班室、国务院办公室和国务院政工小组的同志要研究诸子百家,研究儒法斗争的历史;同时,要读点马列的书,用马列主义观点进行研究。第二天,我向国务院办公室和国务院政工小组的各位负责同志传达了周总理的指示,研究了贯彻执行的办法。主要是读一些书,请学者专家讲课。开始,我认为研究儒法斗争史的目的,在于认清法家的改革思想在推动中国历史发展中的积极作用,批判并肃清以孔子为代表的儒家保守思想的消极影响。以后,从“四人帮”的御用工具“梁效”、“罗思鼎”等在报刊上发表的批孔文章特别是“四人帮”的讲话中,才逐渐明白,“四人帮”以“批林批孔”为名,实则影射攻击周总理。

1974年1月12日,王洪文、江青致信毛主席,建议转发“北京大学、清华大学大批判组汇编的《林彪与孔孟之道(材料之一)》”,称这份材料“对当前深入批林批孔会有很大帮助。”毛主席阅后批示:“同意转发。”18日,中共中央发出转发通知。之后,在全国展开“批林批孔”运动。毛主席所以要发动“批林批孔”运动,是由于他对批林整风中批极左带来的人们对“文化大革命”的怀疑和否定不满。他认为,“文化大革命”是一场深刻的变革,有人赞成,有人反对,它与历史上法家坚持变革,儒家反对变革,有类似之处。他想借“批林批孔”运动对干部进行一次思想政治教育,以维护“文化大革命”的理论和实践,防止“右倾翻案”。然而,“四人帮”则另搞一套,他们借“批林批孔”变本加厉地反对周总理,妄图通过“批林批孔”打倒周总理。

1974年1月、2月间,江青以个人名义连续给中央国家机关、军队领导机关、连队、科研部门以及下乡知青等写信、送材料,要求他们“批林批孔”。还派迟群等人到海军、空军等单位“点火放炮”。

1974年1月24日，江青给军委领导人写信，批评军队“批林批孔”“深入不下去”，要派迟群、谢静宜向全军指战员宣读中央通知。24日下午，江青等擅自召开驻京部队“批林批孔”大会。25日下午，又以中共中央的名义召开中共中央、国务院直属机关工作人员“批林批孔”动员大会。这次会议表面上由周总理主持，实际上周总理是在当天上午11时才知道要开这次会议的，江青一伙在会上要讲些什么，他也不清楚。在江青的策划下，迟群、谢静宜在会上发表长篇煽动性讲话，借介绍《林彪与孔孟之道(材料之一)》的产生过程，大谈所谓“反复辟”的主题，说“修正主义仍然是当前的主要危险”，“不抓大事，而埋头小事，就会变修”。强调“批林批孔”要联系的现实之一，就是批“走后门”。江青、姚文元不时插话，大谈他们如何查到林彪的孔孟言论，毛主席是怎样让他们整材料，指示“批林批孔”要联系实际，要反复辟，反右倾回潮，批判修正主义。他们还说“不准批孔，就是不准批林”，“主张中庸之道的人，其实是很毒辣的”。江青一伙在会上神气十足，气势汹汹，连迟群、谢静宜也竟敢置周总理、叶剑英同志等老一辈中央领导人于被指责的地位。

河南郑州的“批林批孔”大会会场。

迟群在会上提到意大利摄影师安东尼奥尼拍摄的纪录片《中国》，大骂这是间谍加汉奸搞出来的，并说要进行批判。安东尼奥尼来中国拍纪录片是经周总理批准的，而且所拍摄纪录片《中国》也没有什么原则问题。迟群恶毒攻击的矛头显然是对着周总理的。

郭沫若同志自批孔以来一直受到非难，精神压力很大。“一·二五”大会，郭老也出席了。江青当众斥责郭沫若同志“对待秦始皇、对待孔夫子的态度，如林彪一样”，并几次点名批评，当场让郭老站起来，真是狂妄至极！会后，周总理担心郭老难以承受江青的侮辱，当晚，派人前往郭老家中了解情况，传达保证郭老安全、健康的几点意见。31 日，周总理又亲自去看望郭老。

在江青一伙长达几个小时的讲话中，周恩来、叶剑英等同志始终保持沉默，一言不发。

周总理看到这种情况，忧心如焚，眼看着国家又要陷入混乱。这场运动又是毛主席发动的，他无力阻止。但是，为了国家和人民的利益，他不顾一切，当机立断，让秘书连夜突击，把大会上江青等人的发言整理出来。第二天周总理审阅了整理出来的稿子，在他认为重要的地方用红笔画了横线，并给毛主席写了封信，一起送给毛主席。毛主席对江青私自召开“一·二五”大会，以及他们的言论作了批评，并扣发了他们精心炮制的准备下发的材料。毛主席说：“现在，形而上学猖獗，片面性。‘批林批孔’，又夹着批‘走后门’，有可能冲淡‘批林批孔’。小谢、迟群讲话有缺点，不宜向下发。”这个批评使江青一伙暂时有所收敛。但是，毛主席决定的“批林批孔”运动，仍然继续进行。

“一·二五”大会之后，江青一伙指挥他们控制的写作班子和报刊发表文章，对周总理进行影射攻击。

1974 年 1 月 17 日，《解放军报》刊登一篇根据周恩来、叶剑英同志 1973 年 5 月在空军党委扩大会议上的讲话精神而写的文章：《既要讲批评，又要讲谅解》。文章强调要加强领导班子内部的团结。28 日，江青、张春桥、王洪文召集有关新闻单位开会，指责这篇文章“很坏”，并布置写反驳文章。在他们的授意下发表的文章称：《既要讲批评，又要讲谅解》一文“离开批林批孔斗争的大方向来讲团结问题”，“大讲谅解，貌似全面，实际上宣扬了折中主义，中庸之道”。

1月29日，根据江青的布置，《人民日报》发表文章，批判经周总理批准来华的意大利摄影师安东尼奥尼拍摄的纪录片《中国》。他们攻击的对象是不言而喻的。

此后，江青一伙操纵的写作班子，以史喻今、影射、比附的文章纷纷出笼，借批孔之名，对周总理进行露骨的政治诬陷和人身攻击。江青一伙操纵的北大、清华大批判组在《人民日报》发表《孔丘其人》一文，文章使用比附手法，将春秋时期鲁国根本没有的“宰相”职务加在孔丘身上，以此影射周总理。《北京日报》发表的柏青的《从〈乡党〉篇看孔老二》，在描写孔子见国君的一段文字中，凭空加上“端起胳膊”四个字。文章执笔人以后承认：“这是借批孔之名，对总理搞政治陷害和人身攻击。”还有些文章在批判孔丘的“兴灭国、继绝世、举逸民”时，把“文化大革命”中被打倒的干部重新安排工作，说成是“举逸民”。当时，国务院机关事务管理局根据周总理、李先念同志的指示，在北京三里河南沙沟正在建设一批住宅，拟安排已经解放，原住房被人挤占的部分部级老干部、高级爱国人士、高级知识分子居住。“四人帮”的爪牙称这些房子为“逸民楼”、“复辟楼”，公然攻击周总理和李先念副总理以及拟去居住的同志们。

1974年6月中旬，江青等人召集“梁效”等写作班子成员开会，江青说：现在要批除了林彪、陈伯达以外的现代的儒。现在有没有儒？有很大的儒……不然，不会搞这样大的运动。之后，江青又跑到天津去，在一次讲话中露骨地说：这次运动的重点是批“党内的大儒”、“现代的大儒”。很明显地暗示，要批判和打倒周总理。

在“四人帮”的恶毒攻击面前，周总理沉着应战，他相信广大干部和群众是能够分辨是非的。实际情况也是这样，跟着江青一伙反对周总理的寥寥无几。当时，传说毛主席讲：“反周民必反，反周国必乱。”毛主席是否讲过这个话，不得而知。这种传说反映了人心的向背。

周总理对于批孔有自己的看法。1974 年 1 月 27 日，周总理和中央政治局成员一起接见中央读书班和记者学习班的代表，并就批林批孔问题发表讲话。周总理说：“批孔是挖‘四旧’（旧思想、旧文化、旧风俗、旧习惯）的社会根子，故必须多做社会调查。批林批孔是一场长期、尖锐、激烈的意识形态领域的斗争，故必须进行试点。批林批孔可与目前城乡正在开展的批林整风、基本路线和社会主义教育结合进行”。1974 年 4 月 22 日，周总理接见日本自民党前众议员川崎秀二，在谈到“批孔”时说：“我们这一代都是反对孔子的，从五四运动起，就提出：‘打倒孔家店’的口号。孔子的思想在中国社会已影响了两千多年，批判并肃清这种影响，对中国人民来说是一件大事，并且是长期的、艰巨的任务。在批孔的同时，还要对历史上改革派的思想进行宣传。当然，我们不是继承法家，今天马列主义哲学思想已远远超过了法家。”从周总理这两次谈话，联想到周总理指示我们用马列主义观点研究诸子百家，使我产生这样的理解：法家也好，儒家也好，都是诸子百家中的一家。要研究，就必须对他们采取分析的态度，不仅需要看书，还需要进行社会调查，并在这个基础上分清哪些应当吸收，哪些应当摒弃。简单地肯定或否定，都是不恰当的。肃清孔子的消极影响，是长期的、艰苦的任务，用搞运动的办法是不适当的。对孔子的思想也不能一概否定，要取其精华，去其糟粕。

江青一伙为什么对周总理等中央领导人敢于如此放肆地进行攻击？这同 1973 年 7 月、11 月和 12 月间，毛主席对周总理连续批评，对江青等人起了鼓励作用是分不开的。7 月份的批评，起因是外交部的一期《新情况》简报，对勃列日涅夫访美同尼克松签订《苏美防止核战争协定》、《关于进一步限制进攻性战略武器谈判的基本原则》等文件，提出这是美苏合作，欺骗世人，妄图主宰世界的看法。周总理曾同意这种看法。毛主席不同意这种分析。毛主席为此找张春桥、王洪文谈话，指出：近来外交部有若干问题不大令人满意，我常说大动荡、大分化、大改组，而外交部忽然来了一个什么大欺骗、大主宰。在思想方法上是看表面，不看实质。然后，毛主席要王、张管管外交部的事，并说：你们年纪还不大，最好学点外文，免得上那些老爷的当，受他们的骗，以至上他们的贼船。又说：“结论是四句话：大事不讨论，小事天天送，此调不改动，势必出修正。”“将来搞修正主义，莫说我事先没讲。”毛主席在这里不点名地指责了周总理，批评是相当重的。外交部属周总理主管，毛主席不找周总理，而找王、张，其含义可想而知。

11 月份的批评，是毛主席依据不可靠的汇报，误认为周总理与美国基辛格会谈中说了错话，犯了所谓“右倾错误”。并提议中央政治局开会，讨论他的意见。当晚，周总理根据毛主席的指示，主持中央政治局会议，传达毛主席对中美会谈的意见，并介绍同基辛格会谈的情况。会上，江青斥责周总理是“右倾投降主义”，周恩来起而与之争辩。之后，从 11 月 21 日至 12 月初，中央政治局在王洪文主持下，连续召开全会、分组会和扩大会议共五六次，批评周总理和叶剑英同志在同基辛格会谈中的所谓“右倾错误”。会上，江青等人对周总理和叶剑英同志进行围攻，指责此次中美会谈是“丧权辱国”，“投降主义”。江青、姚文元提出这是“第十一次路线斗争”，诬蔑周总理是“错误路线的头子”，是“迫不及待地要代替毛泽东”。之后，江青还将要求增补她本人和姚文元为中央政治局常委的意见，报告毛主席。12 月 9 日，毛主席先后同周总理、王洪文谈话，提出：这次会议开得很好。就是有人讲了两句话，一个是讲“第十一次路线斗争”，不应那么讲，实际上也不是；一个是讲总理“迫不及待”，他（指周恩来）不是迫不及待，她（指江青）自己才是迫不及待。对于江青所提增补常委的意见，毛主席表示：“增补常委，不要。”

12 月份的批评，是毛主席在中央政治局会议上批评“政治局不议政”，“军委不议军”。前者是批评主持党中央日常工作的周恩来同志，后者是批评主持军委日常工作的叶剑英同志,这是不言自明的。

毛主席在不到半年的时间里,连续三次批评周总理,客观上为"四人帮"向周总理发动进攻鼓了气、壮了胆。

随着"批林批孔"运动的开展,全国局势又动荡起来。各地造反派纷纷出动,重新拉起山头,到处制造事端。他们把攻击的矛头指向各级领导干部,特别是一度被打倒又重新恢复工作的老干部。他们把各条战线纠正极左错误,落实党的政策,一概诬蔑为"修正主义复辟回潮"。他们揪斗领导干部,冲击领导机关,抢档案;包围银行强行提款;提出"不为错误路线生产",搞停工停产;有的地方又开始抢夺解放军的武器,准备武斗;等等,致使"批林整风"以来经过周总理和全党同志的努力刚刚趋于稳定的政治局势,又重新动荡起来;逐渐有所恢复和发展的国民经济,又遭到破坏。

在这种情况下,对国家和人民高度负责的周总理,依然顾全大局,忍辱负重,积极向毛主席提出治乱的意见。当时,毛主席也不愿再把局势搞乱。周恩来同志坚持各地区、各部门的运动,原则上由同级党委来领导,军队的首脑机关和作战部队不搞"四大";党政机关、生产单位的运动也要有政策界限的规定。在毛主席的支持下,周恩来同志主持中央政治局会议,先后通过了一些治乱措施。

1974 年 4 月 10 日,中共中央就"批林批孔"运动中的若干问题发出通知,规定:(1)运动在党委统一领导下进行,不成立战斗队一类的群众组织,不搞跨行业、跨地区一类的串连;(2)原"三支两军"人员,不再回支左单位参加运动;(3)各级党委应认真加强领导,团结百分之九十五以上的群众和干部,使运动进一步开展起来。

5 月 18 日,中共中央就"批林批孔"运动中的几个政策问题发出通知,强调在运动中要注意掌握党的政策,正确区别和处理两类不同性质的矛盾,防止扩大化,抓革命、促生产、促工作、促战备。

7 月 1 日,鉴于从 4 月份开始,工业生产明显下降的情况,中共中央又发出《关于抓革命、促生产的通知》。《通知》要求各地：不准揪干部，不准打人抓人，擅离职守的领导干部和其他人员必须返回工作岗位，对把打内战、停工停产的行为说成是“反潮流”、“不为错误路线生产”的错误言论，必须加以批驳，等等。

7月17日下午，毛主席离京前，约中央政治局委员谈话，交待工作。周总理从医院赶来参加。江青一伙在会上指桑骂槐地大谈批“现代的儒”，不点名地指责周总理阻碍“文化大革命”。看到江青一伙如此猖狂地攻击周总理，中央政治局的其他成员都很气愤，有的还义正词严地要江青把话挑明。江青尽管那样猖狂，但还是不敢公开说周总理是“大儒”。毛主席看到江青一伙这样胡搅蛮缠，在研究国家大事的中央政治局会议上也如此放肆撒野，因此对他们进行了严厉的批评。他指出：“江青同志，你要注意呢！别人对你有意见，又不好当面对你讲，你也不知道。你不要设两个工厂，一个叫‘钢铁工厂’，一个叫‘帽子工厂’，动不动就给人戴帽子。”“你们要注意呢，不要搞四人小宗派呢！”又对江青说：“你也是难改呢。”毛主席当众宣布：“她（指江青）并不代表我，她代表她自己”，“总而言之，她代表她自己。”这是毛主席第一次在党内高层提出“四人帮”问题，其意义重要而深远。毛主席对“四人帮”的批评，使他们不得不暂时停止胡作非为。至此，“批林批孔”运动名存实亡，逐渐停下来。江青一伙利用“批林批孔”妄图用栽赃笔伐的办法打倒周总理，又以失败告终。但是，“四人帮”绝不会甘心，他们还要伺机卷土重来。

1974年10月4日，在武汉的毛主席根据周总理设第一副总理的建议，电话告王洪文，要王告周总理，由邓小平同志出任国务院第一副总理。王洪文将毛主席的电话内容先告知江青、张春桥、姚文元。过了几天，才告诉周恩来、邓小平同志。毛主席让邓小平同志出任国务院第一副总理，表明他已经清楚“四人帮”在党内、党外十分不得人心，他培养的接班人王洪文并不争气，由他们掌握党和国家的大权，党心民心不服，国家不可能稳定。在周总理病势越来越重的情况下，毛主席下决心，由邓小平同志逐步接替周恩来同志的工作。

1974年6月1日，周总理由于病情发展，住进中国人民解放军305医院。当天，做第一次大手术治疗。手术后，病情暂时有所好转。从此，305医院既是他治病的地方，也是他带病为党和人民操劳的地方。

(二)关于四届人大"组阁"问题

1974年10月11日，中共中央发出《关于准备召开第四届全国人民代表大会的通知》。《通知》传达了毛主席的指示："无产阶级文化大革命，已经八年。现在，以安定为好，全党全军要团结。"四届人大的召开，加上毛主席强调安定团结，表明毛主席要结束混乱局面，恢复国家生活的正常秩序。但是，"四人帮"企图利用召开四届人大这个机会"组阁"，以夺取中央政府的权力。周总理等老一辈无产阶级革命家及时发现了"四人帮"的"组阁"阴谋，为了国家和人民的利益，同他们进行了坚决斗争。

"四人帮"对毛主席决定由邓小平同志出任国务院第一副总理，极为不满。他们正在阴谋策划阻止邓小平同志担任第一副总理的时候，碰巧国产"风庆轮"远航归来，"四人帮"趁机又挑起事端，借此猛攻周总理，并企图再次打倒邓小平同志。

"风庆轮"事件是怎么一回事呢？

"风庆轮"是上海江南造船厂制造的，载重量13500吨。当时，交通部远洋局曾担心国产主机和雷达等设备性能不适应远航，为了安全，规定"风庆轮"跑近海。1974年年初，"批林批孔"时，江南造船厂提出"我们要革命，'风庆轮'要远航"。周总理知道后，查明了情况，同意这条船出海远航，并作了五条指示："一是要派工作组到船上，随船工作；二是配件要备足；三是干部、船员要配双套班子；四是要派一条技术条件好的船跟随'风庆轮'保驾；五是开船前要对船只进行全面检查。"根据周总理的指示，中国远洋运输总公司派副处长李国堂和宣传干事顾广文随船工作,李任政委,顾为政治干事。

"风庆轮"的质量确实不够好,在远洋航行过程中,主机不断发生故障。李国堂都如实记录下来。再者,"风庆轮"在毛里求斯停靠时,我驻毛里求斯大使馆把样板戏《杜鹃山》影片送到船上。上映前,李国堂说这个样板戏我看过,江青搞的样板戏都是些女英雄。其他人也对船的质量和样板戏有些议论。这本来是正常的,但是在那不正常的年代就成了莫大的"罪过"。王洪文的"耳目"把这些都记录下来,并整理了材料。船到上海后,王洪文下令把李国堂扣留在上海,进行批斗,并责令交通部严厉处理。10 月 12 日,《文汇报》、《解放日报》和《人民日报》都在头版发表评论员文章,宣称:"我国近代造船工业发展史,是一部尊孔崇洋与反孔爱国斗争的历史。"声称:"不是国产船和国产船的主机有问题不能远航,而是有些人崇洋媚外,思想路线有问题。"江青 10 月 13 日在《国内动态清样》有关"风庆轮"的报道上作批语,并给在京政治局委员写信,称:该报道"引起我满腔无产阶级义愤!试问:交通部是不是毛主席、党中央领导的一个部?"还说:"交通部确有少数崇洋媚外、买办资产阶级思想的人专了我们的政","政治局对这个问题应有个表态,而且应当采取必要的措施。"王洪文、张春桥、姚文元、康生在江青的信上表示"完全同意",要求抓住"风庆轮"问题,"批判修正主义路线","对交通部进行彻底检查整顿"。邓小平同志圈阅了该信,周总理批了"已阅"二字。10 月 17

国产"风庆轮"。

日晚,江青等在中央政治局会上继续借"风庆轮"事件发难,有预谋地围攻邓小平同志,影射周总理,轮番逼着主持会议的邓小平同志马上表态。邓小平同志就是不表态,强压怒火,反唇相讥道:"政治局讨论问题要平等嘛,你们怎么这种态度!"后来干脆说:"我要调查",当场进行抵制,会议不欢而散。当晚,江青一伙紧急策划,决定派王洪文去长沙向毛主席告邓小平同志和周总理的状。

10月18日,王洪文背着中央政治局和周总理飞抵长沙,借向毛主席汇报17日中央政治局会议情况,诬陷邓小平、周恩来同志,说:为"风庆轮"的事,江青和邓小平发生争吵,吵得很厉害。看来邓还是搞过去"造船不如买船,买船不如租船"那一套。又说:邓有那样大的情绪,是与最近酝酿总参谋长人选一事有关。北京现在大有庐山会议的味道。周总理虽然有重病,但昼夜都忙着找人谈话,经常去总理那里的有邓小平、叶剑英、李先念等。他们来往这样频繁,是和四届人大的人事安排有关。王洪文还向毛主席吹捧江青、张春桥和姚文元。毛主席听后,当即批评王洪文:有意见当面谈,这么搞不好,要跟小平同志搞好团结。并要王回京后多找周恩来、叶剑英同志谈谈,不要跟江青搞在一起,提醒王要注意江青。王洪文告状不成,碰了一鼻子灰。

10月19日,江青得知王海容、唐闻生同志将随邓小平同志陪丹麦首相去长沙见毛主席,即召见王、唐二人,要她们向毛主席反映国务院崇洋媚外问题,并诬蔑邓小平同志17日在中央政治局会议上的表现是又一次"二月逆流"。同日,周总理与王海容、唐闻生同志谈话,指出:"风庆轮"事件并不像江青他们所说的那样,而是他们预先计划好了要整小平同志,小平同志已经忍耐很久了。同时表示继续做些工作,慢慢解决问题。1974年10月20日,在长沙的毛主席听取王海容、唐闻生同志反映"风庆轮"事件的实际情况后,对江青等人的做法表示不满。指出"风庆轮"问题本来是一件小事,且李先念同志已经在解决,但江青还这么闹。他让王、唐回京后向周总理、王洪文转达他的意见:"总理还是总理,四届人大的筹备工作和人事安排由总理和王洪文主持，同各方面商量办理。”毛主席还要王、唐转告王洪文、张春桥、姚文元，不要跟在江青后面批东西。谈话中，毛主席赞扬了邓小平同志，并再次提出邓小平同志任国务院第一副总理兼中国人民解放军总参谋长。

1974 年 11 月 6 日，周总理致信毛主席，汇报四届人大各项准备工作及进展情况。在谈到人事安排时，明确表示：“我积极支持主席提议的邓小平为第一副总理，还兼总参谋长”。

1974 年 11 月 12 日，邓小平同志陪外宾去长沙，向毛主席汇报 10 月 17 日中央政治局会议争论情况，并认为政治局内生活不正常，还谈及自己同江青面对面斗争事。毛主席听后表示赞同邓小平同志的意见和做法，指出：“她（指江青）强加于人哪，我也是不高兴的！”毛主席勉励邓小平同志继续努力，放手工作。

同日，毛主席在江青的一封来信上批示：“不要多露面；不要批文件；不要由你组阁（当后台老板）。你积怨甚多，要团结多数”，“人贵有自知之明”。以后，江青又托人向毛主席提出，要王洪文当全国人大常委会副委员长，排在朱德、董必武之后。毛主席即指出：“江青有野心。她是想叫王洪文做委员长，她自己做党的主席”，并让人转告周总理：“朱德、董必武之后，要安排宋庆龄、邓小平、张春桥、李先念为国务院副总理。其他，由周总理主持安排。”

1974 年 12 月 21 日，周总理召集部分中央政治局委员会议，讨论四届人大人事安排。会上，江青、张春桥等竭力设法将其亲信安排在文化、教育、体育等部门。会后，周总理同李先念、纪登奎同志交换意见，认为教育部以周荣鑫同志掌管为宜，文化部、体委可作些让步。

1974 年 12 月 23 日，周总理抱病乘专机飞长沙，向毛主席汇报四届人大各项工作筹备情况。王洪文另机前往。12 月 23 日—27 日，毛主席在长沙听取汇报过程中，同周恩来同志和王洪文多次谈话。主要内容：（一）批评以江青为首的“四人帮”；（二）高度评价邓小平；（三）提出“总理还是我们的总理”；（四）关于召开四届人大及其人事安排问题；

（五）关于国际形势问题。12 月 26 日，周总理在长沙同毛主席单独长谈。毛主席谈了理论问题。毛主席还提出，要安定团结，要把国民经济搞上去。毛、周商定了四届人大的人事安排。

1974 年 12 月 29 日，周恩来同志主持中央政治局会议，传达毛主席在长沙的几次谈话内容和关于理论问题等指示。1975 年 1 月 1 日，周恩来主持中央政治局会议，讨论四届人大有关人事安排问题。根据毛主席一再提出的要安定团结的指示，会议确定了“基本不动，个别调整”的原则。讨论通过了邓小平同志起草的关于国务院的部委设置和各部部长、委员会主任的人选。

1975 年 1 月 5 日，中共中央发出 1 号文件，任命邓小平为中央军委副主席兼总参谋长；任命张春桥为总政治部主任。

1975 年 1 月 8 日—10 日，中共第十届二中全会在北京举行。周恩来同志主持会议，经过讨论，通过了四届人大的各项文件。会议追认邓小平为中央政治局委员，选举邓小平为中共中央副主席、中央政治局常委。会议闭幕前，周恩来同志问毛主席有什么话要向大家讲，毛主席说：“还是安定团结为好。”

1 月 13 日—17 日，第四届全国人民代表大会第一次会议在京举行。会议的议程是：（一）修改宪法；（二）讨论《政府工作报告》；（三）选举和任命国家领导工作人员。周总理代表国务院作《政府工作报告》。他在《报告》中，重申了 1964 年三届人大《政府工作报告》中提出的“两步设想”，即“第一步，用 15 年时间，即 1980 年以前，建成一个独立的比较完整的工业体系和国民经济体系；第二步，在本世纪内，全面实现农业、工业、国防和科学技术现代化，使我国国民经济走在世界的前列。”17 日，会议批准周总理所作的《政府工作报告》。大会根据中共中央的提议，任命周恩来为国务院总理，邓小平等 12 人为国务院副总理。大会通过其他议程后胜利闭幕。

在毛主席的支持下，周总理等老一辈无产阶级革命家粉碎了江青一伙的“组阁”图谋，取得了重新“组阁”的胜利。这一胜利，意义是重大

1975 年 1 月 13 日至 18 日，四届全国人大一次会议在北京召开。图为大会主席台。

的。如果让“四人帮”得逞，对党、国家和人民必将带来灾难性的后果。周总理在“组阁”问题上同“四人帮”的斗争，绝不是争个人的权力。这不仅毛主席清楚，而且“四人帮”也是明白的。因为周总理得的是不治之症，他将不久于人世。斗争的焦点是要不要由邓小平同志接周恩来同志的班。在邓小平同志被打倒后，为了保护他，为了让他复出，为了让他接班，周总理作出了极大的努力，真可谓千方百计，不遗余力。在这个问题上，周总理和毛主席主张一致，这是粉碎“四人帮”“组阁”图谋，而由周恩来继续“组阁”的决定因素。

十五、关于反“经验主义”和“评《水浒》”的斗争

(一)关于反“经验主义”

1974年12月26日,毛主席在长沙同周总理单独长谈,在谈到理论问题时说:“列宁为什么说对资产阶级专政,这个问题要搞清楚。这个问题不搞清楚,就会变修正主义。要使全国都知道。”他又说:“我国现在实行的是商品制度,工资制度也不平等,有八级工资制,等等。这只能在无产阶级专政条件下加以限制。”“所以,林彪一类如上台,搞资本主义制度很容易。”

毛主席的这个谈话,引导人们把商品制度和按劳分配看作是资本主义性质或者是容易变成资本主义性质的东西,并要加以限制。我国是一个发展中国家,经济、文化都很落后。现阶段的根本任务是大力发展生产力,逐步实现农业、工业、国防和科学技术现代化,以满足人民的物质和文化需要,维护国家安全。在此时,批判和限制商品制度和按劳分配,在政策上是不适当的、有害的,它必将阻碍我国生产力的发展。

1975年2月9日,《人民日报》发表题为《学好无产阶级专政理论》的社论,公布了毛主席关于理论问题的指示。18日,中共中央发出关于学习毛主席对理论问题指示的通知,要求将毛主席指示发至基层党支

部，口头传达到群众。22日，《人民日报》刊登《马克思、恩格斯、列宁论无产阶级专政》的33条语录。由此，全国开展学习“无产阶级专政理论”的运动。然而，“四人帮”又利用毛主席关于理论问题的指示，反对周总理1972年批判极左思潮、纠正“左”的错误；反对邓小平对各方面工作进行整顿。他们提出“反经验主义”，煽动“打土围子”。

1975年3月1日，张春桥在全军各大单位政治部主任会议上讲话，借用毛主席1959年在庐山会议上关于“现在，主要危险是经验主义”一语，说：“据我看，主席的话现在仍然有效”，大讲反对经验主义。1975年4月1日，张春桥的《论对资产阶级的全面专政》一文在《红旗》杂志发表。该文提出：“应当清醒地看到，中国仍然存在变修的危险”，“林彪一类人物上台，资产阶级的复辟，仍然可能发生。”“现在，资产阶级的‘土围子’还很多，打掉一个还会长出一个。”江青、王洪文还分别找中央政治局成员谈话，鼓吹“经验主义是当前大敌”。邓小平同志当即看穿他们的阴谋，并表示坚决反对，说：“这是在政治局内一个一个动员反总理。”江青4月4日在接见工人代表讲话时称：“现在我们的主要危险不是教条主义，而是经验主义”，“经验主义是修正主义的帮凶，是当前的大敌。”4月5日，江青对北大、清华两校大批判组人员讲话时又提出：“党现在的主要危险不是教条主义，而是经验主义。”他们把周总理1972年批判极左思潮所采取的各项措施诬蔑为“经验主义”、“修正主义”，借以攻击周总理等具有丰富经验的党和国家领导人，以及“文化大革命”初期被打倒，后来又重新分配工作的领导干部。他们提出“打土围子”，是要把那些反对“文化大革命”极左行为的干部、知识分子和群众比作民主革命时期在“土围子”中的敌人，要对这些人进行所谓“全面专政”。此后，在张春桥、姚文元的布置下，“四人帮”把持的一些报刊纷纷发表文章，批判“经验主义”。4月中旬，江青在政治局会议上一再提出反“经验主义”问题，并要求中央政治局讨论，受到邓小平同志的抵制。4月18日，邓小平同志借陪毛主席会见金日成的机会，向毛主席汇报了自3月以来江青等人大反“经验主义”问题，并表示不同意关于“经验主义是当前主要危险”的提法。毛主席表示同意邓小平同志的意见。

1975年4月23日，毛主席对姚文元所送新华社《关于报道学习无产阶级专政理论问题的请示报告》批示：“提法似应提反对修正主义，包括反对经验主义和教条主义，两者都是修正马列的，不要只提一项，放过另一项。”又提出：“我党真懂马列的人不多，有些人自以为懂了，其实不大懂，自以为是，动不动就训人，这也是不懂马列的一种表现。”并告“此问题请提政治局一议”。

1975年4月27日，中央政治局开会，研究贯彻毛主席4月23日指示精神。会上，叶剑英、邓小平同志在发言中严词批评江青、张春桥等人，并对江青1973年12月中央政治局扩大会议上提出所谓“第十一次路线斗争”、在“批林批孔”运动中以个人名义送材料和进行其他“四人帮”宗派活动问题，提出尖锐质问。江青被迫作检讨。会后，王洪文以汇报政治局会议情况为名，致信毛主席，诬告周总理、叶剑英、邓小平同志总是把形势说得一团漆黑，支持纵容社会上最凶的谣言，并称：“这场争论，实际上是总理想说而不好说的话，由叶、邓说出来，目的是翻前年12月会议的案。”

1975年5月3日，毛主席召开中央政治局会议。会上，毛主席对江青等人反“经验主义”和“四人帮”的宗派活动问题，提出尖锐批评。毛主席提出：“不要搞‘四人帮’，你们不要搞了，为什么照样搞呀？为什么不和二百多的中央委员搞团结，搞少数人不好，历来不好。这次犯错误，还是自我批评”。“这一次还是三条，要马列主义，不要修正主义；要团结，不要分裂；要光明正大，不要搞阴谋诡计。就是不要搞宗派主义”。又说：“我看问题不大，不要小题大做，但有问题要讲明白，上半年解决不了，下半年解决；今年解决不了，明年解决；明年解决不了，后年解决。”会上，毛主席还当面批评江青：“不要随便，要有纪律，要谨慎，不要个人自作主张，要跟政治局讨论，有意见要在政治局讨论，印成文件发下去，要以中央的名义，不要用个人的名义，比如也不要以我的名义，我是从来不送什么材料的。”这是毛主席最后一次出席中央政治局会议。

5 月 4 日、5 日，周恩来起草了一个关于学习毛主席理论问题的指示和中央政治局工作等问题的意见稿。意见稿结合毛主席关于理论问题的指示内容，谈了对“文化大革命”、“批林批孔”、“反修防修”等问题的认识和理解。认为，在学习过程中，需要“在一定时期有针对性加以宣传”，“把主席指示的反修防修的目的说清楚”。对犯一般经验主义的人，“要慢慢来教育改造”。又指出：“在过去的一个多月里，有些报告、报刊社论、文章、新闻报道、内部清样中，只强调反修正主义的一项经验主义，放过另一项教条主义，有些地方甚至连反修正主义主题都不提了，这不能不是一个错误。报纸全国转载，清样有时转至各地，军队报告发至下层，这不能不引起一部分地区、部队和一部分机关、学校，弄得争论不休，或者年老干部又不敢负责工作。因为有文章上说，资格老、能打仗的人就有背上经验主义包袱的。”同意“由中央发一个从理论到政策的文件”。对于毛主席指出的江青等人的“这次错误”，表示“拥护主席意见”，“有错误的，要有自我批评”；此外，“同意小平同志意见”，“愿自我批评的就说，说多少都可以，不说也可以，不要强人所难”。关于中央政治局的工作和程序问题，强调“政治局工作，必须遵守九大、十大方针路线，‘三要三不要’，以安定团结为好”。“凡要议大事，先在政治局常委谈一谈。各单位拟好文件的，除外交、国防事急需立即传阅送批外，其他总要在二三天前先行送阅待议。政治局同志有意见（除小事急事外）需提政治局讨论的，请先向主持人在两三天前提出。个人除自己管辖的单位外，其他需下达的事，必须经过政治局常委会或主管部门同意后，以机关名义下达。个人交换意见，不能以个人或机关名义下达下送文件。个人通信，不能以指示口气来信和通电。”周总理的这些意见，都是针对江青一伙反“经验主义”和江青的胡作非为的。

5 月 21 日，周总理为了使中央政治局成员了解“四人帮”发动反“经验主义”的情况，开好讨论贯彻毛主席指示的中央政治局会议，就5月4日、8日两次中央政治局常委会讨论传达毛主席4月23日的批示和5月3日讲话一事，致信全体中央政治局委员。在介绍常委会会议所商意见后，着重对“四人帮”发动反“经验主义”的有关情况作出说明，指出：姚文元的文章中提了“现在，主要危险是经验主义”。之后，《解放军报》、《人民日报》的两篇社论，也是根据姚文引用的。而小平同志向毛主席反映的，是指3月1日张春桥在总政召开的各大单位主任座谈会上的讲话（邓小平同志阅后在此处注：“当时还提到江青同志在政治局会议正式提出反经验主义问题”），这在各大军区政治部向总政反映讨论情况的三四月份电报中可以看出。现在政治局即开正式会议讨论主席批示和指示，特补写如上说明。如大家同意，亦请将此信转主席一阅。

这封信传到张春桥时，张春桥批道：“总理的信，有些不确切。但我不反对报主席。”随后，周总理致信张春桥，回驳张所谓“不确切”的说法。在重述张于批林整风中就表明应批判经验主义的思想后，指出：“这次，主席指示要把列宁为什么说对资产阶级专政这个问题要搞清楚，才会防止变修正主义，如果不把资产阶级法权加以阐明和限制，林彪一类如上台，搞资本主义制度就很容易。因此，要看点马列的书，还要你写文章。因此，你联系到十多年的思想，经验主义者由于不多读书，难于总结经验，易于上反党集团的当，甚至陷进去，故你在3月1日总政召开的各大单位主任座谈会上片面地强调经验主义的危险，这在三四月中各政治部向总政来电反映讨论情况，也能看出。”“我这段回忆的文字，不知是否较为确切。如果仍不确切，请你以同志的坦率勾掉重改或者批回重写，我决不会介意，因为我们是遵守主席实事求是和‘三要三不要’的教导的。”在周总理的严肃质问下，在事实面前，张春桥只好写道：“不再改了。”

5月27日、6月3日，根据毛主席5月3日讲话精神，中央政治局连续召开会议，集中批评江青等人。毛主席5月3日讲话之后，周恩来同志因病不能召集中央政治局会议，便决定由王洪文负责召集，但王拖延不开。后毛主席与周恩来同志商定，改由邓小平同志主持中央政治局会议并主持中央日常工作。在5月27日会议上，邓小平同志作了中心发言，首先谈了对毛主席5月3日讲话的理解，提出：主席这篇讲话，对于我们党非常重要，因为主席是对政治局讲的，是党的核心。主席提出要政治局安定团结，“三要三不要”，联系批评宗派主义、“四人帮”。这是很重要的原则问题，需要好好讨论。然后，邓小平同志提出三件事，要江青等人讲清楚：“一是前年12月会议上提出‘第十一次路线斗争’，二是批林批孔中又批‘走后门’，三是学理论又批经验主义。倒是问一问，这是为什么？不讲明白，没有好处。”在6月3日会议上，叶剑英同志就邓小平同志5月27日发言中提出的“三件事”，再作长篇发言，继续批评、质问江青等人。在中央政治局成员集中批评“四人帮”的形势下，王洪文、江青在会上被迫作了检讨。邓小平同志本着“讲多少算多少”的精神，将中央政治局会议情况向毛主席作了报告。至此，“四人帮”借学习理论大反“经验主义”的阴谋诡计，遭到破产。

(二)关于“评《水浒》”

1975年8月14日，毛主席对陪读人员就中国古典小说《水浒》一书发表看法。他说：“《水浒》这部书，好就好在投降，做反面教材，使人们都知道投降派。”又称：书中农民起义军领袖宋江“屏晁盖于一百零八人之外”，“搞修正主义”，“让人招安了”。当天，姚文元得知后致信毛主席，称毛主席关于《水浒》的评论“很重要”，对“现在和将来”、“本世纪和下世纪”、“坚持马克思主义、反对修正主义”，“都有重大的、深刻的意义”。姚建议将毛主席的评论印发政治局在京成员和有关宣传、出版部门，以“组织或转载讨论文章”。毛主席在姚信上阅批：“同意。”之后，中共中央转发毛主席关于《水浒》的谈话。

“四人帮”又抓住这个机会对周总理等人进行影射攻击。8月下旬，江青召集于会泳等人开会说：“主席对《水浒》的批示有现实意义，评论《水浒》的要害是架空晁盖，现在政治局有些人要架空主席。”8月28日和9月4日，《红旗》杂志和《人民日报》先后发表关于开展对《水浒》评论的社论，提出开展对《水浒》的评论，“这是我国政治思想战线上的又一次重大斗争，是贯彻执行毛主席学习理论、反修防修重要指示的组成部分”；“要从《水浒》这部反面教材中吸取教训，总结历史经验，学会在复杂的斗争中识别正确路线和错误路线，知道什么是投降派。”

1975年9月15日，周总理与人谈话中，就近期报刊宣传上开展对《水浒》评论事指出：他们那些人（指“四人帮”）有些事做得太过分了！最近评《水浒》，批投降派，矛头所指，是很清楚的。

1975年9月15日，全国农业学大寨会议在山西省昔阳县召开，邓小平同志代表中共中央在开幕式上讲话，指出不仅军队要整顿，地方也要整顿，包括工业、农业、商业、文化教育、科学技术、文艺政策等。江青却在会议期间大讲评论《水浒》的所谓“现实意义”，提出评《水浒》“是有所指的”，“要联系实际”，“《水浒》里的宋江架空晁盖，现在有没有人架空主席呀？我看是有的。”事后，毛主席严厉斥责江青的讲话是“放屁，文不对题”，指示：“稿子不要发，录音不要放，讲话不要印。”江青一伙借评《水浒》诬蔑攻击周总理的阴谋又失败了，只好收场。

在这里，我要说说毛主席曾两次揭露江青有野心，即1973年12月9日，毛主席同周总理、王洪文谈话，针对江青一伙诬蔑周总理“迫不及待地要代替毛泽东”说：“不是总理迫不及待”，而是江青“迫不及待”。1974年11月20日，毛主席听了有人转达的江青“要王洪文作全国人大常委会副委员长，排在朱德、董必武之后”，当即指出：“江青有野心，她是想要王洪文做委员长，她自己做党的主席。”毛主席这两次谈话，并非发火时的气话，而是有根据的看法。下面两件事例可以佐证：

1970年5月17日，江青私自召集姚文元、黄永胜、吴法宪、李作鹏、邱会作、谢富治等人开会，会上江青诬称：周总理“在乱中看不清方向，做不出决策"。同时吹嘘她"是很成熟的领导干部,可以掌握国家的全盘领导"。会上,江青还说黄永胜等人在搞军党论。会后,黄、吴、李、邱分别向毛主席、周总理汇报了江青的言论,认为她要抓军权。毛主席批评了江青。

1972 年 8 月,美国纽约州宾翰顿大学历史系副教授罗克姆·维特克来华访问。江青不听周总理的劝告,多次与维特克谈话,大肆吹嘘自己,甚至为了抬高自己而压低毛主席,并且泄露大量党内、军内情况,还示意维特克撰写和出版她的传记。1973 年 7 月,维特克根据江青的谈话材料撰写的江青传记《江青同志》出版。我国驻美国联络处将此书送国内报中央。毛主席看后勃然大怒,提笔批示:"孤陋寡闻,愚昧无知","立即撵出政治局,分道扬镳"。这个批件,周总理阅后沉思良久,写下四个字:"暂缓执行"。这件事以后不了了之。江青让维特克撰写她的传记,很明显是想在国际上宣传自己,塑造形象(当然是欺世盗名的假象),其目的是不言而喻的。

江青之所以那么仇恨周总理等老一辈无产阶级革命家,其根本原因在于他们是江青篡党夺权的障碍。

毛主席在"文化大革命"中重用江青是一个严重错误,但是他对党的事业还是严肃负责的。他可以让江青任党中央政治局委员,但绝不让她当党中央主席。这是党和人民不幸中的幸事。

十六、贺龙元帅被林彪、江青一伙迫害致死，周总理极为悲愤

贺龙同志是老一辈无产阶级革命家，是中国人民解放军的创始人之一，几十年来为党、为人民的革命事业作出重大贡献，受到全党全军和全国各族人民的尊敬和爱戴。林彪一伙把贺龙同志视为篡党夺权的一个障碍，“文化大革命”开始不久，林彪即勾结江青、康生等人罗织罪名，妄图打倒贺龙同志。

1966年8月，吴法宪向毛主席写信说：“在空军有一条以贺龙为代表的反党黑线”，诬蔑贺龙同志要“篡夺军权”。毛主席把贺龙同志找去，把那封信交给他看。等贺龙同志看完了，毛主席说：不要紧张，我对你是了解的，我对你还是过去的三条：“忠于党、忠于人民，对敌斗争狠，能联系群众。”毛主席还很风趣地说：“我当你的保皇派”。9月19日，毛主席又对贺龙同志说：“问题解决了，没事了”。但是，林彪、江青一伙不会罢休，他们继续搞阴谋诡计，打击陷害贺龙同志。

1966年12月30日，江青窜到清华大学，找贺龙同志的儿子贺鹏飞谈话。她恶狠狠地说：“你爸爸犯了严重错误，我这里有材料，你告诉他，我可要触动他啦！”又说：“你妈妈也不是好人！”接着，江青在一次接见群众的会上煽动说：“贺龙有问题，你们要造他的反！”之后，造反派攻击

贺龙同志的恶浪滚滚而来。他们用宣传车在大街上喊叫“打倒贺龙!”在贺龙同志的住宅外面呼喊“揪出贺龙”等口号,并且冲进去,抄了贺龙同志的家,抢走了大量机密文件,在这种情况下,周总理将贺龙同志和夫人薛明同志接到自己的家里——中南海西花厅,暂避风头。当时,在江青、戚本禹的策动下,中南海一部分人开始造刘少奇等中央领导同志的反,贺龙同志在西花厅也不安全。1967 年 1 月 19 日,周总理和李富春同志与贺龙同志谈话,告诉他:林彪说你在背后散布他历史上有问题,说你到处伸手,不宣传毛泽东思想,说毛主席百年后他不放心等。又说,毛主席是保你的,我也是保你的。我本想把你留下,但中南海这个地方也不安全,连朱老总的箱子都被撬了。我给你找了一个安静的地方,你可以到那里去休息,等秋天我去接你回来。次日凌晨,周总理派杨德中同志(时任中央办公厅警卫局副局长兼中央警卫团政委)护送贺龙、薛明同志到西山象鼻子沟暂住。之后,周总理曾多次派人前往看望。

1966 年“文化大革命”开始后,林彪、康生为了打倒贺龙、彭真同志而造谣诬蔑他们“企图搞反革命政变”(“二月兵变”)。1967 年 4 月 28 日,周总理、李富春与康生一起接见国际关系学院代表,在谈到所谓“二月兵变”时,周总理指出:“据我知道,没有这回事,‘备战、备荒、为人民’是毛主席在杭州会议上提出的方针嘛,是执行毛主席的命令嘛。”后来查明,所谓“二月兵变”的实际情况是:1966 年 2 月,根据中央军委的指示,北京军区从外地调一个团,加强北京卫戍区。因一时缺乏营房,北京卫戍区曾派人到北京大学、人民大学等单位联系借房,后来未住。“文化大革命”开始后,北京大学有人对此发生怀疑,写了一张大字报,题为《触目惊心的二月兵变》。这本来是没有根据的胡说,但是康生知道后却如获至宝。7 月 27 日康生在北京师范大学讲话时说:“北京彭真这个大黑帮,他们曾策划政变……这是千真万确的。”后来,康生又说:“贺龙私自调军队,搞二月兵变。”林彪对此也极力加以利用,诬蔑贺龙同志“企图搞二月兵变”。1974 年中央为贺龙同志平反时明确指出:“二月兵变”纯系造谣。

以后，林彪、江青一伙又策划了一个新的阴谋，诬蔑贺龙同志1933年“通敌叛变”。1967年9月，贺龙同志被中央列为专案审查对象。从此，贺龙同志完全落入林彪、江青一伙的魔掌，失去自由。尽管如此，1967年国庆节后，周总理得知贺龙同志体温很高，呕吐，当即嘱送301医院。遭江青反对后，又嘱送267医院治疗，并派杨德中同志前去问候。以后，林彪、江青强行将贺龙同志转移到别的地方，从此切断了周总理与贺龙同志的联系。所谓“通敌叛变”，完全是颠倒黑白的诬陷。据原红二军团一些知情的老同志回忆，实际情况是：1933年12月，蒋介石以重兵压境，围逼红二军团，同时委派反动政客熊贡卿，妄图对贺龙同志进行游说和策反。熊先派梁素佛联络，带着熊贡卿以昔年友好的名义写给贺龙同志的信，说是要来叙旧，并愿意帮助解脱困境。贺龙同志立即识破了熊贡卿的险恶用心，认为是对自己的极大侮辱，当即报告了党的湘鄂西中央分局。贺龙同志要求分局批准杀掉蒋介石派来搞阴谋的反动政客。分局同意贺龙同志的意见，并决定，为了了解蒋介石对中央苏区和红军的破坏工作情况，可以允许熊贡卿前来。过了几天熊贡卿来了。贺龙同志根据分局的决定，找熊谈话，从他嘴里了解了不少我们需要的情况。随后，贺龙同志即命令逮捕熊贡卿。在从茨岩塘到桑植途中的一个平坦的山垭口，贺龙同志激愤地对部队说：今天，我们要枪毙一个坏蛋，名叫熊贡卿，他是来干什么的呢？是蒋介石派来劝降的说客，这对我们红军是极大的侮辱。同时他又是奸细，我们绝不能放他回去。蒋介石的算盘完全打错了，他完全是痴心妄想。艰苦困难吓不倒红军，高官厚禄收买不了红军，阴谋诡计也骗不了红军！接着，贺龙同志命令25团团长刘生绪同志负责执法。熊贡卿被处决了。

这件事，在党的历史档案中，在国民党的报刊上，白纸黑字，有案可查。可是，在三十几年后，林彪、江青一伙竟然颠倒黑白，诬陷贺龙同志“通敌叛变”，其手段卑鄙毒辣到极点。

林彪、江青一伙不仅要在政治上把贺龙同志打倒，还要从肉体上把他消灭。贺龙同志患有糖尿病，他们既不给治疗，又从饮食上进行摧残和折磨，经常是盐水煮白菜、糠萝卜；主食数量少，吃不饱，饭里常有很多沙子；饮水给的也很少，不够喝，曾连续45天几乎断绝水的供应；薛明同志不得不自己挖点野菜、接点雨水作补充。由于营养极为不足，以致病情失去控制，出现酸中毒。1969年6月8日的早晨，贺龙同志连续呕吐，呼吸急促，薛明同志紧急要求救治，拖到晚上8时，来了两个医生，没有做详细检查，就输葡萄糖，连续输了一夜，整整2000cc。6月9日上午，送去医院，当天下午3时零9分死亡。所有这一切，都是林彪、江青一伙及其帮凶的罪行。

1971年9月13日，林彪叛逃摔死以后，周总理即托人寻找薛明同志的下落，后来从贵州一个地方找到，即派人接回北京。不久，失散五年的孩子们也与母亲团聚。当时，周总理就要薛明同志把贺龙同志遭受林彪等人残酷迫害的情况写出来。周总理对薛明同志说：“贺龙同志生前最后一段时间，只有你一个人在他身边，他都说了些什么，希望你原原本本写下来，报告党中央。”

1973年12月21日，毛主席接见参加中央军委会议的全体人员时，对错整了贺龙、罗瑞卿、杨成武、余立金、傅崇碧等人作了自我批评。他说：“我是听了林彪一面之词，所以犯了错误。”“这些都是林彪搞的”，“都要翻案”。毛主席还说：“朱德是红司令。”

1974年9月14日，根据毛主席关于要尽快解决贺龙问题的指示，中央政治局委托华国锋、纪登奎同志代中央起草一份为贺龙同志恢复名誉的通知稿。此稿经叶剑英、邓小平、聂荣臻同志修改后，9月14日送周总理。次日，周总理审阅该稿时，将原稿中“几十年来为党为人民的革命事业曾作出重要的贡献”一句中的“重要”二字改为“重大”。随后，将改稿送中央政治局成员传阅，并报毛主席。

此外，根据周总理指示，公安部对林彪等人用作贺龙同志“通敌证据”的材料进行技术鉴定，证明确系伪造，蓄意陷害。

1974 年 9 月 29 日,经毛主席批准,中共中央正式发出《关于为贺龙同志恢复名誉的通知》,推翻了林彪一伙强加在贺龙身上的一切诬蔑不实之词。

1975 年 6 月 9 日,在贺龙同志逝世六周年的时候,中央举行了贺龙同志骨灰安放仪式(我参加了这项工作)。周总理带着重病从医院出来参加安放仪式。周总理一到八宝山礼堂,即前往休息室找薛明同志,刚到休息室门口,周总理即喊:“薛明,薛明啊!”薛明同志看到总理来了,急忙迎上前去说:“我在这儿。”总理拉着薛明同志的手,扶着她的肩头,声音颤抖地说:“我没有保住贺龙啊!都六年了,老总的骨灰没能移到八宝山公墓,我很难过呀……”周总理说着便情不自禁地痛哭失声。薛明同志说:“总理,你不要太难过了……”随手替总理抹去流下的泪水。总理拉着薛明同志的手说:“我没想到,我没想到啊!”当贺龙同志的女儿晓明说:“周伯伯,您要保重身体啊!”总理缓缓地说:“我的时间也不长了!”顿时,在场的人都忍不住痛哭起来。

贺龙骨灰安放仪式。

贺龙同志骨灰安放仪式由叶剑英同志主持,周总理代表党中央致悼词。周总理说:“贺龙同志是一个好同志!”“在毛主席、党中央的领导下,贺龙同志几十年来为党为人民的革命事业曾作出重大贡献。在他的一生中,无论在战争年代或全国解放以后,他是忠于党、忠于毛主席革命路线、忠于社会主义事业的。”周总理代表党中央对贺龙同志作出的公正评价,是对林彪、江青一伙对贺龙同志恶毒诬蔑的有力批驳,反映了亿万人民的心声。

在贺龙同志骨灰安放仪式举行前两天,贺龙同志的女儿贺捷生同志分别给毛主席、周总理写了一封信,认为贺龙同志骨灰安放仪式对外"保密,不治丧,不致悼词,不献花圈,不报道,不宣传"的安排,不符合1974年中央为贺龙同志恢复名誉的通知精神,请求补行葬礼仪式,挽回影响。周总理当日致信毛主席:"今年6月9日为贺龙同志开逝世六周年纪念会事,我也知道,后因我3月开刀治疗,未再过问。此事系6月6日政治局决定。今得贺捷生同志此信,特送上,如主席另有指示,当与政治局设法补救"。9日,毛主席对周总理来信批复:"照总理意见办理。"在贺龙同志骨灰安放仪式举行前约3个小时,周总理从医院给我打电话,要我告诉贺捷生同志:"要顾全大局,一定要参加她父亲的骨灰安放仪式。"我随即用电话将周总理的指示转告贺捷生同志。她表示,听总理话,前去参加骨灰安放仪式。

贺捷生同志对贺龙同志骨灰安放仪式举行之后,新闻单位不报道不宣传,表示不满意,这是可以理解的。贺龙同志蒙受那么大的冤屈,遭受那么残酷的迫害,党中央已作出决定平反昭雪,在正常情况下,当然应当发消息让全国人民知道,以利恢复名誉。但是,当时没有这样办的条件。那时,诬陷迫害贺龙同志的罪魁祸首林彪虽然已死,可是,帮凶江青、康生等人还在台上,贺龙同志是怎样遭诬陷迫害致死的,还不能如实讲出来。否则,不仅中央通不过,而且连骨灰安放仪式也难以举行。

中央为贺龙同志平反昭雪后,江青一伙仍不甘心失败。在1976年的所谓"批邓、反击右倾翻案风"中,"四人帮"竟然把周总理抱病参加贺龙同志骨灰安放仪式,诬蔑为"以死人压活人"、"复辟翻案的典型"。这不过是他们一伙垂死挣扎而已!

十七、教育部长周荣鑫被江青一伙迫害致死

发展教育是建设社会主义现代化强国的根本途径。在这个重大问题上，周恩来总理同江青一伙的斗争同样是十分尖锐的。当时矛盾的焦点是：我国的教育工作在建国后 17 年执行的是革命路线，还是“修正主义”路线；广大教师队伍是劳动人民的一部分，还是资产阶级知识分子；教育改革应不应该把为社会主义现代化建设培养各类人才作为中心任务；要不要重视基础理论教育和科研；等等。那时，周总理和邓小平同志对毛主席“左”的教育指导思想也有保留。

在四届人大准备阶段，这方面的严重斗争反映在教育部的人事安排上。1974 年年末，周总理奉毛主席之命，研究提出第四届政府人选，准备在四届人大一次会议时提交大会审议与任命。在教育部长人选问题上，周总理、邓小平、李先念等同志主张由周荣鑫同志担任部长，而江青、张春桥、王洪文等却要迟群（原中央警卫团政治部宣传科副科长、江青的爪牙）当部长。最后毛主席决定由周荣鑫任教育部长，江青等对此十分不满，但也无可奈何。

在“文化大革命”开始的时候，毛主席不但对党和国家的政治形势的估计脱离实际，对教育战线的政治形势的估计也是不符合实际的。他认

为,教育界混进一批资产阶级代表人物,并且掌握了领导权。他提出,要彻底批判教育界的资产阶级反动思想,夺取教育领域中的领导权。江青一伙把毛主席的"左"倾错误推向极端,全盘否定建国17年来的教育工作。1971年在北京召开全国教育工作会议,由张春桥、姚文元修改定稿的会议纪要,提出所谓"两个估计",即:建国后17年"毛主席的无产阶级教育路线基本上没有贯彻执行","资产阶级专了无产阶级的政";大多数教师的"世界观基本上是资产阶级的"。这个会议纪要由党中央转发全国各地区、中央各部门贯彻执行。张春桥、姚文元写进会议纪要的两个错误估计,长期成为广大教师以至广大知识分子沉重的精神枷锁。他们煽动不明真相的学生起来造反,大批学校领导和教师遭到残酷迫害,整个教育战线陷入混乱不堪的状态,高等学校停止招生,"停课闹革命"长达四年之久。

1970年6月,党中央根据毛主席关于"要从有实践经验的工人、农民中间选拔学生,到学校学习几年以后,又回生产实践中去"的指示,决定在部分高校进行试点,恢复招生,废除历来实行的统一考试、择优录取的招生办法,改为"实行群众推荐、领导批准和学校复审相结合的办法"。用这种办法招收的学生被称为"工农兵学员",学制缩短为二至三年。以后,又确定工农兵学员学习期间的任务,是所谓"上大学、管大学,用毛泽东思想改造大学"。这种教育改革带来的恶果是:教师被置于受改造的地位,很难在教学中发挥主导作用,正常的师生关系和教学秩序被打乱;学员入学时很大一部分文化程度过低,学习过程中业务、文化课程大量减少,教学质量严重下降,"走后门"上大学成风。多年的"停课闹革命"和这种教育改革,贻误了一代青少年的教育和成长。

周总理坚决反对江青一伙全盘否定建国17年的教育工作。他早在1956年中央召开的知识分子问题会议上,就提出"知识分子是工人阶级的一部分"。1962年他在广州召开的一个会议上和同年召开的二届全国人大三次会议上所作《政府工作报告》中,都重申知识分子的绝大多数是“属于劳动人民的知识分子”。1971 年在接见全国教育工作会议领导小组成员时，他针对会上关于建国后 17 年教育工作估计的争论，指出：毛主席的红线也是照耀了教育战线的，知识分子的大多数是接受共产党领导，为社会主义服务的，对教师队伍和解放后培养的学生要作具体分析，要辩证地看问题。从 1963 年开始，周总理曾多次提出，四个现代化建设，科技现代化是关键，科技人才靠教育来培养。他十分重视教育工作，强调教育的发展要适应社会主义现代化建设的需要，既抓普通教育，提高全民的文化素质，又抓高等教育，为现代化建设培养各种专业人才。周总理在 1972 年会见美籍华人科学家杨振宁博士时，对他提出的中国应加强基础理论研究和交流的建议，表示赞同。当场指示陪同会见的北京大学周培源教授：“你回去把北大理科办好，把基础理论研究水平提高。这是我交给你的任务，有什么障碍要扫除，有什么钉子要拔掉。”同年，周总理会见美籍华人科学家李政道博士时说：学校学生应“以学习为主”，“对学习社会科学理论和自然科学理论有发展前途的青年，中学毕业后，不需要专门劳动两年，可以直接上大学，边学习边劳动。”强调“我们总要有一批大学培养出来的研究人才”，“在大学教育方面要迎头赶上”，“如果设想一二十年赶上它们（指发达国家），现在就要搞起”。

周总理的这些主张，今天看来是理所当然的。但是，在当时却是逆“潮流”的。1975 年 12 月，《红旗》杂志和《人民日报》先后发表的“四人帮”的御用工具北大、清华大批判组写的《教育革命的方向不容篡改》一文，对周总理提出的要恢复基础理论教学和基础理论研究，以及少数有发展前途的中学毕业生可以直接上大学的谈话，进行影射攻击说，这是同毛主席关于“从有实践经验的工人、农民中间选拔学生”的指示，“唱反调”，“另搞一套”，为“修正主义教育路线翻案”。这个所谓批判，完全是“四人帮”的反动观点，是不值一驳的。

四届人大会议后，周总理病势更加严重。邓小平同志在毛主席、周总理的支持下，主持党中央和国务院的日常工作。邓小平同志针对“文化大革命”造成的严重混乱局面，提出全国各方面工作都要整顿。工业、农业、财贸、文教、科技、军队都要整顿。1975 年 9 月 25 日，在部分省、市、自治区党委书记会议上，小平同志说：“现在学校里竟然出现了这样的情况：学生可以不读书了。毛主席说学生‘以学为主’。周荣鑫你是教育部长，现在读书成了问题了，你要发表演说！现在科研人员也不读书了，谁都怕落个白专道路，科学家很少到图书馆了，这样能赶上世界先进水平吗？”9 月 26 日，在科学院汇报会上，小平同志说：“后继要有人，这是对教育部门提出的任务。大学究竟起什么作用？培养什么人？我们有个危机，可能发生在教育部门，把整个现代化水平拖住了”。“科学技术是生产力，科技人员就是劳动者”。“几百万教师，只是挨骂，怎么调动他们的积极性”。总之，邓小平同志的教育指导思想与周总理是一致的。

邓小平同志对各个领域的工作进行整顿，势必触及“文化大革命”中实行的许多“左”的政策和理论，逐渐发展到对这些错误政策和理论的纠正。这既遭到“四人帮”的疯狂反对，也引起了毛主席的不满，从而动摇了他对邓小平同志的信任。1975 年 11 月，毛主席决定停止邓小平的大部分工作，并发动了一场“批邓、反击右倾翻案风”运动。

在四届人大任命周荣鑫同志为教育部长前后，周总理、邓小平同志分别约周荣鑫同志谈过话，对他去教育部工作有所嘱咐。周荣鑫同志到任后，在李琦同志（教育部的负责人）的大力支持下，坚决贯彻执行周总理和邓小平同志的指示，积极准备对遭受“文化大革命”破坏的教育工作进行整顿。周荣鑫同志亲自到外地及北京进行调查研究，先后召开七省市中小学教育座谈会和四所高等学校高教座谈会，听取大家的意见，研究教育整顿问题，并多次发表谈话，批判极左思潮。在调查研究的基础上，又亲自主持研究起草向党中央、国务院的教育汇报提纲。在这个时候，也就是 1975 年 11 月，风云突变，毛主席决定开展所谓“批邓、反击右倾翻案风”。12 月《红旗》杂志和《人民日报》发表“教育革命的方向不容篡改”的长篇文章。在江青、张春桥的策划下，迟群在幕后，周宏宝

(“四人帮”安插在教育部的一个上海的造反派)在幕前,正式提出“打倒邓小平、周荣鑫、李琦”,指挥教育部造反派连续对周荣鑫、李琦同志进行批斗,周荣鑫更是重点批斗对象。主要追问三个问题:一是周荣鑫同志到任后发表的那些谈话的观点是从哪里来的;二是周荣鑫同志到305医院与周总理谈话的内容;三是周荣鑫同志与邓小平同志谈话的内容。由此可见,他们不只是迫害周荣鑫同志,还有更险恶的用心。周荣鑫同志有丰富的政治经验,一听这些追问的题目,立即看穿了他们的阴谋诡计,拒不回答他们想知道的东西,使他们未能得逞。迟群、周宏宝和教育部造反派头头薛玉珊等人把周荣鑫同志到教育部后的多次讲话,视为“修正主义路线复辟言论”,并按照江青的旨意汇编成册,发给教育部工作人员,进行所谓大批判。周荣鑫同志到教育部后的多次讲话的主要内容是什么?今天我们应当如何评价这些讲话?我在写本书时,托人找到了周荣鑫同志的多次讲话记录。这些记录是教育部造反派整理编辑的,长达几十万字。下面摘录周荣鑫同志多次讲话的要点。

周荣鑫同志在多次讲话中提出,谈教育不能离开四个现代化建设这个大局,教育要为四化建设服务,为四化建设培养各类人才。他说:

——我国的四化建设要搞上去,科技必须走在前面。科技干部要靠学校来培养。我国在20世纪内要实现四化,大家要从国家的前途、国家的发展想一想。我们不能离开四化建设这个大局谈教育,离开这个大局谈教育,就谈不清楚。小平同志讲,对基础理论要恢复名誉。

——现在,大学理科向工科靠,等于取消理科。不搞基础理论,那基本粒子怎么办?天体演化怎么办?北大把理科变成了机电系,复旦大学还有胆量,办了两个基础科学理论专业,但被贴了大字报,说是复辟。毛主席历来重视科学实验。现在看来,不搞基础科学,短期内问题不大,十年八年就看出问题来了,国防、国民经济都要受影响。

——不能用大好形势来掩盖问题。要肯定主流,但掩盖问题不去解决,支流也可以发展成为主流。本世纪内我们要实现四个现代化,对教育提出了更高的要求。当前教育距离党和国家的要求还很远,不能掩盖错误。

周荣鑫同志在多次讲话中反复强调:我国知识分子绝大部分是愿意为社会主义服务的,反对社会主义的是极少数。不应该说他们都是资产阶级知识分子。要依靠现有的教师队伍办教育,充分调动广大知识分子的积极性。他说:

——到底应该怎样估计知识分子?知识分子不脱离劳动,不脱离群众,进步很大,有很大变化,但我们对这个变化估计不足。高等学校的教师是资产阶级知识分子,还是无产阶级知识分子?必须搞清楚。学生公开骂教师臭知识分子,这样教师情绪能好吗?积极性能调动起来吗?骂一个影响一片。

——有人讲,17 年培养的知识分子,都是对社会主义经济基础起破坏作用的,这打击面太大了。有人讲学校里 40 岁左右的教师有权有势,要夺他们的权。这打击面更大了。我们就是靠他们办教育,这是最不讲政策。

周荣鑫同志在多次讲话中,强调要全面贯彻执行毛主席提出的“应该使受教育者在德育、智育、体育几个方面都得到发展,成为有社会主义觉悟有文化的劳动者”,批评了教育工作中的极左思潮。他说:

——现在不讲文化,只要劳动者了,这是形而上学。不要文化,四个现代化怎么能“化”得起来?当技术人员,搞脑力劳动,是不是劳动者?我看是。社来社去、厂来厂去,能不能都这样做?

——现在形而上学很猖狂。工业部门不敢抓生产,一抓就说是“唯生产力论”。这跟我们学校不敢抓文化教育差不多,抓文化教育就说是“智育第一”。现在主要是“知识私有”,还是“不学文化”?我看主要是不学文化。

——对工农兵学员,如果只讲“上、管、改”,那么究竟谁教谁?对教师只讲“政治上接受再教育,业务上再学习”,那他还怎么上课呢?形而上学!

——批师道尊严,河南省死了100多名教师。全国师生近2亿人口,一个指示,口号,政策搞不好,影响很大。关于考试,不要以学生为敌,不要搞突然袭击,但不能一阵风就不考了。问题是怎么考,不是根本取消考试。不要泼洗澡水,把小孩也泼掉了。

——现在批"读书做官",只讲当工人,农民,不讲当干部,也不讲当工程师、作家、医生。干部和知识分子都是劳动人民的一部分,把工农与干部、知识分子对立起来,这样批不是制造混乱吗?

——把这几年的大事经过议一议,根子不在教师,恐怕也不在学校领导,根子在教育部领导,在管教育的。有三件事执行有偏差:张铁生交白卷问题,从反对突然袭击,不以学生为敌,发展到根本否定考试;黄帅反对师道尊严问题,弄得教师不敢管学生,学生骂老师,甚至打教师;批判《园丁之歌》问题,不要学校,不要教师,不要学习。

——我的有些话可能刺痛了那些好搞形而上学的人,他们有些不满,要打倒我,我也不怕,要做小平同志讲的那样不怕被打倒的人。

1975年10月,周荣鑫同志与李琦等同志商定立即动手准备一个向党中央、国务院的教育汇报提纲。周荣鑫同志在召集有关人员研究汇报提纲时,谈了他的思路和观点。除重新讲了前述思想观点外,他说:

"小平同志讲了,工业、农业、财贸、军队、教育、科技都要整顿。我们要贯彻小平同志的指示,准备对教育进行整顿。"

"汇报提纲要写存在问题,把对立面的典型言论拿出来。如毛主席的教育方针是培养'有社会主义觉悟有文化的劳动者',对立面却说'培养普通劳动者'。又如,党的知识分子政策,中央早就说'知识分子绝大多数是愿意接受党的领导,为社会主义服务的,反对社会主义的只有极少数人',对立面却说:'17年培养的知识分子,都是挖社会主义经济基础的'。还有,毛主席讲学生'以学为主',对立面却把学文化批判成'智育第一'。"

"汇报提纲要把几个方面的关系讲清楚,如'智育第一'和智育,分数挂帅和必要的考试,普及和提高,以学为主和兼学别样,理论和实践,红和专,基础和专业,当前和长远,师道尊严和严格要求,等等。"

"我们要代中央拟个通知稿,把教育路线和政策讲清楚。要强调各级教育部门和学校领导认真贯彻执行中央的教育方针政策,敢抓敢管,负起责任来。"

我们从周荣鑫同志的上述讲话中可以看出,这些讲话反映了广大教育工作者和一切关心国家发展前途的人们的意志,体现了周总理、邓小平同志的指导思想。但是,"四人帮"却把这些讲话视为异端邪说。1975年11月15日,中央政治局谈清华大学党委副书记刘冰等人的告状信。根据毛主席的指示,胡耀邦、胡乔木、周荣鑫、李昌、刘冰同志参加会议。当周荣鑫同志发言时,张春桥、姚文元、王洪文、江青不断插话,实际上形成对周荣鑫同志的围攻,什么"否定教育革命"、"搞资产阶级教育"、"搞修正主义"、"复辟倒退"等棍子、帽子一齐打来。以后,"四人帮"指挥他们在教育部的爪牙给周荣鑫同志强加上"篡改教育革命大方向"、"复辟修正主义教育路线"、"反对毛主席的革命路线"等罪名,进行残酷斗争、无情打击。

1971年周荣鑫同志在国务院宁夏"五七"干校劳动期间,得了心脏病,在周总理的关怀下,回到北京治疗,病情已经稳定。新的政治迫害,使他旧病复发,不得不住进北京医院进行治疗。迟群、周宏宝唆使教育部造反派薛玉珊等人到北京医院逼迫周荣鑫同志出院。他们先找医院领导,胡说周荣鑫同志"没有什么病,住院是逃避运动",要求医院撵周荣鑫同志出院。医院不同意他们的看法,认为周荣鑫同志病情较重,出院有危险。他们又到病房去胡闹,指责周荣鑫同志"装病","对抗文化大革命",周荣鑫同志与之争辩后,一气之下,第二天就自行出院了。迟群、周宏宝和教育部造反派头头薛玉珊等人是一伙法西斯分子,他们不顾周荣鑫同志死活,十分残忍地连续对他进行批斗。在一次批斗中,周荣鑫同志突然晕倒,昏迷不醒。在生命危急时刻,他们不联系医院进行抢救。周荣鑫同志女儿周少华给北京医院打电话,医院很快派救护车到教育部。随救护车来的医生诊察后认为需要送医院,并说明按卫生部的规定,必须报国务院批准。为什么又遇到这个障碍呢?在“文化大革命”期间,北京医院遵照周总理的指示,积极为遭受打击迫害的老干部治病,治愈了许多老同志的疾病,挽救了一些老同志的生命,功不可没。但是,江青集团对此十分不满,他们斥责北京医院是“走资派的避风港”,“防空洞”。卫生部长刘湘屏在“批邓、反击右倾翻案风”开始后规定:“部长住北京医院必须报国务院批准”。刘湘屏的这个规定是没有根据的。我当时主持国务院办公室的工作,据我所知,国务院领导没有讲过“部长住北京医院必须报国务院批准”,卫生部长无权给国务院规定这项任务。本来部长生病是否应该住院,是由医生根据病情来决定的,根本不需要报国务院批准。由于上述原因,北京医院在接收周荣鑫同志住院时,不得不说明卫生部的规定,这是可以理解的。当时,我接到周少华打来的紧急电话,当即报告常务副总理李先念同志,他指示:“立即住院,全力抢救”。我立刻将李先念同志的指示,分别电话通知北京医院和教育部。从接到周少华的电话到传达李先念同志的指示,只用了几分钟的时间。但是,周宏宝等人拒不执行李先念同志的指示,他们还要请示其主子张春桥,而张春桥迟迟不做回答,显然是故意拖延,以达到置周荣鑫同志于死地的目的。据查,1975 年 4 月 12 日上午 8 时 30 分,教育部造反派开始对周荣鑫同志进行轮番质问和批斗,9 时 25 分昏迷,9 时 40 分北京医院的救护车到达教育部,约 9 时 50 分我传达了李先念同志的指示。此后,周宏宝等人等待张春桥的回答,拖到中午 12 时 35 分才送北京医院。也就是说周宏宝等人拖延了 2 小时 45 分钟,耽误了抢救时机,送北京医院为时已晚,医生们未能挽救周荣鑫同志的生命。周荣鑫同志于 1975 年 4 月 13 日凌晨 2 时,心脏停止跳动。

粉碎“四人帮”以后,邓小平同志再次出来工作,他分管科学和教育,

1977年8月,他在中央召开的科学教育工作座谈会上提出,建国后17年的教育战线、科研战线的主导方面是红线,我国知识分子的绝大多数是自觉自愿地为社会主义服务的。1978年,在"文化大革命"中被废弃的学校考试制度得到恢复,全国高等学校重新通过考试招收新生。邓小平同志提出,要尊师重教,尊重脑力劳动,尊重人才。在他的主导下,经过拨乱反正,我国的教育事业重新走向正确的道路。1977年,教育部为周荣鑫同志举行了追悼会,肯定了周荣鑫同志一生的革命功绩,推翻了"四人帮"及其爪牙们强加于他的各种罪名,为周荣鑫同志平反昭雪。邓小平、李先念等同志参加了追悼会,表示对被江青集团迫害致死的老部下的深切悼念并对其子女进行亲切慰问。粉碎"四人帮"以后,江青集团及其爪牙们的罪行已经得到清算,并受到国法的惩处。所有这一切,对含恨去世的周荣鑫同志和他的子女们,都是莫大的安慰。

周荣鑫同志为发展教育,振兴中华,不畏强暴,坚决同"四人帮"的破坏行为进行斗争,因而被江青集团迫害致死。这是江青、张春桥及其爪牙们的严重罪行!是党和人民的一大损失!周荣鑫同志是我的老领导、好朋友,他突然逝世,使我十分悲痛!周荣鑫同志一心为国为民、反抗邪恶、捍卫真理的功德,必将铭刻于历史丰碑。

十八、周总理逝世和天安门事件

1975年9月，周总理的病情急转直下，9月20日下午做住院后的第四次手术，也是一次大手术。负责治疗工作的邓小平、李先念、汪东兴、邓颖超和张春桥来到医院手术室外等候。周总理清楚，施行这次手术的后果很难预料。进入手术室前，他要工作人员找来自己1972年6月在中央批林整风汇报会上作的《关于国民党造谣污蔑地登载所谓"伍豪启事"问题》的报告录音记录稿，仔细地看了一遍，然后用颤抖的手签上名字，并注明签字的环境和时间："于进入手术室（前），一九七五．九．二十"。在生死未卜的情况下，周总理把自己的全部希望寄托于老战友邓小平同志。在进入手术室前，躺在平车上的周总理示意停下，问道："小平同志来了吗？"邓小平同志立刻跨步到车旁。周总理吃力地从盖被里抽出手来，紧握着邓小平同志的手说："你这一年干得很好，比我强得多！"在进入手术室时，周总理突然使尽全身力气大声说道："我是忠于党，忠于人民的！我不是投降派！"在场的邓颖超同志要汪东兴同志将此情况报告毛主席。在此之前，周总理在医院同有关人员谈话提到江青一伙搞评《水浒》的阴谋时，愤然地说："他们那些人（指"四人帮"）做得太过分了！最近评《水浒》、批投降派，矛头所指是很清楚的。如果真有投降派，那当然应该批，可事实并不是这样。我历史上虽然犯过错误，但几十年来还是为党、为人民的利益工作的!"在手术过程中,医生发现周总理体内的癌瘤已扩散到全身,无法医治了。邓小平同志心情沉重地指示医疗组:"尽一切努力,减少痛苦,延长生命"。10月24日,周总理又做了第五次手术。此后,周总理再也没能从病床上下来。

10月18日,北京军区战友歌舞团为纪念中国工农红军长征40周年,在邓小平同志的支持下,冲破江青等人的阻挠,重新演出萧华同志作词的长征组歌《红军不怕远征难》。

雪皑皑,野茫茫。高原寒,炊断粮。
红军都是钢铁汉,千锤百炼不怕难。
雪山低头迎远客,草毯泥毡扎营盘。
风雨侵衣骨更硬,野菜充饥志越坚。
官兵一致同甘苦,革命理想高于天。

这是长征组歌中的一个片段《过雪山草地》。它是周总理十分爱听爱唱的一首歌曲。这首歌曲,曾一次次地把他仿佛又带回过去那艰难困苦的岁月,成为鼓舞他日夜操劳、忘却病痛和疲劳的巨大力量。长征组歌重新演出不久,周总理很想再看一看、听一听。邓颖超同志找来《长征组歌》唱片,常常放给周总理听,伴随着他度过了最后的岁月。

在医院里,周总理和邓颖超同志以彻底唯物主义者的态度,共同商量"后事"。邓颖超同志生前回忆说:"当恩来知道自己的病不能挽救时,一再叮嘱我,死后不要保留他的骨灰。这是我和恩来在十几年前约定下来的。""在党中央作出人死后实行火葬这个决定不久,我们两人共同商定,互相保证,把我们的骨灰撒到祖国大好河山去,撒到水里、土里去。""他自己曾经讲过,人死后为什么要保留骨灰?把它撒在地里可以作肥料,撒在水里可以喂鱼。他还主张人死了以后应该做尸体解剖。在住院期间,他专门交代医务人员:现在对癌症的治疗还没有好办法，我一旦死去，你们要彻底解剖检查一下，好好研究研究，能为国家的医学发展作出一点贡献，我是很高兴的。”“恩来对他的后事，曾经对我说过，丧事要从简，规格不要超过中央任何人”，“一定不要搞特殊化”。

邓颖超同志还回忆说：有一次我们在一起交谈，恩来说：“我肚子里装着很多话没有说。”我回答说：“我肚子里也装着许多话。”“当时双方都知道最后的诀别不久就会残酷无情地出现在我们面前，然而我们把没有说的话终于埋藏在各自的心底里，永远地埋藏在心底了。”

1975 年 11 月，尽管邓小平同志在这一年对各个领域的工作进行整顿，取得显著成绩，使全国的形势有了明显好转，但是，毛主席不能容许邓小平同志系统地纠正“文化大革命”的错误，基本上停止了邓小平同志的工作，并且发动了所谓“批邓、反击右倾翻案风”运动。毛主席的这个决定，在客观上对周总理是一个沉重打击，使病情愈加危重的周总理十分痛心！

在病危之际，叶剑英同志多次到医院去看望周总理。周总理嘱咐叶剑英同志说：“要注意斗争方式，无论如何不能把权落到‘他们’（指‘四人帮’）手里。”

1975 年 12 月 20 日上午，周总理体温 38.7℃，仍然约罗青长同志谈对台工作，询问台湾的近况及在台老朋友的情况，嘱咐不要忘记对人民做过有益事情的人。其间，两次被病痛折磨得说不出话来，并进入昏迷状态，最终不得不中止谈话。这是周总理最后一次约中央部门负责人谈话。

1976 年 1 月 2 日，虽经医疗组全力抢救治疗，但周总理的病情仍继续恶化。在极度病痛中，周总理要来《国际歌》唱片，用微弱的声音同颖超同志一起低声吟唱：

……

这是最后的斗争，
团结起来，
到明天，
英特纳雄耐尔就一定要实现。

……

1976年1月8日上午9时57分，伟大的周恩来，敬爱的周总理，病逝于中国人民解放军305医院。他带着对党和国家前途命运的忧虑离开了人间。他的逝世，在全党全军和全国各族人民中引起巨大的悲痛！

1月9日，中共中央、全国人大常委会、国务院发表讣告，沉痛宣告周恩来同志逝世。同时宣布成立由毛泽东、王洪文、叶剑英、邓小平、朱德等107人组成的治丧委员会。这一天，北京天安门、新华门、劳动人民文化宫、外交部等处下半旗志哀。10日、11日，党和国家领导人朱德、叶剑英、邓小平、宋庆龄以及首都各界群众代表一万多人，前往北京医院向周恩来同志的遗体告别。原计划参加告别的人数不超过五千人，由于自发赶去告别的人太多，负责告别事务的同志出于对广大干部和群众的同情，机动灵活地安排一万多人向敬爱的周总理告别。尽管如此，还有许多同志到了北京医院门口，未能进入告别室表达自己的哀思。

11日下午，周总理的遗体由邓颖超同志和治丧委员会人员护送到北京八宝山革命公墓火化。从北京医院至八宝山沿途数十里长街上，首都百万群众自发地聚集在街道两侧，在凛冽寒风中肃立致敬，送别敬爱的周总理。当时，我作为工作人员参加送灵，亲眼看到、听到灵车所到之处，哭声四起，连绵不绝，气氛悲痛至极。我也为失去敬爱的周总理情不自禁地大哭起来。

周总理的遗体火化时，我与在周总理身边工作的几个同志一直守在火化炉旁。当晚11时左右，将周总理的骨灰送到劳动人民文化宫，并陪同邓颖超同志安放在吊唁大厅中央。

从12日起,首都各界群众四万多人有秩序地陆续前往劳动人民文化宫吊唁大厅,沉痛悼念周总理。前来吊唁的人们无不泪流满面,许多人痛哭失声,大家为失去人民的好总理而悲痛万分!

在吊唁期间,更多的首都群众冲破禁令,自发地到天安门广场举行各种形式的悼念活动,深切缅怀周总理。几天里,以人民英雄纪念碑为中心的天安门广场,花圈如海,人流如潮,一派悲壮景象。除北京外,天津、上海、武汉、南京、西安、重庆、南昌、广州等城市也出现类似的群众性悼念活动。

1月15日下午,党和国家领导人以及首都各界群众代表在人民大会堂北大厅举行隆重的追悼大会。中共中央副主席、国务院副总理邓小平代表中共中央致悼词。他说:

"今天我们怀着极其悲痛的心情,悼念中国共产党的优秀党员、伟大的无产阶级革命家、杰出的共产主义战士、中国人民久经考验的卓越的党和国家领导人周恩来同志。周恩来同志的逝世,对于我党我军和我国人民,对于我国的社会主义革命和建设事业,对于国际反帝、反殖、反霸的事业和国际共产主义运动的事业,都是巨大的损失。"

"周恩来同志忠于党,忠于人民,为贯彻执行毛主席的无产阶级革命路线,争取中国人民解放事业和共产主义事业的胜利,英勇斗争,鞠躬尽瘁,无私地贡献了自己毕生的精力。在毛主席的领导下,周恩来同志对建设和发展马克思主义的中国共产党,对建设和发展战无不胜的人民军队,对夺取新民主主义革命的胜利,创建社会主义的新中国,对巩固工人阶级领导的以工农联盟为基础的各族人民大团结,发展革命统一战线,对争取社会主义革命和建设事业的胜利,巩固我国的无产阶级专政,都作出了不可磨灭的贡献,建立了不朽的功勋。全党全军全国人民衷心地爱戴他,尊敬他。周恩来同志在国际事务中,坚决贯彻执行毛主席的革命外交路线,坚持无产阶级国际主义。他对加强我党同各国马列主义政党和组织的团结，促进国际共产主义运动的发展，对加强我国人民同各国人民特别是第三世界各国人民的团结，在和平共处五项原则的基础上争取同一切国家建立和发展关系，联合国际上一切可以联合的力量，进行反对帝国主义的斗争，同样作出了不可磨灭的卓越的贡献，赢得了世界人民的尊敬。周恩来同志的一生，是为共产主义事业光辉战斗的一生，是坚持继续革命的一生。他是我们全党全军全国人民学习的榜样。"

"在悼念周恩来同志的时候，我们要学习他对马克思主义、列宁主义、毛泽东思想的无限忠诚，终生为实现共产主义的伟大理想而奋斗；要学习他全心全意为人民服务的崇高品质，勤勤恳恳，任劳任怨，忘我地、不知疲倦地为中国人民和世界人民谋利益；要学习他对敌斗争的坚定性，奋不顾身，机智勇敢，坚定沉着，充满着必胜的信心；要学习他坚定的无产阶级党性，光明磊落，顾全大局，遵守党的纪律，严于解剖自己，善于团结广大干部，维护党的团结和统一；要学习他谦虚谨慎，平易近人，以身作则，艰苦朴素的优良作风和他同疾病作斗争的革命毅力。"

"中国人民伟大的革命战士周恩来同志和我们永别了。我们要化悲痛为力量，在毛主席为首的党中央领导下，团结一致，为把我国建设成为社会主义的现代化强国，为共产主义事业的胜利而奋斗。"

追悼会结束后，按照周总理的遗愿，15 日夜至次日凌晨，周恩来同志的骨灰由西花厅党支部的代表乘飞机撒在北京、天津和黄河入海口等处。

周总理的逝世使全世界为之震动。一百多个国家和党政领导人发来唁电、唁函，向中国党和政府表示深切悼念，对周恩来同志为中国为世界所作出的巨大贡献，给予崇高评价。在联合国安全理事会上，由会议主席提议，各国代表起立，向周总理默哀。联合国大厦也下半旗志哀。

周总理逝世后，"四人帮"竭力压制全国人民举行悼念活动。1 月 8 日下午，党中央政治局在江青一伙的左右下，通过了治丧安排：除首都北京下半旗，举行告别、吊唁和追悼会外，各省、自治区、直辖市都不下半旗、不设灵堂、不搞吊唁、不开追悼会、群众不戴黑纱……这个限制群众悼念周总理的"几不"，完全背离了全国各族人民的愿望和要求。我记得国务院没有向各部委作传达。实际上，国务院所属各部门的广大干部和群众，除参加统一安排的告别、吊唁和追悼大会外，许多单位还分散设灵堂，进行悼念活动。各省、自治区、直辖市党政军等单位也都分散设灵堂悼念，大多数人都戴上黑纱，很多同志全家人都戴上黑纱。大家都不受江青一伙设的框框限制。1 月 14 日晚，我受李先念、陈锡联、纪登奎、华国锋四位副总理的委托，约集各部委负责同志，传达了四位副总理的指示。主要内容是：十五日人民大会堂举行周总理追悼大会，除一些同志参加追悼大会外，各单位可安排大家收听收看人民大会堂追悼大会的广播、电视实况转播，也可分散举行追悼会等悼念活动，并说服大家不要去天安门广场，以保障追悼大会的顺利进行。

周恩来追悼会会场。

"四人帮"百般阻挠并竭力压制全国人民自发举行的各种悼念周总理的活动，激起人民群众更加强烈的不满。1 月 15 日北京举行追悼大会时，停泊在上海港的中国船上的海员和码头工人，不顾"四人帮"的禁令，拉响了汽笛，向周总理表示哀悼。随后，停泊在各码头的中外船只都拉响了汽笛。市内广大群众听到笛声，行人止步，车辆停驶，人们自动肃立街头，向周总理默默志哀。天津、烟台、青岛、连云港、福州、黄埔、湛江等港口码头的中外船只也纷纷拉响汽笛。呜咽、悲壮的笛声此起彼伏，连绵不断，响彻数千公里祖国沿海上空。

周总理逝世后，"四人帮"竭力限制新闻媒体报道广大群众沉痛悼念周总理的活动。1月9日，周总理逝世的第二天，新华社向姚文元请示，如何组织亿万人民悼念周总理的宣传报道，发表悼念周总理的文章？姚文元回答说："悼词尚未发表，现在不组织。悼词发表后是不是组织反应，仍应再请示。"在他们禁令下，从1月9日到15日追悼大会前的6天中，新华社只发了党和国家领导人及首都各界代表向周总理遗体告别的两条消息。全国各地各族人民沉痛悼念的感人情景，在新闻报刊上竟没有丝毫反映，特别是11日首都百万群众扶老携幼，洒泪数十里长街，为周总理灵车送行，新华社记者含泪写成长篇报道，竟被姚文元一刀砍掉，不准发表。这些卑劣的行径只能激起人们无比愤恨。

1月9日，姚文元对"四人帮"的党羽、《人民日报》总编辑鲁瑛说：总理逝世"没有报道任务"，各国的唁电"不能占版面太多"，"唁电的标题要缩小"，"不要提倡戴黑纱、送花圈"，"报上不要出现'敬爱的周总理'字样。"1月11日，姚文元打电话给鲁瑛，再次强调"不要突出总理"，"不要登天安门广场群众悼念的场面"，"要多登些抓革命方面的东西"。1月14日，也就是周总理追悼会的前一天，《人民日报》头版头条，用通栏标题发表了《大辩论带来了大变化》一文，文章开头说："近来，全国人民都在关心着清华大学关于教育革命的大辩论……"这真是弥天大谎！而实际情况是，这一天，北京的群众自发悼念活动达到高潮，上百万人去天安门广场献花圈、挂白花，寄托对敬爱的周总理的哀思。

周总理逝世后，谁来当国务院总理，成为当时广大群众关注的一个问题。按国务院副总理的排列顺序，第一名是邓小平同志，但他在所谓"反击右倾翻案风"中处于被批判和即将被打倒之势，已经没有升任总理的可能。接下来排在第二名是张春桥，张又是中央政治局常委，他自己认为是非己莫属了。张春桥在上海的党羽，也迫不及待地制造舆论，在街上贴出了"热烈欢迎张春桥当总理"的大标语。但是，毛主席另有考虑，他一方面批评上海的做法，要他们覆盖大标语；另一方面提议华国锋同志任国务院代总理。中央政治局根据毛主席1月21日和28日的提议,通过华国锋同志任代总理。1976年2月3日,中共中央发出通知:“经伟大领袖毛主席提议,中央政治局一致通过,由华国锋同志任国务院代总理,主持中央日常工作。”“在叶剑英同志生病期间,由陈锡联同志负责主持军委的工作。”

周总理逝世后,江青一伙愈来愈放肆地诋毁周总理的光辉形象,特别是他们控制的上海《文汇报》,在1976年3月5日,也就是周总理78岁诞辰的日子,发表新华社的一篇新闻稿时,公然删去周总理给雷锋的题词;在3月25日的一篇文章中竟然恶毒地说:“党内那个走资派要把被打倒的至今不肯改悔的走资派扶上台”,十分露骨地攻击周总理和邓小平同志。长期压在全国人民心中的怒火,终于像火山一样地爆发了!3月29日,英雄的南京人民纷纷抬着花圈,走向雨花台革命烈士陵园悼念敬爱的周总理,并在街头贴出“《文汇报》的反党文章是反党夺权的信号弹。打倒《文汇报》的黑后台!”“不揪出《文汇报》的黑后台誓不罢休!”“打倒大野心家大阴谋家张春桥!”等标语,并将“打倒张春桥”的大标语刷在开往北京的列车上。

3月底至4月初,杭州、郑州、西安、太原、福州等大城市的广大群众,利用清明节缅怀革命先烈的传统,冲破“四人帮”的阻力,举行悼念周总理的活动。

首都北京的广大群众,从3月底开始到天安门广场举行悼念周总理的活动。人们到人民英雄纪念碑及其周围,敬献花圈、花篮,张贴传单,发表演说,朗诵诗词,表达对敬爱的周总理的悼念,痛斥祸国殃民的“四人帮”。

4月2日这天,中央文革一伙以中共中央名义发出电话通知,说“南京出现了矛头指向中央领导同志的大字报、大标语,这是分裂以毛主席为首的党中央,转移批邓大方向的政治事件”,“要警惕别有用心的人借机扩大事态,进行捣乱破坏”,“对这次政治事件的幕后策划人,要彻底追查。”这个通知反映了“四人帮”的观点,想压制人民群众的反抗怒潮。

但是,已经燃烧起来的烈火,要扑灭它并不那么容易。

4月4日(清明节),前往北京天安门广场悼念周总理的群众达200万人次以上,整个广场淹没在人潮、诗海、花山之中,气氛肃穆悲壮。许多人不畏强暴,仗义执言,勇敢地发表演说、朗诵诗词,悼念周总理,声讨"四人帮"。江青一伙对此十分仇恨和害怕。当晚,华国锋同志主持召开中央政治局会议(叶剑英、李先念同志未参加),讨论连日来天安门广场发生的事态。在江青一伙的左右下,把广大群众在天安门广场悼念周总理、声讨"四人帮"的革命行动,定为"反革命事件";并决定"采取一些必要措施","防止挑起更大事端"。主要措施是:收走群众的全部花圈,撕掉所有张贴的诗词;第二天清晨,在人民英雄纪念碑周围布置三道封锁线,阻止群众再去送花圈和集会;调动北京卫戍区部队在"二线准备"。当时,毛主席的病情很重,说话、行动都很困难,不仅不能外出接触群众,而且与中央政治局委员的联系都要经过联络员,外面的实际情况他已经不了解。在这种情况下,江青等人不断向毛主席作歪曲性、挑拨性的情况反映,对他的决策起了极其恶劣的作用。联络员毛远新将中央政治局会议的情况和决定写成书面报告,毛主席圈阅了这个报告。

十里长街送总理。

4月5日凌晨，天安门广场所有的花圈都被撤走，诗词、挽联、条幅等都不见了，一些自愿彻底守卫花圈的群众被抓走了，人民英雄纪念碑周围已布设三道戒备森严的封锁线。当天早晨，来到天安门广场的群众看到这个情形，异常愤慨！后来，在广场的群众听到传说，被撤走的花圈放在人民大会堂地下室，于是数万群众聚集在人民大会堂东门外，提出“还我花圈，还我战友”的正义要求；高呼：“谁反对周总理就打倒谁！”随后，群众与在天安门广场值勤的一部分民兵、警察和战士发生严重冲突，公安部门出动的广播宣传车等几辆汽车在混乱中被损坏。下午，群众出于义愤，火烧了民兵指挥部小楼和楼前的小汽车。在这一天的冲突中，群众和警察、民兵都有受伤的。在首都北京发生这样的事件是不幸的，这完全是“四人帮”对人民群众的正义行动采取敌视态度和压制手段，从而激化了矛盾造成的。

当晚6时30分，中共北京市委书记、革命委员会主任吴德奉命用高音喇叭发表讲话。他说：“在天安门广场有坏人进行破坏捣乱，进行反革命破坏活动”，“我们要认清这一政治事件的反动性，戳穿他们的阴谋诡计”，“革命群众应立即离开广场。”9时30分，一万多民兵和警察，奉命手持木棍跑步进入广场，驱赶、殴打、逮捕留在广场的群众，从而造成了用暴力镇压革命群众的天安门事件。

7日上午，毛主席听取了汇报，同意公开发表由姚文元组织和炮制的《人民日报》记者关于天安门事件的所谓“现场报道”和吴德同志的讲话。该“现场报道”站在“四人帮”的立场上，说群众“公开打出拥护邓小平的旗号，丧心病狂地把矛头指向伟大领袖毛主席，分裂以毛主席为首的党中央，妄图扭转当前批邓、反击右倾翻案风的大方向”；污蔑广大群众悼念周总理是“反革命行动”，天安门事件是“反革命事件”。毛主席听信了这些错误汇报，认为天安门广场的事态“性质已经变了”，并据此提出“撤销邓小平的一切职务，保留党籍，以观后效”；提出“由华国锋担任中共中央第一副主席、国务院总理”。当晚，中央政治局开会通过了两个决议：一个是根据毛主席提议，中央政治局通过，华国锋任中共中央第一副主席、国务院总理；另一个是根据毛主席提议，撤销邓小平党内外一切职务，保留党籍。这两个决议在中央政治局通过后，立即由中央人民广播电台向全国广播。第二天，中央发出通知：要求各省、市、自治区立即召开规模宏大的群众大会，宣读中共中央的两个决议，并由主要负责人发表旗帜鲜明的讲话，牢牢掌握“批邓大方向”，进一步开展“批邓、反击右倾翻案风”的伟大斗争。此后，江青一伙即公开污蔑邓小平同志是“天安门反革命事件的后台”，并以党中央的名义下令对在天安门广场发表演说、朗诵诗词和传抄诗词的人进行追查，许多群众遭到逮捕，白色恐怖一时笼罩首都北京。

历史已经证明，把天安门事件定为“反革命性质”，没有根据地说邓小平同志是“天安门事件的后台”，并据此撤销邓小平同志的一切职务，都是完全错误的。当时这样做的目的，无非是想用这种办法把人民群众的反抗怒潮压下去。然而，高压手段不能改变天安门事件的正义性质，也不能改变“文化大革命”的错误性质，更不能改变人们的是非观念。

这次天安门事件，是全国人民反对“四人帮”的抗议运动的集中表现。持续近十年的“文化大革命”，给国家和人民带来了严重灾难，广大干部和群众已经十分厌恶和强烈不满。人们把恢复党的正确领导寄希望于周恩来、邓小平等老一辈无产阶级革命家身上，而他们却受着不公正的对待。“四人帮”竭力压制人民群众悼念周总理，肆意污蔑攻击周恩来和邓小平同志，更加激起广大群众的愤怒。郁积在人民心中的强烈怒火，终于在清明节期间爆发了。这一抗议运动，实质上是拥护以邓小平同志为代表的党的正确领导，鲜明地表现了人心的向背，它为后来粉碎江青集团奠定了伟大的群众基础。

十九、周总理永远活在中国和世界人民心中

1976年1月8日，周恩来总理逝世的消息传出后，全党全军全国人民顿时陷入极度悲痛之中，真有“山河动泪，神州迷天”之感。正如北京第二外国语学院童怀周编辑出版《天安门革命诗文选》前言所描述的：“噩耗传来，顿时九州寂，无语皆泪水，相告不成声，欲言泪复垂，听时不敢言，信时心已碎！”许多科学家、艺术家、身经百战的老将军和各级党政领导干部都忍不住心中的悲痛，放声痛哭。有位中学教师写了一首挽联表达自己的哀思，上联是“鞠躬尽瘁，忠诚无比。江河浩荡长流，英名牢记心底。”下联为“苦斗林江，智勇双全。天地凛然正气，品德流芳千古。”全国人民和社会各界不顾“四人帮”的阻挠，纷纷以文章、诗歌或其他形式悼念周总理。“四人帮”垮台后，这类文章、诗歌发表更多，感人至深。其中中国科学院院长郭沫若深情地写了《怀念周总理》：“革命前驱辅弼才，巨星隐翳五洲哀。奔腾泪浪滔滔涌，吊唁人涛滚滚来。盛德在民长不没，丰功垂世久弥恢。忠诚与日同辉耀，天不能死地难埋。”诗人柯岩写的《周总理，你在哪里》，被谱成歌曲，传咏大江南北。

周总理的逝世，在国际上引起了巨大反响。各国首脑纷纷发表谈话，哀悼伟人周恩来。许多著名人士撰写文章，悼念周恩来。联合国总

部得知后降半旗志哀。安理会于1976年1月12日举行会议时，主席萨利姆回顾了周恩来总理的历史功绩，并请代表们默哀1分钟。联合国秘书长瓦尔德海姆在声明中说："周恩来是一位十分卓越和深受尊敬的领导人，几十年来他以极大的忠诚服务于自己的国家和人民。他对促进各国间的了解和世界和平的献身精神受到了举世的公认，在当前危急的时期，世界不再能得益于他的智慧和政治家才干，这是一大损失。凡有幸会见过周恩来先生的人，无不对他产生钦佩和尊敬。"各国政府、政党、团体和无数知名人士纷纷给中国发来唁电、唁函，并且联系派代表到北京参加周恩来的吊唁活动。全世界几乎所有通讯社都发表社论，悼念周总理。周恩来同志作为举世闻名的伟大政治家、军事家、外交家，杰出的国务活动家，他的影响已超越国界。他以其丰功伟绩、超凡的工作能力和崇高的品格赢得了中国人民的爱戴和世界人民的尊敬。

在亚洲，朝鲜获悉周总理逝世的消息后，党和政府联合作出决定：1. 为对周恩来同志的逝世表示深切哀悼，将向中华人民共和国派遣党政代表团。2. 把举行周恩来同志葬礼的前一天和当天定为全国志哀日，这天朝鲜一切机关、企业、学校、街道和农村都挂丧旗，停止一切歌舞。后来，由于中国政府谢绝外国吊唁团来北京，金日成主席派专机向设在北京劳动人民文化宫的周恩来总理灵堂送了一个大花圈。

日本首相三木武夫知道周恩来总理逝世后，立即向报界表示要来华参加葬礼，并通过驻华大使小川与中国政府联系。日本许多政界要人、经济界首脑和民间友好人士纷纷在电台、电视台发表谈话，表示哀悼，并要争取组织一个多达600人的朝野吊唁团来华参加葬礼。经婉言谢绝后，众多的日本朝野人士都到中国驻日大使馆吊唁。三木首相两次到使馆吊唁，并敬献花圈。他说："周总理不仅是中国的伟大领导人，而且是世界上有代表性的政治家之一，失去这样一位人物不仅是中国人民而且也是世界人民的巨大损失。没有一个外国政治家像周恩来总理那样在日本各阶层人民中间有那么多的朋友，得到那么多的尊敬。"前首相田中角荣说:“周总理是和本世纪的中国历史同时走过来的人,是积累了实践经验的人,是世界性的政治家。我认为,周恩来总理不仅在中国,而且在全世界也将被长期传颂。”

周恩来总理逝世的消息传到巴基斯坦后,布托总理立即命令全国下半旗三天志哀,并亲自到中国大使馆吊唁。他和一些政界领导纷纷发表哀悼的谈话,并盛赞周恩来对中国和世界的贡献以及他的品格。布托在谈话中说:“如果世界有完人的话,周恩来是一个完人。”

斯里兰卡总理班达拉奈克夫人就周恩来总理逝世发表声明说:“我感到特别悲痛和深为震惊,斯里兰卡失去了一位一贯的、真诚的朋友。他是一位杰出的政治家和享有最高声望的世界人物。特别是对发展中世界来说,周先生一向是鼓励它们努力摆脱外国控制的巨大鼓舞源泉。”班达拉奈克夫人宣布1月15日为全国哀悼日。她还希望到北京参加周总理的葬礼。

亚洲其他国家如泰国、马来西亚、菲律宾、新加坡、印尼、缅甸、印度、尼泊尔、阿富汗等都举行了隆重而悲痛的悼念活动。缅甸总统奈温撰文悼念周恩来总理说:“虽然周恩来总理是一个大国的领导,但是,他同较小国家的领导人交往时,总是平等待人,在他同较小国家的关系中,在包括复杂问题在内的各种问题上,都表现出了极大的同情与和解精神。”

亚非拉第三世界国家的舆论普遍认为,周恩来总理的逝世,不仅是中国人民的巨大损失,也是第三世界的巨大损失。

埃及总统萨达特得知周恩来逝世的消息后,马上决定派高级政府代表团,由副总理加奈姆、副议长马泰菲和国民警卫队司令马赫将军组成,到北京去表达他个人对周恩来逝世的哀悼。埃及《今日消息》周刊发表文章赞扬周恩来在“我们东方的历史上起了杰出的作用”。墨西哥总统埃切维里亚得到周恩来逝世消息后,发表声明表示沉痛哀悼。全国主要报纸除了刊登消息,还分别发表了社论和专题文章。《国民报》的社论说:周恩来总理的逝世“除了不安之外,这一消息造成的普遍情绪是深切的悲痛，尤其是第三世界人民……周恩来总理受到发展中国家的尊敬"。阿尔及利亚布特费利卡外长9日在欢迎越南武元甲将军的大会上，提议默哀1分钟，以悼念中华人民共和国总理。这次大会除阿尔及利亚政府、军队、党中央高级干部外，还有越南、巴勒斯坦解放组织、波利萨里奥阵线和非洲、拉丁美洲和亚洲的解放运动的代表。

坦桑尼亚、赞比亚、肯尼亚、扎伊尔、加纳等国政府领导和人民获得周恩来总理逝世消息后，纷纷打电话或到中国使馆、新华分社吊唁，表示哀悼。

在欧美，新闻媒体都把周恩来总理逝世当成一件大事来报道。美国总统福特1月8日晚在白宫发表了吊唁声明："周恩来总理将作为一位杰出的领导人，长久铭记在人们的心中，他不仅在现代中国的历史上而且在世界舞台上都留下了他的印记。我们美国人特别不会忘记他在缔造中华人民共和国和美国之间的新关系方面所起的作用。我们确信这种关系将会在他帮助建立的谅解和合作的基础上继续发展。美国向中华人民共和国政府和人民表示哀悼。"美国国务卿基辛格的声明说："周恩来总理是一位很重要的人物，是一位伟大的领袖。""我尊敬他、钦佩他。"前任总统尼克松发表志哀谈话时说："我对周总理逝世深感悲痛。"他说："20世纪只有少数人比得上周总理对世界历史的影响。在过去的25年里，我有幸会见过的100多位政府首脑中，没有一个在敏锐的才智、哲理的通达和阅历带来的智慧方面超过他，这些使他成为一位伟大的领导人。"《纽约时报》9日社论说："周恩来是20世纪中有远见的一位政治家。""从1920年以来中国历史的更大的方面来看，周恩来是仅次于毛主席的一位巨人。""组织家、宣传家、行政家、谈判者、军事领袖、调解人，在使中国变成一个世界政治强国的循环过程中，差不多没有一种重大任务他没有担当过的。"《华盛顿明星报》记者布莱德舍尔在一篇文章中说："毛泽东是共产主义中国的思想与建筑师，50年来的关键人物周恩来，是现代中国的一位建设者。"文章又说："在过去的25年来，他的令人难以置信的精力和才智，主持中国的政务，把中华人民共和国发展成一个具有世界重要性的国家。一个长期贫困的国家达到目前的繁荣。以经济成就为基础的中国军事力量，中国在世界议事厅上的重量；这一切周恩来的创造，是和毛泽东主席的创造相仿的。”

在欧洲，人们对周恩来也是景仰备至的。周恩来逝世的消息，英、法、西班牙、葡萄牙、挪威、瑞典等国的报刊、电台、电视无不显著报道。并有专文、专题介绍周恩来的生平和功绩。英国一家报纸说：“在对外政策方面，他可能比他的许多同事更能应付自如地同美国和西方资本主义国家打交道，尽管这个政策是由毛制定的。在 40 年代末期，周曾经长期同美国进行了谈判。并在 1954 年的日内瓦会议上进入外交舞台。”路透社说：“周是中国学问造诣很深的有才学的官员，但是，却能和西方人相处得很融洽；他衣冠整齐，风度端凝，把差别很大的开通的西方世界和神秘的东方世界沟通了起来。他博得了斯大林和美国的乔治·马歇尔将军这样大不相同的人物的尊重，美国国务卿基辛格也十分尊敬他。”西德基社盟主席施特劳斯说：周恩来“是一位有高度教养和能洞察别人内心活动的会谈伙伴，对欧洲人来说，他简直是典型地体现了这里的人们对一位古老中国文化的代表的概念”。

1998 年 3 月，在周恩来同志诞辰 100 周年之际，英国著名华裔作家韩素音在她撰写的《周恩来与他的世纪》一书的序言中说：“周恩来是一位世界性的政治家。他不仅智慧过人，富有魅力，胆识超群，而且毫无自私自利之心；他鞠躬尽瘁，把自己一切都奉献给了他的国家和人民。这样的人物是极其罕见的。……作家应该写人而不是写神。我采访所有认识周恩来或与他一起工作过的人中，我发现他们都对周恩来怀着深切的爱和敬佩的心情。这是永恒的怀念，具有不朽的力量。他受到他周围所有的人真心实意的爱戴。这并不是因为他总是正确，他像其他人一样也犯错误。但是，他对自己的错误勇于承担责任，甚至有时代人受过。拿周恩来和世界上许多伟人如拿破仑、罗斯福作比较，我只能说就人格

各国报刊纷纷在显著位置刊登消息，发表社论和文章，悼念周恩来。

品德而言，这些人都不能望其项背。""我的美国出版商曾问过我，'难道你就找不出他的一点毛病吗？'我回答说：'我找过，而且花了很大力气找过，可我找不到任何你想要的东西，譬如不为人知的恶习、贪婪……他全都没有。他从来不谋私利。他是一个名副其实的有彻底献身精神的革命者。'"这种朴实的文字，实事求是地阐明了周恩来同志为什么赢得中国人民的爱戴与怀念和世界人民的尊敬的根本原因。

二十、结束语

周总理在同“左”倾错误和林彪、江青两个反革命集团的斗争中，为党、国家和人民作出的重大贡献，在他逝世的时候，由于受历史条件的限制，党中央没有、也不可能作出正确评价。只有在粉碎“四人帮”，彻底纠正“文化大革命”的错误之后，才能作出正确的结论。

1981年6月27日，党的十一届六中全会通过《中国共产党中央委员会关于建国以来党的若干历史问题的决议》。这个《决议》全面总结了建国以来，特别是“文化大革命”的经验教训，实事求是地指出，1966年5月至1976年10月的“文化大革命”，使党、国家和人民遭到建国以来最严重的挫折和损失。这场“文化大革命”是毛泽东同志发动和领导的。他的主要论点既不符合马克思列宁主义，也不符合中国实际。毛泽东同志对当时我国阶级形势以及党和国家政治状况的估计，是完全错误的。对于“文化大革命”这一全局性的、长时间的“左”倾严重错误，毛泽东同志负有主要责任。同时又指出，毛泽东同志的错误终究是一个伟大的无产阶级革命家所犯的错误。毛泽东同志是伟大的马克思主义者，是伟大的无产阶级革命家、战略家和理论家。就他的一生来看，他对中国革命的功绩远远大于他的过失。他的功绩是第一位的，错误是第二位的。《决议》指出，毛泽东同志所重用过的林彪、江青等人，他们组成两个阴谋夺取最高权力的反革命集团,利用毛泽东同志的错误,背着他进行了大量祸国殃民的罪恶活动,这完全是另一种性质的问题。

《决议》对周恩来同志在"文化大革命"中同"左"倾错误和林彪、江青两个反革命集团的斗争中的功绩,作出了公正的评价。《决议》说:周恩来同志对党和人民无限忠诚,鞠躬尽瘁。他在"文化大革命"中处于非常困难的地位。他顾全大局、任劳任怨,为继续进行党和国家的正常工作,为尽量减少"文化大革命"所造成的损失,为保护大批的党内外干部,作了坚持不懈的努力,费尽了心血。他同林彪、江青反革命集团的破坏进行了各种形式的斗争。他的逝世引起了全党和全国各族人民的无限悲痛。1970 年至 1971 年间,发生了林彪反革命集团阴谋夺取最高权力、策动反革命武装政变的事件。毛泽东、周恩来同志机智地粉碎了这次政变。周恩来同志在毛泽东同志的支持下主持中央日常工作,使各方面的工作有了转机。1972 年,在批判林彪的过程中,周恩来正确地提出要批判极左思潮的意见,这是 1967 年 2 月前后许多领导同志要求纠正"文化大革命"错误这一正确主张的继续。毛泽东同志却错误地认为当时的任务仍然是反对"极右"。《决议》对周恩来同志作出这样的评价,足以证明,在"文化大革命"中,我们党的健康力量同"左"倾严重错误和林彪、江青两个反革命集团的斗争中,周恩来同志是站在正确方面的,并且作出了历史贡献。这是党的评价,历史的结论。

邓小平说:"周总理是一生勤勤恳恳、任劳任怨工作的人。他一天的工作时间总超过十二小时,有时在十六小时以上,一生如此。我们认识很早,在法国勤工俭学时就住在一起。对我来说他始终是一个兄长。我们差不多同时期走上了革命的道路。他是同志们和人民很尊敬的人。'文化大革命'时,我们这些人都下去了,幸好保住了他。在'文化大革命'中,他所处的地位十分困难,也说了好多违心的话,做了好多违心的事。但人民原谅他。因为他不做这些事,不说这些话,他自己也保不住,也不能在其中起中和作用,起减少损失的作用。他保护了相当一批人。"

陈云同志曾经指出："没有周恩来同志，'文化大革命'的后果不堪设想"。

叶剑英同志说："最艰难处显奇才"。

"文化大革命"使国家陷入严重混乱状态，林彪、江青两个反革命集团妄图乱中夺权。面对这种局势，周恩来总理苦撑危局，忍辱负重，义无反顾，巧妙斗争，起到了他人绝难替代的历史作用，真可谓"一身系天下之安危"。回顾这段不寻常的历史，我切身体会到周总理在"文化大革命"中的伟大历史功绩可以概括为六个方面：第一，协助毛主席机智地粉碎了林彪反革命集团为夺取党和国家的最高权力而策动的武装政变，避免了一场灾难。周总理与叶剑英、邓小平等同志一起，对江青反革命集团在 1973 年党的十大以后更加猖狂的篡党夺权活动，展开了针锋相对的斗争，并在斗争中暴露了江青一伙的真面目，从而促成毛主席严肃地批评了以江青为首的"四人帮"，并改变初衷，不让他们当中的任何人掌握党和国家最高权力，为以后党中央处置"四人帮"创造了重要条件。第二，支持邓小平同志复出和主持党中央、国务院日常工作，为后来建立党的第二代领导核心作了准备。第三，竭尽全力保护了一大批老革命家、老干部、科学家、艺术家和其他著名爱国人士，为国家民族的中兴保留了英才。第四，在叶剑英、李先念等同志的支持下，极力支撑国家大局，维持国民经济运转，保障了人民群众的基本生活。并且艰难地组织进行了铁路、能源、通信、水利工程、钢铁、汽车制造、化肥、化纤等大型项目的建设，增强了国家经济实力。第五，与叶剑英、徐向前、陈毅、聂荣臻四位元帅一起，力主人民解放军要稳定，反对军队搞"四大"，保障了人民军队的稳固和国家的安全。并且继续大抓"两弹一星"等国防尖端武器的科研与试验，增强了我国的国防实力。第六，根据国际形势的发展变化，协助毛主席及时调整我国的外交战略，促成了中美关系正常化和中国与日本等许多西方国家建交，打破了美国等西方国家对我国的孤立和封锁，促使美国与台湾当局"断交"、废约和从台湾撤军，为以后我国实行对外开放政策和解决台湾问题创造了有利条件。

周总理在“文化大革命”中，成为党的健康力量的中流砥柱，是经过艰难曲折的斗争发挥作用的。他既要维护毛主席的权威，以保持党的团结和统一，又要对毛主席“左”的错误指示、决定，采取各种方式进行补救。有的在执行中用正确的毛泽东思想作出全面解释，以防止偏差；有的在问题暴露后，提出建议，得到毛主席同意后，纠正错误，以尽量减轻损失。对于林彪、江青等人的破坏活动，除进行针锋相对的斗争外，及时向毛主席反映情况，提出建议争取毛主席的支持，借以制约林、江两个反革命集团。在斗争中，既要坚持原则，又要注意策略，防止党的健康力量统统被打倒，把政权让给林、江两个反革命集团，给党和人民带来更大的灾难。在十分尖锐复杂和艰难曲折的斗争中，周总理为了顾全大局，有时不得不说一些违心的话，做一些违心的事。但是，人民理解他，毕竟历史为他留出的回旋余地太有限了，他的妥协让步，是为了党和人民的长远利益啊！

周总理在“文化大革命”中表现出最崇高的品格是立党为公，相忍为党，坚持党和人民的利益高于一切。在最困难、最艰险的岁月，他自己也随时可能被打倒，但是作为党中央日常工作主持者、国务院总理，肩负着八亿人民衣食住行和国家正常运转的重担，在千难万险面前他没有退缩、回避，而是挺身而出，本着“我不入地狱，谁入地狱”的崇高信念与决心，无私无畏，拼死一搏。在同林彪、江青反革命集团和“左”倾错误斗争中，他既坚定又注意策略。在老一辈革命家，特别是参与二月抗争的几位元帅和老革命家遭受打击迫害时，他采取各种方式保护党和国家的栋梁，又维护党的团结，避免分裂。因为党和人民利益要求他这样做。如果党分裂了，军队分裂了，国家分裂了，国外境外敌人会乘机进犯，后果不堪设想。邓小平同志说过，“文化大革命”中，由于有毛主席、周总理等老一辈领导人的威信，说是“全面内战”，到底不是大打，真正的内战并没有出现，因为当时党的领导还起作用，国家权力还起作用。这正是周总理和他的同事们用全部智慧、信念和忠诚维护大局、捍卫团结的结果，这是周总理最大的历史功绩。

有人说，周总理好是好，他只是党中央的“大管家”。我认为，事实并非如此。周恩来总理是党、军队、国家的缔造者之一，是党的路线、政策的参与制定者和决策者之一，在遵义会议之后是毛泽东同志最得力的主要助手之一。

他领导了著名的八一南昌起义，打响了武装反抗国民党反动派的第一枪，创建了人民军队。参加领导了北伐战争、国内革命战争、抗日战争、解放战争、抗美援朝战争和创建新中国的伟大事业。他多次在庄严的全国人民代表大会上，宣布把我国建成四个现代化的社会主义强国的奋斗目标，绘制宏伟蓝图，为此坚持不懈地奋斗，直到生命最后一息。

他参与制定和组织实施了独立自主，维护国家主权、领土完整和睦邻友好的外交政策以及反帝、反霸策略与和平共处五项原则，使中国和中华民族走向世界。他以独特的精神风貌与人格魅力赢得世界各国政要和人民的称赞。

他心系国家民族前途命运，关心统一战线工作，关心祖国统一和民族团结，特别关心西藏繁荣发展与台湾回归。弥留之际叮嘱罗青长同志做好台湾工作，不要忘记过去为民族和国家作过贡献的在台老朋友。还叮嘱有关部门对严复、杨度等有功于民族、国家的历史人物要作出正确评价。

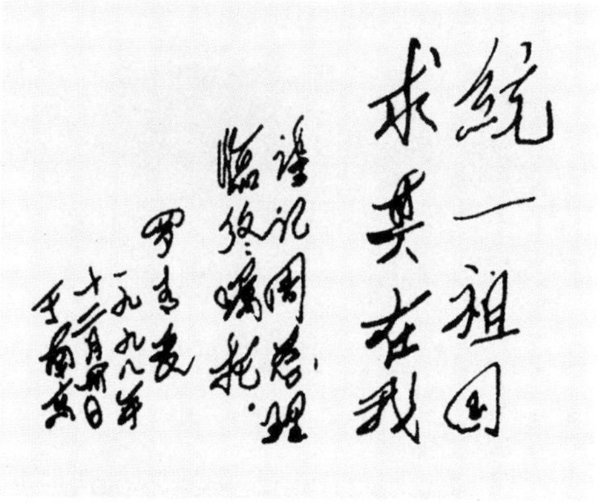

1998 年 12 月 30 日，罗青长为怀念周恩来的教诲题词。

周总理是坚持实事求是、密切联系群众和自我批评作风的模范。他胸怀坦荡，光明正大，坚持真理，修正错误，正确处理党内矛盾。有缺点错误如实检讨，没有错误受到不公正批评时亦无怨言，敢担责任。1956 年国家基建投资过多，指标过高，超过了国家财力物力的承受能力,造成各方面紧张,周恩来总理提出要控制基建规模与经济指标,防止急躁冒进,得到陈云、李富春、邓小平、李先念等同志赞同。但是,在1957年和1958年中央召开的杭州、南宁等会议上,毛主席多次严厉批评周总理"反冒进",批评他"右倾保守"。由于毛主席在发展经济上头脑过热,以后导致了"大跃进"的严重错误。面对不公正的批评,周总理坦然处之,努力工作。历史是无情的,由于"大跃进"、"反右倾"的严重错误,加上自然灾害,造成了1959—1961年三年经济生活严重困难。面对这种情况,周总理在陈云等同志的协助下,主持制定"调整、巩固、充实、提高"的方针,经党中央批准后,大力进行调整,使严重失调和极度困难的国民经济逐步恢复。

周恩来总理是全心全意为人民服务和廉洁奉公、艰苦朴素的楷模。他平均每天工作16小时左右,遇到特殊情况,昼夜不停地工作,睡眠常常不足4小时,日理万机,效率极高。他从不以权谋私,非常严格要求自己亲属和身边工作人员;他任人唯贤,从不搞小圈子、小集团;身居高位,平易近人,以普通党员和普通公民要求自己;他一生只讲奉献,不思回报。李先念同志说过:"我们常讲全心全意为人民服务,什么是全心全意?我看恩来同志就是我们的榜样。"陈毅元帅曾赞叹说:"廉洁奉公,以正治国者,周恩来也。"

周总理把人民的疾苦时刻记心头。当得知宁夏固原地区人民贫困和生态失衡的严重情况后,他洒泪自疚,指示紧急调运棉衣和粮食,并提出了在该地实施扶贫与移民相结合的措施;他提议在城市大马路中间设"安全岛",以利老人、小孩、残疾人、孕妇安全通行;他病重时仍挂念云南省个旧市锡矿区职工的矽肺病和肺癌问题,派北京肿瘤医院的专家前去调查,并研究防治措施。

周恩来同志是极富爱心、重感情的人,他和邓颖超同志终生诚挚深厚的爱情受到世人赞美。他没有子女,却关爱着叶挺、杨虎城、孙炳文、李硕勋等革命先烈的后代。而他自己的侄辈始终过着平民生活,没有半点特殊。在“文化大革命”中,他不仅保护了大批老干部,而且关爱和保护众多老干部、老一辈革命家的子女,竭尽全力保障这些子女的生活、学习与安全,对有伤残疾病的立即送医院就医。拨乱反正后,一些老同志的子女感激地说:没有当时周总理的保护,就没有我们的今天啊!

周总理生前反对为自己搞故居、纪念馆之类工程。病重时与邓颖超同志商定提出身后事的几点意见呈报中央:一、火葬;二、把骨灰撒在祖国的江河和大地上;三、葬仪从简;四、外地的同志、朋友、亲戚不能放下工作来北京参加追悼会,如有人一定要来,旅费应由私人负担;五、邓颖超同志以普通战友的身份参加追悼会;六、邓颖超今后的生活不能超出她本身应得到的普通中央委员的水平,不要特殊化。邓颖超同志完全彻底地实现了周总理的崇高遗愿。许多干部群众感慨地说:总理生前没有自己,死后也无须保留自己。他似乎什么也没有给我们留下,但是他把什么都留给了我们,他把为共产主义事业鞠躬尽瘁、死而后已的精神,把中华民族的优秀品格留给了我们。敬爱的总理啊! 您为国家和人民奉献了自己的一切,叫人民怎能不怀念您啊!

中国共产党人和中国人民永远不会忘记周恩来同志卓越的贡献和崇高的品格。正如江泽民总书记在周恩来同志诞辰100周年纪念大会上的讲话中所说:“周恩来同志是中国人民的忠实儿子,是中国共产党人的优秀代表。在他的身上,凝铸着中华民族的传统美德和工人阶级的优秀品格。他的崇高精神和人格,感召和哺育着一代一代共产党人,已经成为推进我们党和国家事业的一种巨大力量。”

附录一

功勋垂青史　精神励后人

——在国务院办公厅纪念周恩来同志诞辰100周年座谈会上的发言

吴庆彤

周恩来同志是伟大的马克思主义者,杰出的无产阶级革命家,是我党、我军和新中国的主要缔造者之一,也是中国革命和建设事业的主要领导人之一。他为了反对帝国主义的侵略和压迫,为了推翻国民党的反动统治,为了建设社会主义现代化强国,无私地奉献了光辉的一生。

我 1951 年在抗美援朝战争中负伤致残后,1952 年年初转业到前政务院秘书厅工作。从那时起,直到周总理离开人世,在 20 多年中,特别是十年动乱中,耳闻目睹和亲身经历了不少令人难忘的事情。他老人家一心为国为民的忘我献身精神,远见卓识的战略家形象,崇高的道德品质,给我留下极为深刻的印象,至今记忆犹新。在周恩来同志诞辰 100 周年的时候,我愿借此机会,从两个方面向同志们说说有关的历史情况和自己的粗浅看法,供大家研究讨论。

一、周恩来同志在我国社会主义建设中作出重大贡献

新中国成立后,面临的主要任务是恢复和发展经济,摆脱贫困落后状态。周恩来同志作为开国总理承担了这一艰巨任务。在党中央和毛泽东同志的领导下,周总理肩负起经济建设主要组织者的重任。建国之

初，当务之急，是收拾国民党政权留下来的烂摊子。周总理在陈云等同志的协助下，首先解决了物价飞涨问题。1950年10月抗美援朝战争开始后，周总理一面协助毛主席指挥中国人民志愿军入朝作战，一面组织领导恢复国民经济，贯彻执行"边打、边稳、边建"的方针，有力地保障了抗美援朝战争的胜利进行，并在短短三年时间奇迹般地完成了恢复国民经济的艰巨任务。之后，周总理主持制定了第一个五年计划。从1955年开始组织实施第一个五年计划，展开以苏联帮助的156个建设项目为主要内容的大规模经济建设。之后，又主持制定和组织实施了第二、第三、第四个五年计划。为了把计划变成现实，建设富强的新中国，周总理呕心沥血，日夜操劳，付出了常人难以想象的艰辛。在正常情况下，一天工作16个小时左右，遇到重大而紧急的事情，常常是昼夜不停地工作。即使在"文化大革命"的混乱年代，周总理仍然把经济建设摆在重要位置。在毛主席的支持下，安排了不少新建和续建的重大建设项目。例如，四川攀枝花钢铁厂，武钢一米七轧机，湖北十堰第二汽车制造厂，长江葛洲坝水利工程，黄河刘家峡水电站，上海金山卫和北京房山石油化工厂，大庆油田至大连、秦皇岛、房山的地下输油管线工程，焦枝铁路，成昆铁路，襄渝铁路，阳安铁路，南京长江大桥，十三个大化肥厂（每个年产三十万吨），以及"两弹一星"的科研和试验、一批生产常规武器的工厂等等。周总理生前还主持会议确定了一些重大建设工程，如我国第一个自行设计和制造设备的浙江秦山核电站，沿海港口增建万吨级泊位扩大吞吐能力工程，连通全国29个省、自治区、直辖市的地面微波和地下电缆通信干线工程等。目前正在建设的长江三峡工程，周总理在世时曾经多次主持会议进行研究，现在确定的方案，大体上是那时拟定的。这些项目的建成，已经和必将增强我国的经济实力和国防实力。可以说，我国1976年以前已经建成和正在建设的大型工业、交通运输、能源、电信、水利工程和国防工业项目等等无不凝聚着周总理的心血。不仅如此，在科学技术、教育、文化、卫生和民族团结、对外关系等方面取得的每一项重要成就,都同周总理的组织领导和辛勤工作密切相关。在党中央和毛主席的领导下,在周总理和他的助手们的组织下,全国人民奋发图强、艰苦奋斗,经过 20 多年的努力,终于把一个贫穷落后的国家,建设成为初步繁荣昌盛的社会主义国家。总之,在新中国 26 年的建设中,周总理功勋卓著。

党的十一届三中全会之后,在以邓小平同志为核心的党中央领导下,我国实行改革开放的政策,经济和社会发展速度很快,取得了前所未有的伟大成就。这些成就的取得同过去打下的基础是分不开的。

建国以来,周总理从中国的实际情况出发,在实践中不断探索社会主义建设的客观规律,提出了一系列远见卓识的指导思想和方针、政策。下面我举一些实例:

1949 年 3 月,周恩来同志进入北平后,即受中共中央委托,与各民主党派和无党派民主人士协商筹组新政协和联合政府。6 月中旬,新政协筹备会举行第一次会议,决定成立六个小组,分别研究提出新政协共同纲领等各项方案。在这次会议上,周恩来同志被推选为筹备委员会副主任和起草共同纲领小组组长。周恩来同志亲自动手,他把自己关在中南海勤政殿,用五六个日夜,写出了一个共同纲领初稿。接着,周恩来同志又主持多次会议,广泛听取意见,经过反复讨论和修改,使共同纲领草案日臻完善。之后,这个草案先后被中共中央和中国人民政治协商会议第一届一次会议接受和通过。

这个共同纲领,实际上是新中国的根本法。它规定了新中国的国体和政体,以及对内对外的基本政策和基本任务,是统一战线和联合政府的政治基础,全国各族人民的行动指南。这个共同纲领,对于新中国的建立和巩固,团结全国各族人民,消灭国民党在大陆的残余武装,迅速恢复战争创伤,支援抗美援朝战争,发挥了不可估量的作用。这个共同纲领的诞生,也展现了周恩来同志作为马克思主义政治家的雄才大略。

1949 年 12 月,周恩来同志被任命为政务院总理不久,即提出“中国的经济建设,要以农业为基础,以工业为领导"的方针。后来,把"以工业为领导"改为"以工业为主导"。

1952年8月,周总理主持拟出的《中国经济状况和五年建设任务》中,提出"全党的领导和工作重心转到经济建设方面"。

1952年10月,在政务院开会听取文教委员会主任郭沫若《关于1952年几项文化教育工作的报告》时说:"经济建设和文化建设相辅而行,好像一辆车子的两个轮子,互相推动前进。"这里说的"文化建设",是包括教育在内的大"文化建设"。

1953年12月,周总理会见印度政府代表团谈两国关系时,提出和平共处五项原则(即互相尊重领土主权、互不侵犯、互不干涉内政、平等互惠、和平共处),应成为处理中印两国关系的原则。1954年6月,周总理访问印度、缅甸时,同两国总理分别发表联合声明,共同倡导以和平共处五项原则来处理国与国之间的关系。此后,和平共处五项原则,成为许多国家接受的国际关系的准则。

1954年9月,在第一届全国人民代表大会上,周总理作《政府工作报告》时提出,要在我国"建设起强大的现代化的工业、现代化的农业、现代化的交通运输业和现代化的国防"。以后把"现代化的交通运输业"改为"现代科学技术"。

1954年12月,周恩来同志当选为全国政协主席后,在全国政协大会上发表讲话,在谈到台湾问题时说:"如果能和平解决,何必诉诸战争。但和平解决的前提条件一定要肯定台湾是中国的。"

1956年1月,在中央召开的知识分子问题的会议上,周总理作《关于知识分子问题的报告》时指出:"知识分子是工人阶级的一部分"。1962年3月,在广州召开的全国科学工作会议、全国戏剧创作座谈会和1962年召开的二届人大三次会议上所作的《政府工作报告》中,周总理都重申知识分子的绝大多数是"属于劳动人民的知识分子",不是资产阶级的知识分子。这对于团结广大知识分子和调动知识分子的积极性,加快社会主义建设,发挥了重要作用。

1957 年 8 月,在民族工作座谈会上,周总理就我国民族政策的几个原则问题,即:一、关于反对两种民族主义问题,就是反对大民族主义,主要是大汉族主义和反对地方民族主义问题;二、关于民族区域自治的问题;三、关于民族繁荣和社会改革问题;四、关于民族自治权利和民族化问题,发表了重要讲话。这个讲话结合实际阐发了党的民族政策,对增强民族团结,维护祖国统一,共同建设社会主义现代化强国,发挥了重要作用。

乌兰夫同志生前写的纪念周恩来同志的文章中说:民族区域自治,是我党解决我国民族问题的基本政策。1947 年内蒙古自治区成立时,周恩来同志起草的中央电报指示,从既维护国家统一又让少数民族在各自的地区当家作主出发,英明地提出了在统一国家中实行民族区域自治的基本政策。在制定和实施这一政策中,周恩来同志作出过重大贡献。周恩来同志被誉为这一基本政策的奠基者之一是当之无愧的。

1953 年,我国人口增长率已达到 23‰,每年增加 1000 万人。1955 年,周总理即提出“我们应当提倡节制生育”。1956 年,周总理在党的八大会议上作报告时说:“我赞成在生育方面加以适当地节制。卫生部应当协同有关方面对于节育问题进行适当宣传,并采取有效措施”。1962 年,周总理继续抓计划生育工作,在他的主持下起草了《关于认真提倡计划生育的指示》,由党中央、国务院发出。“文化大革命”开始后,这项工作被冲掉了。1970 年,周总理再次提出要抓计划生育,决定把这项任务列入国家计划。20 多年来,我国少生了 3 亿多人口,同周总理坚持不懈地抓计划生育工作打下的基础是分不开的。

1956 年,在国家经济建设顺利发展的情况下,全国出现急躁冒进的现象,建设规模超过了国家的承受能力。周恩来、陈云等同志及时察觉了这一问题,提出“经济工作要实事求是”,“既反保守,又反冒进,在综合平衡中稳步前进”的方针。当时,毛主席头脑过热,准备在经济建设中发动所谓"大跃进"。因此,他对周恩来、陈云等同志从实际出发提出的反对急躁冒进、尊重经济建设规律的正确意见,非常不满。从1957年9月到1958年5月,在党中央先后于北京、杭州、南宁、成都、北京召开的会议上,毛主席对周恩来同志进行了严厉批评。他说:"反冒进,吹掉了多快好省、全国农业发展纲要和促进委员会",给广大群众和干部的热情泼了冷水,"把一些同志抛到同右派似乎相近的地位",是右倾保守主义,犯了方针性错误。周恩来同志被迫作了多次检讨。1958年5月5日至23日,在北京召开的党的八大二次会议结束后,周恩来向中共中央提出"继续担任国务院总理是否适当的问题"。6月9日,毛主席在中南海游泳池召开中共中央政治局常委会,讨论周恩来同志提出的请求。会议决定:"周恩来同志应当继续担任现任的工作,没有必要加以改变"。之后,党内脱离实际、急于求成的"左"倾思想急剧膨胀,"大跃进"和人民公社化运动迅速兴起。没有多久,国民经济严重失调,受到客观经济规律的惩罚,使国家和人民陷入了极度困难的境地。

为了扭转"大跃进"造成的困难局面,1960年9月,周总理在陈云同志协助下,主持制定对国民经济进行"调整、巩固、充实、提高"的八字方针。在毛主席支持下,他同刘少奇、陈云、邓小平同志一道,采取一系列正确政策和果断措施,对国民经济进行大调整,1962年年底国民经济开始上升,1964年全面好转,出现了欣欣向荣的景象。

周恩来同志曾长期主持中共中央的统一战线工作,并作出了重大贡献。1958年11月,周恩来同志在各民主党派和无党派民主人士座谈会上,就社会主义建设时期中国共产党同各民主党派的关系,发表了重要讲话。他说:"民主党派在共产党领导下,在宪法赋予的权利和义务范围内,有充分的政治自由和组织独立性。"这种"政治自由,组织独立,在社会主义的范围内,按社会发展规律办事,天地很大",表示"我们党的寿命有多长,民主党派的寿命就有多长"。

1963年1月,在上海市科技工作会议上,周总理在讲话中提出:"我们要实现农业现代化、工业现代化、国防现代化和科学技术现代化，把我国建设成为一个社会主义强国，关键在于实现科学技术现代化。”

周总理亲自领导和主持制定了《1956—1967年科学技术发展远景规划纲要》(简称十二年科学规划)。在党中央、毛主席批准这个规划后，周总理在聂荣臻副总理的协助下，花了大量心血组织实施。到60年代前半期，规划中的许多目标提前实现，有的接近或达到当时世界的较好水平，缩小了我国同先进国家的差距。我国著名核物理学家朱光亚同志说：周总理是新中国科技事业的伟大奠基人。他在发展科学技术问题上的远见卓识，令老一辈科学家敬佩不已。没有周总理在科学技术事业上的这种高瞻远瞩，新中国前期的科学技术成就的取得，是不可设想的。

1969年1月27日至29日，我国黄河、长江中下游之间的广大地区下了一场冻雨(一种特殊的降水现象，这种雨从天空降下来时，气温在0摄氏度以下，雨水一落地就结为固态的冰)，该地区的有线通信架空明线，由于下冻雨而结冰凌，越积越厚，大面积被压断，许多电线杆也被折断，以致造成我国南北之间特别是首都北京通往华东、中南、西南、西北各省、自治区、直辖市的长途通信中断，严重影响了党政军民有线通信联络。邮电部查明情况后，于1月28日晚报告了国务院，并建议立即开放无线电通信。周总理很重视这一自然灾害对通信造成的严重影响，并于29日凌晨3时批准开放无线电通信。当天下午，周总理和李富春、李先念、余秋里(国务院业务组成员)同志一起听取了中央气象局、邮电部等部门负责人的汇报。在弄清情况后，周总理问：“其他国家遇到这种情况是如何解决的?”邮电部副部长申光同志回答说：西方发达国家地下有通信电缆，地上有微波通信，抗御自然灾害的能力很强，而我国的有线通信都是架空明线，抗御自然灾害的能力很差。周总理听后指出，这个情况表明，我们的通信设施严重落后，四机部也好，邮电部也好，总参通信兵部也好，通信技术都是落后的。要抓紧时间恢复遭到破坏的有线通信设施，更重要的是尽快改变我国通信落后的面貌，从有线到无线，包括电缆和微波，都要赶上去，今年第一季度就开始抓。周总理要求邮电部会同有关部门研究提出改变通信落后面貌的方案。

2月7日，周总理、李先念副总理等召集邮电部、总参通信兵部等部门的负责人汇报改变我国通信落后面貌的设想。周总理、李先念副总理同意邮电部提出的加快建设电缆、微波通信干线的意见。周总理提出：用五年时间建设电缆、微波通信干线，连通全国29个省、自治区、直辖市；国防和民用应合在一起搞一个计划；新建通信干线要适应打仗的要求，不要沿铁路线，要另选一条线，不然一旦有事容易遭到破坏。通信建设要作为重点建设项目，纳入国家计划。之后，邮电部向国务院报送了《关于通信建设五年计划的报告》，周总理于3月3日批准了该《报告》。为此，中央先后拨款约30亿元。在当时，这是很大的一笔投资。

那时，美国等西方国家在经济和技术上对我国实行封锁禁运（1972年中美关系改善后，对我国的封锁禁运有所改变，一般民用产品可以进口）。建设通信电缆和微波所需要的主要设备的制造技术，我们还没有掌握，必须用自力更生的办法来解决。因此，这项建设任务无论从技术和规模上看，都是艰巨的。周总理指定余秋里、张才千（副总参谋长）同志负责抓落实。在实施过程中，国务院、中央军委对原计划作了若干调整，并决定总参通信兵部负责300路小同轴电缆的建设，邮电部负责960路微波和1800路中同轴电缆的建设。

在"文化大革命"期间进行此项建设，不可避免地会受到干扰破坏，由于这个原因拖延了建设时间。尽管如此，由于各主管部门的领导干部、工程技术人员、解放军指战员和邮电职工坚决贯彻执行周总理的指示，抵制各种干扰破坏，微波通信干线建设，除西藏、新疆维吾尔、内蒙古自治区外，于1978年建成；小同轴通信电缆建设，除西藏、新疆维吾尔自治区外，于1979年建成。北京通往天津、山东、江苏、上海、浙江的中同轴电缆，于1978年建成。1979年在黄河、长江中下游之间又下了一场冻雨，经过考验新建的通信电缆和微波安然无恙、畅通无阻。不仅如此，通信电缆和微波还扩大了通信容量,提高了通信质量。微波通信网还担负了传输电视的任务。总之,通信电缆和微波的建成初步改变了我国的通信落后面貌。

70年代初,毛主席、周总理审时度势,适应形势变化的需要,对我国外交作出富有远见和胆略的重大决策,其核心内容是利用美苏矛盾,改善中美关系,对付苏联的军事威胁,打破西方国家对我国的孤立和封锁。为了贯彻这个决策,在周总理主持下,迅速打开中美、中日外交关系。随后,许多西方国家纷纷同我国建交。在此以前,由于周总理多年致力于发展同亚、非、拉国家的友好关系,1971年10月在发展中国家的支持下,26届联合国大会通过决议,恢复中国在联合国的一切合法权利。我国外交出现了新局面。这就为以后我国实行对外开放政策创造了外部条件。

1971年2月和4月,周总理先后接见全国计划会议和全国交通工作会议代表时提出:“在经济建设中的废水、废气、废渣不解决,就会成为公害。要搞好综合利用,解决‘三废’污染问题。现在,发达的资本主义国家公害很严重。我们要认识到在经济发展中也会遇到这个问题,必须采取措施解决。”1972年,跨河北省和北京市的官厅水库,由于污染死了一些鱼。周总理得知这个情况后,指示国家计委、国家建委、水电部、河北省、北京市等单位组织调查组,查明桑干河流域的污染源,提出处理意见。总理指示,能治理的限期治理,不能治理的关闭。之后,调查组做了大量实地调查,写出《关于桑干河水系污染情况的调查报告》。1973年9月5日,国务院批转了这个调查报告,要求各有关部门和地区必须严肃对待此事,积极行动起来,根治桑干河的污染,一抓到底,不要半途而废。以后,随着周总理的指示和国务院批转的调查报告的贯彻执行,解决了官厅水库的污染问题。此后,官厅水库治理污染的做法成为解决类似问题的样板。

1973年8月5日—20日,根据周总理的指示,国务院召开首次全国环境保护会议,研究了有关环境保护的方针、政策,制定了《关于保护和改善环境的若干规定(试行草案)》。这是我国第一部环境保护的综合性法规。

1975 年 1 月,在第四届人大会议上,周总理作《政府工作报告》,重新发出向四个现代化的宏伟目标前进的号召。周总理发出的这一号召,成为他给全党和全国人民留下的政治遗嘱。

在我们打破美国等西方国家对我国的孤立和封锁后,周总理就有了对外开放的思想。

从 1971 年 6 月到 1973 年 11 月,周总理先后会见来我国访问的加拿大工商和贸易部长佩潘,法中友协主席贝特兰,墨西哥总统埃切维里亚,美国大通曼哈顿银行董事长洛克菲勒,澳大利亚总理惠特拉姆,都曾讲到我国实行自力更生的方针是被动的,是由于美国等西方国家对我国实行孤立和封锁,逼着我们不得不搞自力更生。我们实行自力更生,绝不是闭关自守。现在既然有许多国家愿意同我们做生意,在平等互利、互通有无的原则下,我们也愿意进行这种贸易。对外国的先进技术我们要学习、愿意购买。

1972 年 10 月 15 日,外交部、对外经济联络部向国务院报送《关于同东欧一些国家科技合作项目的请示报告》,周总理阅后表示不同意这个报告,他批示:“为什么不派人去伦敦、巴黎、渥太华、东京去研究西欧、美、加、日本的机械工业情况,反而求其次?”周总理这个批示表明了要同西方国家进行科技合作,学习西方先进科技的思想。

1973 年 6 月 29 日,周总理在同美国大通曼哈顿银行董事长洛克菲勒谈两国贸易时说:一年两次的广交会,是在我们被封锁的情况下,不得已搞的,我们只好请人家进来看。因此,我们对国际上究竟哪一个国家需要什么货物并不清楚。我很坦率地说,这一点我们还赶不上台湾的严家淦。台湾的贸易额之所以那么高,这两年我们通过调查才清楚了,他吸收了一部分外资,此外,台湾的劳动力也很便宜。

1973 年 10 月 31 日,周总理会见来访的澳大利亚总理惠特拉姆时说:台湾有一个高雄港,是自由港,没有税,蒋介石在那里吸收外资带着原料去建厂,利用台湾的廉价劳动力,然后把商品回销国外。这样,吸引很多外商到台湾投资。

大约在 1973 年,周总理在国务院一次会议上,半开玩笑地对李强同志说:“你这个外贸部长不如严家淦,人家在高雄搞了个出口加工区,把外贸发展起来了。”周总理接着又说:“这当然不能责怪李强同志,我们过去没有这个条件,现在情况变了,我们应当多想些办法。”周总理对台湾的做法表示肯定,很明显有学习和借鉴的意思。

但是,在当时,党中央不可能作出类似现在的对外开放的决策。周总理只能在发展对外贸易、引进外国先进技术的范围内开展工作。

这里,我谈谈周总理在争取用和平方式解放台湾,实现祖国统一的大业上所作出的努力和贡献。

台湾自古以来就是中国的领土。美国总统罗斯福参加签字的《开罗宣言》和《波茨坦公告》,也都肯定台湾是中国的领土。台湾 1895 年被日本侵略者占领,1945 年日本投降后,正式归还中国,并由当时的中国政府接管。在中国人民解放战争中,被打败的蒋介石集团逃到台湾。1950 年 6 月 27 日,也就是朝鲜战争爆发后的第三天,美国总统杜鲁门背信弃义,宣称:“台湾地位未定”,并下令美国海空军进入台湾和台湾海峡,用武力阻止我人民解放军解放台湾。1954 年美蒋签订“共同防御条约”为两岸统一设置了更大的障碍。周总理代表中国政府先后发表声明,坚决反对美国干涉中国内政,坚决反对美国海空军侵占我国领土台湾,并且宣布:美蒋“共同防御条约”是非法的、无效的;中国人民必将为从美国侵略者手里解放台湾而奋斗到底。

我国大陆解放后,党中央曾准备一鼓作气解放台湾。但是,由于朝鲜战争爆发和美国以武力干涉我解放台湾,实现祖国统一的目标一时难以实现。之后,美国在侵朝战争中,把战火烧到鸭绿江边,并对我国进行战争威胁。为了保卫国家安全,支援朝鲜人民反对侵略战争,中国人民志愿军入朝作战,在中朝两国人民的支持和朝鲜人民军的配合下,以大无畏的英雄气概,奋战两年零九个月,歼敌70万人(不包括朝鲜人民军歼敌数),并迫使美国在停战协定上签了字。与此同时,新中国在"边打边建"中经济迅速恢复和发展,人民政权日益巩固。在这种背景下,1955年中美两国达成协议,就缓和台湾海峡紧张局势问题,举行大使级谈判。1956年党中央调整了对台政策,即在不放弃武力解放台湾的同时,争取用和平的方式解放台湾。中美大使级谈判和争取用和平的方式解放台湾的工作,在党中央的领导下,由周总理负责主持。

1975年9月,周恩来在医院写下关于台湾问题的批示,表达了他殷切盼望祖国统一的心愿。

1956年1月30日,周恩来同志代表中共中央在全国政协二届二次会议上宣布了对台湾的方针政策,他除了重申准备在必要的时候,用战争的方式解放台湾外,明确强调要争取用和平的方式解放台湾,实现祖国的统一。这是我党第一次正式宣布争取用和平的方式解放台湾的方针,它标志着党的对台政策发生重大转变。

1956年3月16日,周总理会见了一位即将赴台湾访问的英国人马坤,请他见到蒋介石或其他熟人时转达几句话。周总理说:"首先,你可以向他们说,蒋介石是我们的老朋友,他认识毛主席,也认识我。我们同他合作过两次,最后一次是在南京。那次谈判破裂以后,接着就打了三年内战,至今还没有结束。但是,中国共产党从来没有说，我们永远不再谈判。内战虽然还没有结束，但是，我们从来没有把和谈的门关死，任何和谈的机会我们都欢迎。我们是主张和谈的，既然我们说和谈，我们就不排除任何一个人，只要他赞成和谈”。在谈到台湾的未来时，周总理说：“蒋还在台湾，枪也在他手里，他可以保持，主要的是使台湾归还祖国，成为祖国的一个组成部分。这就是一件好事，如果他做了这件事，他就可以取得中国人民的谅解和尊重。”“中国共产党讲话是算数的，我们说的话是兑现的，我们从不欺骗人。”最后，周总理还请马坤见到孙科时告诉他：“如果他愿意回来，我们欢迎。我们知道他过去曾做过错事，但我们不愿意让孙中山的儿子长期地留在外边，而不回祖国。”

1956 年 6 月 28 日，周总理在人大会议发言时说：“我代表中国政府正式表示：我们愿意同台湾当局协商和平解放台湾的具体步骤和条件，并且希望台湾当局在他们认为适当的时机，派遣代表到北京或其他适当的地点，同我们开始这种商谈。”“对于一切爱国的人们，不论他们参加爱国行列的先后，也不论过去他们犯过多大罪过，都本着‘爱国一家’的原则，采取既往不咎的态度，欢迎他们为和平解放台湾建立功勋，并且还将按照他们的立功大小，给以应得之奖励和适当安置”。当年 7 月，周总理在会见前国民党通讯社记者曹聚仁时，明确指出：我们对台湾绝不是招降，而是要彼此商谈，只要政权统一，其他都可以坐下来共同商量安排的。

1956 年春，我党请章士钊先生带信托香港有关人士转交蒋介石。信中提出国共两党重新合作、和平解放台湾的建议。周总理听说蒋介石非常挂念家乡奉化的情况，就请有关人士将题上“奉化墓庐依然，溪口花草无恙”的照片转给蒋介石。1957 年 4 月，蒋介石派驻香港的“立法委员”宋宜山自香港至北京，做试探性接触。周总理会见了宋宜山。在周总理的指导下，中央统战部长李维汉与宋宜山进行了具体商谈，提出了以下几点建议：国共两党通过对等谈判，实现国家统一；台湾为中国政府统辖下的自治区，实行高度自治；台湾地区的政务仍归蒋介石领导，中共不派人前往干预；国民党派人到北京参加对全国政务的领导；美国军事力量撤离台湾海峡，不容许外国干涉中国内政。

美国企图搞“两个中国”或“台湾独立”蓄谋已久，1958年我炮击金门后完全暴露。在中美大使级谈判中，美国坚持霸占我国领土台湾，不从台湾撤军；同时要求我们承担不以武力解放台湾的义务；在国际上散布“台湾地位未定”的谬论；它还公开压蒋介石从大陆沿海岛屿金门、马祖撤退，企图以“金马换台湾”。这一切表明，美国企图将台湾从中国分裂出去，制造“两个中国”或“台湾独立”。其阴谋诡计，昭然若揭。不仅我们坚决反对，蒋介石集团也不赞成。在反对“两个中国”或“台湾独立”的立场上，海峡两岸找到了共同点。尽管双方的出发点不同，但是两岸关系终于出现了新的转机。随着美蒋矛盾的加深，我党就和平统一问题向台湾方面提出许多新的重大原则性意见。

1958年，毛主席、周总理在会见一些朋友时，都提出了国共和谈的一些重要设想，这就是：如果台湾回归祖国，“一切可以照旧，台湾将来是要实行社会主义的，但何时进行民主改革和社会主义改造，则要取得蒋先生的同意再做，现在可以实行三民主义，可以同大陆通商。但是，不要派特务来大陆破坏，我们也不派红色特务去破坏他们。谈好了可以订个协议公布。”毛主席还表示，台湾只要与美断绝关系归还祖国，其他一切都好办。现在台湾的连理枝是接在美国的，只要改接到大陆来，可以派代表回来参加全国人民代表大会和政协全国委员会。对这个问题，周总理还作了具体说明：蒋经国安排在人大或政协是理所当然的。蒋介石将来要在中央安排。台湾还是他们管，如果陈诚愿意做，蒋经国只好让一下做副的。他还说：其实，陈诚和蒋经国都是想干事的，陈诚愿到中央工作，不在傅作义之下，蒋经国也可以到中央工作。周总理还表示，如果台湾方面有难处，我们可以等待，希望蒋氏父子和陈诚也拿出诚意来。

同年10月13日，毛主席接见曹聚仁时表示：台湾如果回归祖国，照他们(指蒋介石等)自己的方式生活。水里的鱼都有地区性的,毛儿盖的鱼到别的地方就不行。美国不要蒋时,蒋可以来大陆,来了就是大贡献,就是美国的失败。蒋介石不要怕我们同美国人一起整他。毛主席还说,蒋同美国的连理枝解散,同大陆连起来,枝连起来,根还是他的,可以活下去,可以搞他的一套。关于军队问题,毛主席表示:可以保存,我不压迫他裁兵,不要他简政,让他搞三民主义。

此后,周总理在毛主席谈话基础上,把和平统一祖国的方针、政策,概括为"一纲四目",经党中央同意后,确定为我党的对台政策。总的方针是:台湾宁可放在蒋氏父子手里,不能落在美国人手中。"一纲"是台湾必须统一于中国。"四目"是:一、台湾回归祖国后,除外交必须统一于中央外,所有军政大权、人事安排等悉委于蒋,陈诚、蒋经国亦悉由蒋意重用;二、所有军政及建设经费不足之数悉由中央拨付;三、台湾社会改革可以从缓,必俟条件成熟并征得蒋之同意后进行;四、互约不派特务,不做破坏对方团结之举。为了使蒋介石了解这一政策,1960 年 5 月 24 日,周总理约见张治中等先生,请张致信蒋介石,将上述中共中央的政策告诉他。周总理要求该信一定要送到蒋氏父子手中。张治中致蒋介石的信写好送周总理审阅时,周总理在该信的背后写了这样四句话:"局促东南,三位一体,寥廓海天,不归何待。"

我炮击金门后,蒋介石、陈诚对是否从金门、马祖撤军存在矛盾,蒋主张守,陈主张撤。因为金、马守军为陈的旧部,他想保存实力。美国利用这个矛盾,采取"拉陈抑蒋"政策。1961 年下半年,中共中央决定以促蒋陈团结来击破美国的阴谋。周总理请人向台湾方面转达我党的意见:为了不使美国的阴谋得逞,台湾当局首先应该团结内部,也就是蒋氏父子和陈诚的团结,因为只有他们几个在台湾还有些力量,只要他们团结起来,把军队抓在手里,美国就不敢轻举妄动,这点是很重要的。周总理还表示,我们希望我们这辈子看到中国的完全统一。不过,我们并不想包办革命事业,可以留给后一辈去完成。只要他们一天能守住台湾,不使它从中国分裂出去，那么，我们就不改变目前对他们的关系，希望他们不要过这条界。金、马我们是不会去动的，可以耐心等待，直到它们在有利时机归还祖国，实现国共第三次合作。

1959年9月，党中央决定分批释放在押的原国民党高级将领杜聿明、郑庭笈、宋希濂、邱行湘、杨伯涛等11位周总理当年在黄埔军校任职时的学生，当他们见到周总理的时候，百感交集，说的第一句话是：“学生对不起老师，走错了路。”周总理回答说：也不怪你们，是老师没有把学生教好。为了庆祝学生们获得新生，周总理特意邀请他们一起开心地游了一趟颐和园。

中国政府的和平呼吁和采取的一系列措施，对台湾当局有所触动。他们表示：今后不再用红色中国、共党中国称中共政权。在提到他们自己时，不再称自由中国，而用中华民国。60年代初，蒋经国又托人表示：不再派人到大陆进行敌对活动；还说进一步派人到大陆谈判是不可避免的，也是必需的。

后来，陈诚应邀访问美国，美国国务院将1955年以来中美大使级谈判的记录给他看，想以此来拉拢陈诚。据说，陈诚看后对人说，中共拒绝美国的一切建议，而坚持美国舰队及武装力量退出台湾的做法，不受奸诈，不图近利，是泱泱大国的风度。周总理十分赞赏陈诚的民族感情，多次请有关人士进一步向他表示：两岸的团结、统一工作要认真做下去，台湾如果有朝一日归还祖国，我们仍坚持以前所谈的“一纲四目”原则。

1963年年初，周总理又请张治中先生致信陈诚。信中说，今日台湾问题之首要关键，在于促成第三次国共合作，使台湾回归祖国。只要台湾回归祖国，其他一切问题悉尊重台湾领导人的意见妥善处理。信中重述了“一纲四目”的政策。

1965年陈诚病逝前，向蒋介石进言：对中共不能反潮流，不能为外国动用台湾兵力，不能信任美国。在遗言中，他既没提“反共”，也没有提“反攻”。

“一纲四目”政策的实质是:只有一个中国,即中华人民共和国;台湾必须回归祖国,统一于中国。在此前提下,台湾可以实行与大陆不同的制度,一切可以照旧。这对我们争取台湾回归,统一祖国,提供了可资继承的思想基础。

由于国际和国内的种种复杂的原因,和平解放台湾的进程十分艰难。1965 年 8 月 31 日,周总理在有关台湾问题的谈话中指出:“对台工作急是无用的,今后可能会拖下去。我们这辈子如看不到解放台湾,下一代或再下一代总会看到的。我们只要把种子播好,把路开对了就行”。

现在谈谈周总理提出的香港、澳门回归前后的方针政策。

新中国从来不承认 19 世纪英国强加于中国人民的不平等条约。但是,为了充分利用香港特殊的经济地位,也为了防止美国插手香港问题,开国之初,我国政府关于香港、澳门的基本政策定为“暂不收回,维持现状”。后来,又正式确定为“长期打算,充分利用”的方针。这是周总理 1950 年起草的有关香港问题的文件中提出,并由党中央决定的。周总理解释说,维持现状不是不管不问,否则对不起祖宗,也对不起子孙。

1950 年年初,周总理把新华社香港分社的负责人黄作梅召到北京。总理告诉他:“我们对香港的政策是东西方斗争全局的战略部署的一部分。暂时不收回香港,不是妥协,而是积极主动地进攻和斗争”。“我们进行社会主义建设,香港可以作为我们同国外进行经济联系的基地,可以通过它吸收外资,争取外汇”。

1955 年 10 月,香港总督葛量洪作为英国驻华代办的私人客人来到北京。当时,葡萄牙正准备大规模地搞一个庆祝澳门“开埠”四百周年活动。周总理在接见葛量洪时十分气愤地说:这是对中国人民的一个挑衅,它不仅会刺激在澳门的中国人的感情,也会刺激在香港的中国人的感情。我们迄今没有提澳门问题,并不是说我们已经忘记了这个问题。葛量洪回去后,把周总理的态度告诉了澳门总督,使他们取消了原来确定的庆祝活动。

1957年4月28日，周总理在上海工商界人士座谈会上讲话时说：“香港的主权总有一天我们是要收回的，我们这样大的一个社会主义国家，经过二十年至三十年的工业化，对香港一定会用和平谈判的方式来解决。”香港回归后，“我们不能把香港看成内地。对香港的政策同对内地是不一样的，如果照抄，结果一定搞不好，因为香港现在还在英国统治下，是纯粹的资本主义市场，不能社会主义化，也不应社会主义化，香港要完全按资本主义制度办事，才能存在和发展，这对我们是有利的”。“我们在香港的企业也要适应那里的环境”。香港应当化为经济上为我所用的港口。对在港的民族资产阶级，过去合作过，将来还可以合作。“港澳的同胞不要担心前途，他们当中如果有些人主动要求回来，可以同意，但不要动员他们回来，应让他们留在那里经营自己的企业，我们可以同他们内外合作，不使人家吃亏。至于有些人一时还不相信我们，对我们的政策有怀疑，可以让他们再看一看，看一二十年都可以，我们不要歧视他们，责怪他们。如果内地有一些人想出去，也是允许的，但不要主动去号召”。我们要进行社会主义建设，“香港可作为我们同国外进行经济联系的基地，可以通过它吸收外资，争取外汇。我们要打开局面，就得对香港的民族资产阶级讲清政策，使人家有利可图”。

周总理的这个讲话，既回答了香港总有一天要收回，又回答了在回归之前如何在经济上利用香港，特别是首次提出了一个国家内可以实行两种社会制度的设想，这对我们制定香港、澳门回归前后的方针政策，具有十分重要的指导意义。

1963年，香港陷入供水危机，香港当局和各界知名人士联名向广东省求助。广东省政府开始酝酿从东江引水到深圳的石马河供水工程。1963年12月8日，周总理访问北非经过广东，听取了省委书记陶铸等同志的汇报，他赞成石马河梯级供水方案。周总理说：香港居民百分之九十五以上是我们自己的同胞，供水工程应由我们国家举办，列入国家计划，不用港英当局插手。供水谈判可以单独进行，要与政治谈判分开。

总理决定，从国家援外专款中拨 3800 万元，支持这一工程。香港同胞称为生命线的石马河供水工程，仅用了一年的时间就完成了。

1972 年，周总理先后会见了英国保守党议员汤姆森和英国外交大臣霍姆，在他们询问香港条约期满后中国会采取什么政策时，周总理果断地回答说：割去的领土总要收回来。但中国的政策不是急急忙忙地搞那些事，到时候我们会同英国谈判，不会采取突然行动。条约到期了一定要谈判，将来的谈判要着眼于时代的发展。

1974 年 5 月，英国前首相希思来华访问，毛主席、周总理在会见时，毛主席对希思说：我们之间就剩下一个香港的问题了。接着问周总理，还有多少年？总理回答说，还有二十三年零两个月。毛主席感慨地说：我是等不到了。总理说：我也肯定见马克思去了。随后毛主席说：这是年轻人的事，由他们去解决吧。

澳门与香港一样，都是被西方殖民主义国家强行割去的中国领土。我国收回香港的方针政策，对澳门基本上是适用的。周总理在内部多次讲过：澳门问题不单独处理，待条件成熟时，与香港一起收回。

以后，党的第二代领导核心邓小平同志继承了毛主席、周总理关于台湾、香港、澳门回归祖国的战略思想，并且创造性地、科学地概括为“一国两制”。1979 年 12 月 6 日，邓小平同志说：“对台湾我们的条件是很简单的，那就是台湾的制度不变，生活方式不变，台湾与外国的民间关系不变。”“台湾作为一个地方政府，可以拥有自己的自卫力量，军事力量。条件只有一条，那就是台湾要作为中国不可分割的一部分”。这次谈话实际上表达了“一国两制”的基本构想。

1981 年 9 月 30 日，叶剑英同志发表《关于台湾回归祖国实现和平统一的方针政策》，主要内容是：“国家实现统一后，台湾可作为特别行政区，享有高度的自治权，并可保留军队。中央政府不干预台湾地方事务”；“台湾现行社会、经济制度不变，生活方式不变，同外国的经济、文化关系不变。私人财产、房屋、土地、企业所有权、合法继承权和外国投资不受侵犯";"台湾当局和各界代表人士,可担任全国性政治机构的领导职务,参与国家管理";等等。

1982年1月11日,邓小平同志就叶剑英同志发表的讲话指出:"这实际上就是一个国家、两种制度,在国家实现统一的大前提下,国家主体实行社会主义制度,台湾实行资本主义制度。"这是邓小平同志第一次提出"一个国家,两种制度"的构想。此后,邓小平同志还将"一国两制"的构想运用于解决香港、澳门的回归当中。经过多次谈判达成协议,中英两国政府于1984年12月签署了《关于香港问题的联合声明》,中葡两国政府于1987年4月签署了《关于澳门问题的联合声明》。1990年4月4日,七届全国人大三次会议通过了《中华人民共和国香港特别行政区基本法》。1993年3月31日,八届全国人大一次会议又通过了《中华人民共和国澳门特别行政区基本法》。1997年、1999年,在以江泽民同志为核心的党中央领导下,继承老一辈革命家的遗志,中国政府顺利收回香港、澳门,并分别成立了第一届政权机构,使"一国两制"变为现实。从此,中华民族彻底摆脱了屈辱的历史。

港澳回归祖国后,尚待完成的祖国统一大业,就剩下台湾了。按照"一国两制"的方针,解决台湾问题,完成统一大业,是包括台湾同胞在内的12亿中国人民不可动摇的意志,是民族大义和神圣使命,是任何力量也不能阻止的。我国政府已多次宣布,争取和平统一,但不放弃必要时使用武力。20年来,我国实行改革开放的政策,经济、科技、教育迅速发展,综合国力显著增强。可以预期,这种发展势头将会继续下去,中国成为世界强国为期不远。台湾回归,统一祖国,只是时间问题。目前台湾有那么一小撮"台独"分子,背叛国家和民族利益,企图依靠美国霸权主义的支持实现"台湾独立"。这是痴心妄想,中国人民和中国政府绝不会允许!我相信,毛主席、周总理等老一辈革命家开辟的道路,播下的种子,一定会开花结果。

以上这些史实仅仅是举例,绝不是全部。历史已经充分证明,周总理是伟大的马克思主义政治家、国务活动家,他留下来的思想财富极其丰富而珍贵,是毛泽东思想的组成部分。

有人写书,把周总理说成是一个“事务主义者”,是“绍兴师爷”式的人物。这完全不符合历史事实,是对周总理在中国革命和建设事业中的历史作用的贬低和歪曲。

二、周恩来同志是以身作则、艰苦奋斗、廉洁奉公的表率

在“文化大革命”中,周恩来同志经常佩戴横条式的有“为人民服务”五个字和毛泽东同志头像的像章。在国务院会议厅摆放的屏风,正面是“为人民服务”,背面是“艰苦朴素”。这不仅是口号,而是他的实际行动。他是这样说的,也是这样做的。我要讲以下事实:

1. 1949 年 10 月 1 日,中央人民政府委员会任命周恩来同志为政务院总理。周恩来同志在“组阁”过程中,党内外有些同志建议,邓颖超同志不论革命贡献、品德、才能,都应当安排为部长。周恩来同志坚决不同意。他说:“只要我当总理,邓颖超就不能在政府当部长”。在周总理生前,邓颖超同志一直担任全国妇联副主席,做妇女工作。周恩来同志的这种高尚品德,受到党内外同志一致赞扬。他开创的中央领导人不提拔自己配偶担任高级领导职务,也不安排在自己管辖单位工作的先例,对于我国的廉政建设具有重要意义。

2. 建国之初,周总理即住在中南海西花厅,他的卧室和办公室地面是青砖铺的,雨季很潮湿;屋顶是用石灰泥浆喷的,不大牢固;在住了十年后,墙壁已经熏黑,门窗和柱子油漆已经剥皮。1959 年年底至 1960 年年初,周总理到南方去读《政治经济学(教科书)》,研究社会主义经济建设理论问题的时候,总理办公室有关同志自己做主,抓紧时间进行了维修,除门窗、墙壁重新油漆、粉刷外,地面和屋顶都换成木板的。总理回来后,对有关同志进行了严肃批评。之后,还在国务院会议上作了自我批评,承担了责任。

3. 1957年前后，有人提出建设中央政府大楼（在西安门大街以南，灵境胡同以北，西皇城根以东，府右街以西地区），总理表示坚决反对，并说：只要我当总理，就不建政府大楼。

4. 从建国之初开始，总理在政务院会议厅召开会议，需要吃工作餐时，一律吃大烩菜，每桌有四个小冷盘，也就是小咸菜。与会人员包括总理在内，喝茶每杯交1角钱，吃饭每顿缴5角钱，1958年以后还要按自己的粮食定量缴粮票。“文化大革命”时期吃饭交费调整为：工资100元以下的缴5角，100元以上的交8角，其他不变。

5. 周总理到工厂、农村视察，常常到职工食堂和农民家中吃饭，而且交钱。如周总理三次去大庆视察，都坚持职工吃什么，自己吃什么，也就是吃高粱、苞米大楂子粥、土豆炖白菜。不住招待所，住大庆油田领导机关办公室。还多次与工人一起吃饭。周总理三次去大寨，也是吃大寨饭，即玉米面窝窝头，小米稀饭，用大寨生产的农副产品做的菜。有一次他和陈毅副总理去大寨，还到群众家里吃饭。1958年修建北京十三陵水库时，他带领中央和国务院各部门的负责人在工地劳动一星期，和水库建设者同吃、同住、同学习、同劳动。1958年为了检查国务院机关食堂的伙食，与大家一起排队买饭吃。

6. 1973年，江苏淮安县委给周总理写信，拟将他的旧居加以维修，供人参观。周总理不同意县委的意见，指示我给淮安县委书记打电话：①房子不要维修，坏了就拆掉；②住在院子里的群众不要动员搬迁；③不要对外开放，供人参观。我传达了这三条后，县委书记表示执行有难处。我再三说：这是总理指示，希望你们认真贯彻执行；总理不愿突出自己，愿做一个普通人，希望你们理解。

7. 周总理的侄女周秉健在内蒙古自治区插队，当地领导同志出于照顾周秉健，让她参加了人民解放军。总理知道后，在国务院一次会议上，见到北京军区司令员李德生同志，批评了这种做法，并要德生同志下令将秉健送回原插队的地方。

8. 周总理的弟弟周同宇同志,在内务部工作,部长曾山同志拟安排他担任内务部参事,并提高其待遇。总理知道后表示不同意,并提出他老了,应当退休。从此周同宇同志就退休了。

9. 周总理在淮安的一个侄子,在北京钢铁学院当教师,1961 年结婚,他的爱人在淮安工作。1963 年钢铁学院为了照顾他们的夫妻关系,决定把女方调来北京工作。周总理知道后,不同意这样办,亲自动员他们一起去淮安工作。这对夫妻愉快地回到淮安县。

10. 周总理从不接受别人送礼,即使他过去的秘书、警卫员送礼也不接受。不仅不接受,还要给予批评。对于已经送来的礼品能退回的退回,容易腐烂的食品等不便退回的,付款后收下。1974 年周总理住进医院后,国务院机关事务管理局的同志从一个宾馆池塘捞了几条活鱼送给总理,以表达对总理生病的关心和敬爱之情。邓大姐一面表示感谢,一面说要按市价付款,否则不能收。只好按大姐的意见办。当年秋天,国务院机关"五七"干校的同志们从干校苹果树上摘了几斤苹果送给总理,邓大姐也是付款后才收下的。

11. 1962 年,淮安县委书记趁到北京开会的机会,顺便带了一点淮安特产油茶馓子送给周总理。周总理知道后,立即把东西退回,并附了一份国务院不准请客送礼的文件,要他们坚决贯彻执行。

12. 1961 年春节前夕,河北省静海县委书记和县长给周总理送来 3 万斤鱼,说是给党中央、国务院的。我报告了秘书长习仲勋同志,习秘书长请示总理,周总理指示:①告诉他们:这样做是错误的,现在是困难时期,党中央、国务院领导应当同人民群众同甘共苦,不能特殊;② 3 万斤鱼由北京市商业局按市场价格收购,然后投放市场,卖给群众。我还记得,三年困难时期,青海省的领导准备给党中央、国务院送一列车青海湖产的鱼,周总理知道后,立即批评制止。后来,党中央为此发了一个通报,批评此类不正之风。

周总理对于外国朋友送的礼品接收后,一律交公。

古语说:“身教重于言教”,“身正不令而行”。周总理清正廉洁的榜样,给许多同志以深刻的教育和影响。周总理在世时,国务院机关成为全国勤政廉洁的榜样。

周总理离开我们已经22年了,但是他的宏伟业绩、光辉思想和崇高品德将流芳百世,永放光芒。我已经老了,基本休息了,但是作为一个共产党员在政治上思想上不能休息。一定要牢记周总理的教诲,永远做人民的公仆,为党为人民做有益的事情。我希望年轻的同志们学习周总理的革命精神和崇高品德,继承周总理留下的事业,为把我国建设成为富强、民主、文明的社会主义现代化国家而奋斗。

附录二

回忆周总理在邢台地震后对有关地震工作的指示

吴庆彤

敬爱的周总理已经逝世20年了。他为中国革命和建设事业所建立的丰功伟绩，他全心全意为人民服务的崇高品德，永垂青史，光照人间。

1966年的邢台地震，是建国后在人烟稠密地区发生的一次破坏性极大的地震，造成的灾害十分严重。在周总理的领导下，成功地进行了抗震救灾工作，各项应急措施及时有力，在不长的时间里治愈了地震创伤。周总理还以邢台地震为契机，高瞻远瞩，对地震科研和建筑工程抗震防灾工作，作出了重要决策。周总理在地震工作领域里的指导思想，是留给我们的宝贵精神财富。在邢台地震30周年和周总理逝世20周年的时候，回忆周总理对有关地震工作的指示和期望，进一步加强地震科研工作和抗震防灾工作，有着十分重要的现实意义。

我长期在国务院办公厅工作。在1966年邢台地震后，周总理和国务院其他领导同志抓抗震救灾的时候，我参加了有关的会议，承办了日常事务，因而对周总理关心我国地震工作的情况，有所了解。

（一）周总理两次到地震灾区视察，亲自指导抗震救灾，并提出了救灾工作方针。

1966年3月8日和22日，邢台地区连续发生两次强烈地震，造成

8064人死亡,伤38451人,倒塌房屋508万间,许多工厂遭受破坏而停产,多处公路、铁路、桥梁和通信、输电线路受到严重破坏。3月8日地震,发生于凌晨5时29分,北京地区房屋晃动,明显有感。周总理凌晨3点多才休息,地震一发生,立即要国务院秘书长周荣鑫迅速查明震中位置和受灾情况。当时,我国监视地震活动的台站很少,地震灾区通信线路遭受破坏,地震情况不能立即查清楚。天亮后,铁道部和邮电部先后报告了石家庄—邯郸之间的有线通信中断,铁路桥梁遭受破坏。随后,总参谋部和河北省政府先后报告,邢台地区发生大地震,隆尧等县房屋倒塌很多,人员伤亡严重。中国科学院地球物理研究所报告,震中在邢台地区隆尧县,震级6.8级。周总理得到上述报告后,立即通知总参,下令驻石家庄地区的部队和医务人员,立即出动,前往地震灾区,抢救受灾群众。当天中午,情况基本查明,下午周总理召开紧急会议,研究部署救灾工作。会议决定,卫生部立即组织医疗队前往灾区。商业、供销等部门立即调运救灾物资。组织中央慰问团,由内务部部长曾山任团长,前往灾区慰问受灾群众,了解灾情。周总理还决定,地震科研人员和建筑工程设计人员,立即前往灾区进行调查研究,总结经验教训。会后各方面立即行动。驻邢台一带的部队,于当天中午最先到达灾区,抢救受难群众。主力部队于下午和晚上先后到达灾区。军队和当地卫生部门派出的医疗队当日陆续赶到灾区。北京等地的医疗队于9日到达灾区。石家庄等地也及时将熟食运往灾区。中央慰问团9日到达灾区,地震科研和建筑工程设计人员也陆续到达。

周总理在百忙之中先后两次到灾区视察。3月9日下午乘专机到达石家庄市,首先听取当地驻军领导和河北省及邢台地区领导汇报,吃过晚饭后,在北京军区副司令郑维山和河北省委副书记阎达开等同志的陪同下,连夜冒着余震赶赴位于震中的隆尧县视察。周总理在听取救灾部队和地县领导汇报后,就伤员的救治,死亡人员的掩埋,搭建临时住宿棚子,吃饭问题,恢复生产和社会秩序,稳定群众情绪等问题进行了全面研究和部署。周总理提出了在国家支援下,“自力更生,奋发图强,发展生产,重建家园”的抗震救灾工作方针,并且决定成立以部队为主的军队地方联合救灾指挥部(以某军政委蔡长元为主),统一指挥救灾工作。周总理在隆尧县开会一直到深夜。第二天周总理乘直升飞机再去受灾地区,先在空中视察房屋破坏情况,然后降落看了几个重灾村,并在隆尧县白家寨召开群众大会,号召群众团结起来,同自然灾害作斗争。

3月22日16时许,邢台地区发生第二次地震(7.2级)。当晚周总理决定中央慰问团再赴灾区,了解灾情,慰问受灾群众。23日,周总理、李先念副总理召开会议,听取了灾情汇报以及科研人员对地震发展趋势的汇报,安排了救灾工作。当时,周总理有许多重大问题需要处理,委托李先念副总理和周荣鑫秘书长于3月25日前往灾区视察、慰问。李先念同志在刘子厚省长的陪同下,在灾区连续视察、慰问两天,并召开群众大会,慰问和鼓励受灾群众。4月1日,周总理再次到地震灾区,先后到宁晋县东汪镇、束鹿县王口乡、冀县马头李乡、宁晋县耿庄桥和巨鹿县何寨等5个重灾村庄进行视察和慰问,并在群众大会上讲了话。周总理鼓励灾区人民振奋精神,战胜困难,抓紧抗旱保墒,浇麦,春播,“家里丢了,从地里拿回来。”周总理在视察中了解到灾区不少群众由于房屋财产毁于一旦,余震不止,悲观恐惧,失去信心,便要求救灾部队组织毛泽东思想万人宣传队,用一个月的时间,对地震灾区群众普遍进行一次宣传教育,村村都去,不留死角,并在宣传中帮助群众春耕春播。根据周总理指示,救灾部队立即组织了66个连队,分赴邢台灾区所有村庄,向群众宣传,帮助群众春耕春播。宣传队振奋了灾区人民自力更生的精神,当年夺取了农业丰收,获得了巨大的经济社会效益。

邢台地震是建国以来第一次遇到的灾害损失非常严重的地震。当时我国对地震救灾还缺乏经验。然而在周总理亲自领导下,在人民解放军和全国各地的大力支持下,河北省和邢台地区各级党政领导,动员和组织群众,奋力救灾,取得良好效果。压埋在废墟下的群众,绝大部分被救出来,受伤的群众得到及时救治,灾区群众生活得到初步安排,生产迅速恢复,并在较短的时间里,把毁灭的家园重新建设起来。

(二)周总理提出"以预防为主"的地震工作方针,要求地震科研人员,积极探索地震规律,早日突破预报难关。

严重的地震灾害,深深地刺痛了周总理的心。周总理在视察中,听到许多干部和群众反映,在大地震发生以前,出现一些异常现象。例如,鸡犬不宁,老鼠乱跑,井水突然涨落;震前地下发出轰鸣声,地面出现地光;等等。这些前兆现象,是探索地震预报的向导。周总理在视察中多次说:"这次地震,代价极大,必须找出规律,总结出经验。""虽然地震的规律是国际间都没有解决的问题,我们应当发扬独创精神,来努力突破科学难题。"4 月 1 日对科技大学地震专业的同学说:"希望在你们这一代能解决地震预报问题。"由于地震预报是一个科学难题,当时有的专家对能不能搞地震预报,是有不同看法的。我国著名的地质力学家、地质部部长李四光同志认为,地震预报的难度虽然很大,但是地震的规律是可以认识的,我们应当积极探索。周总理赞成并支持李四光同志的看法,并用辩证唯物论的认识论和地震有前兆,说明地震的规律是可以认识的。周总理提出,地震工作要以预防为主,实行专群结合、土洋结合的方针,争取用一代或两代人的时间,解决地震预报问题。周总理要"国家科委、聂总(即聂荣臻副总理,兼国家科委主任)抓下去,一直抓,抓出大成果来"。

在我国的地震科研人员还不能准确地做出地震预报的情况下,对于在地震观测中发现的异常情况,如何正确处理,也是周总理关心的一个问题。周总理清醒地看到,地震预报,绝非短期所能解决。他多次讲过,对地震既要提高警惕,又要保持镇定。他对青年地震科研人员说:要大胆设想,积极实践,只有这样,才能有所发现,有所创造。但是,不要轻易下结论,地震的规律不是几天就可以认识和掌握的。1966 年 3 月底,设在邢台震区的各种地震观测台出现异常现象,地震专家会商认为,可能出现强震。邢台抗震救灾指挥部的简报反映了这个情况。周总理阅后指示：要注意仪器记录和有感地震的变化，如果发生异常情况，就应当通知有关专区、县市、公社、大队提高警惕，但又要注意镇定和冷静地准备各项救护工作。周总理只把预报局限于地震灾区，而不扩大范围，表明总理对地震预报是持谨慎态度的。

6月6日，周总理签发了《国务院批转科学技术委员会关于加强地震科学研究工作的报告》，国家科委的报告中，把尽快突破地震预报，为建设基地的选址提供地震烈度依据，为建筑抗震设计提供地震参数，研究建筑物的抗震措施，作为地震科研的主要任务。报告中还提出，在我国西南、西北、华北、广东布设地震观测网，建立地壳物理等多学科的实验室。国家科委报告中提出的各项任务，已经逐步落实。

自从周总理向地震科学工作者提出开展地震预测预报的科研任务后，我国的地震科研人员齐心合力，探索地震发生的规律，经过近30年的努力，已经取得相当成就。尽管地震预报尚是一个没有解决的科学难题，但是我们在实践中，对破坏性地震曾作出比较成功的短临预报。如1975年辽宁省海城7.3级地震的短临预报成功，大大减少了震区的人员伤亡和经济损失。对唐山大地震，虽然没有能够作出临震预报，但对京津、渤海北部地区也有过可能发生较强地震的中长期预报。国务院向有关省市转发了这个报告，要求提高警惕，加强预防。多年来我国在地震预报的探索中所取得的经验与进展，已得到世界各国的瞩目。实践证明，周总理提出的开展地震预测预报的方针是完全正确的。

（三）周总理提出，要抓住邢台地震这个机会，对各类建筑物遭受破坏情况进行调查研究，并提出相应的对策。

周总理在地震灾区看到，震区房屋倒塌严重，很多地方成了一片废墟。地震中群众的伤亡主要是房屋倒塌造成的。由于房屋的结构和材料不同，受到的破坏不一样，也有一些房屋没有倒塌。周总理指定军委工程兵司令员陈士榘同志组织建筑工程设计专家到灾区去进行调查研究。后来又请国家建委组织更多的专家前往灾区调查。专家们在调查中发现,邢台震区房屋倒塌高达五百多万间,其主要原因是房屋结构不好,大都是土坯房,屋顶重,墙体又不承重,经不起强烈地震的袭击。根据以上情况,专家们提出了一些震区房屋建筑的设计方案,帮助灾区人民重建家园。这时,周总理又指示设计方案要征求当地公社、大队的意见,要做到切实可行,最后经过核定的设计方案,既考虑了抗震要求,又是当地农民财力能承受得起的。地震灾区按照这个方案新建的房屋,在1981年发生一次5.8级地震时,经受住了考验。

邢台地震不仅造成大量房屋倒塌,对工厂、公路和铁路桥梁、水利设施也有严重影响。周总理对此也十分关注。例如,位于平山县的黄壁庄水库大坝,在地震时发生裂缝,由于是枯水期,未造成严重后果。周总理特别指定水利部副部长钱正英同志专门研究解决水库的加固问题。周总理明确提出:地震工作"要为保卫大城市、大水库、电力枢纽、铁路干线作出贡献"。周总理的这一指示,为我国的建筑抗震指明了方向和重点。在本世纪六七十年代,我国地震高潮期间,我们进一步总结了各次破坏性地震,特别是唐山大地震对各种建筑物的破坏经验,更加深刻地认识到,保卫大城市的重点是保卫城市能源、通信、交通、供水等生命线设施。同时,人们也认识到,随着国家经济建设的发展,关系国计民生的现代化工业、交通、能源、水利等大型建设工程日益增多,如长江三峡水利枢纽、核电站、海港、航空港和石油、天然气管道等等,事先做好这些建设工程的地震安全性评价工作,选好地址,适当设防,是关系到国家和子孙后代安全的百年大计,不容疏忽。多年来,我国的地震科研人员和建筑抗震科研设计人员在这方面做了很多工作,发挥了重要作用。

在邢台地震以前,我国处于地震区的各种建筑多数未考虑抗震设防,或者抗震系数过低;广大农村的房屋多属土、石结构,抗震性能更差。邢台地震后,国家建委和后来的建设部总结了经验教训,逐步制定了若干建筑抗震设防行政法规,编制了抗震防灾规划,加强了对建筑工程,特别是对城市能源、通信、运输、供水等生命线工程的防震抗震管理。

邢台地震至今已经 30 年了。回忆当时周总理在日理万机的情况下,急灾区群众所急,想灾区人民所想,夜以继日,抓抗震救灾的情景;为了国家和人民的利益,谆谆教导我国地震科学工作者,树雄心立壮志,努力探索地震规律,早日突破地震预报难关的殷切心情,历历在目。尽管邢台地震后不久就搞起了“文化大革命”,周总理提出的地震科研、建筑抗震等一系列任务的落实受到严重干扰,但是由于各有关方面的同志们坚定不移地贯彻执行周总理的指示,仍然取得了可喜的成果,使我国地震科研和建筑抗震步入了新的阶段。人们永远不会忘记周总理为我国抗震救灾、地震科研和抗震防灾作出的伟大贡献。

后　记

为了纪念敬爱的周总理诞辰100周年，我怀着无比思念的心情，于1997年用了约半年的时间，写了一篇回忆录《周恩来在“文化大革命”中——回忆周总理同林彪、江青两个反革命集团的斗争》。在中共党史出版社的大力支持下，印成小册子出版了。半年的时间，对我来说太短了。因为我过去没有写过长篇文章，写长篇东西很吃力；我写的内容又都是二三十年前的事情，许多重要事件只记得梗概，具体情节已经淡漠了。回忆录是纪实性文章，我必须尊重历史、忠于史实。为此，必须查阅保存下来的很不完全的笔记，查找有关档案、资料。有些事情还需要拜访有关同志进行核对。当时，我写了《“文化大革命”一开始，周总理就对这场所谓“革命”很不理解》、《建国后十七年起主导作用的是革命路线，还是修正主义路线》、《党政领导干部是党和国家的宝贵财富，还是“文化大革命”的对象》、《要不要全面夺权》、《工交企业和农村社队如何开展“文化大革命”》、《关于所谓“二月逆流”》、《关于“九·一三”事件》、《打开中美、中日外交关系的大门，开创外交工作新局面》、《批判极左思潮的斗争》、《要不要发展对外贸易、引进外国先进技术》、《关于批林批孔和组阁的斗争》、《关于反经验主义和评〈水浒〉》、《这是最后的斗争》等13个专题和结束语。这些专题都是匆匆忙忙地写出来的，写得很粗糙。还有些重要的历史情况，由于尚未核对清楚，只好暂时放下，没有写。

我的回忆录出版以后，近三年来，陆续回忆和收集了一些材料，对原版做了增补和修改。增补和修改的专题是：《江青一伙肆意迫害协助周总理工作的主要助手——兼谈对"西纠"和"联动"的看法》、《在全面夺权前后》、《在二月抗争中》、《1967年夏秋的大搏斗》、《庐山会议和林彪事件》、《全力支持邓小平复出和主持党中央、国务院日常工作》、《贺龙元帅被林彪、江青一伙迫害致死，周总理极为悲愤》、《教育部长周荣鑫被江青一伙迫害致死》、《周总理不幸逝世和天安门事件》、《周总理永远活在中国和世界人民心中》。

另外，将我《在国务院办公厅纪念周恩来同志诞辰100周年座谈会上的发言》和《回忆周总理在邢台地震后对有关地震工作的指示》两篇文章作为附录载于本书。

本书第一版问世后，有的朋友指出，回忆录写得太干巴，缺乏对具体情节的描述，可读性差。我认为，这个批评是中肯的，确实存在这样的缺点，我非常感谢。在本书再版时，我本应加以改正。可是，由于许多事件我知道的情况和掌握的材料有限，即使亲身经历的事件，具体情节已经淡漠，加上我缺乏文学素养，难以做到既符合历史真实，又有生动活泼地具体情节描述。在两者不能兼顾的情况下，我只好仍然维持原来的写法，用事实说话，尽我所能，将亲历、亲见、亲闻的主要历史事实写出来，贡献给读者，留给历史和后人，以尽到自己的义务和责任。

最后，我怀着沉痛的心情告诉读者：为本书第一版作序的李琦同志于2001年4月17日因病突然逝世。李琦同志是1936年参加中国共产党的老同志，他为反抗日本侵略者，保卫祖国，为推翻国民党的反动统治，建立新中国，为社会主义建设事业，贡献了光辉的一生。全国解放后，李琦同志先后担任周恩来总理办公室副主任、中共太原市委第一书记、文化部和教育部副部长、中央文献研究室主任等职。50年前我与李琦同志相识，在长期交往中，他给我留下的最深刻的印象是：人品高尚，才华横溢，工作不知疲倦，一心为国为民。李琦同志是我学习的榜样、尊敬的兄长和诚挚的朋友,他突然去世,使我十分悲痛!在本书再版时,谨在他的英名上加黑色线框,以示悼念。

吴庆彤

2002 年 5 月

再版后记

距2002年本书再版到现在已经11年了。去年出版社的同志告诉我说读者反响很好，想再版此书，问我的意见。我欣然应允。本还想再增加一些东西，但因年事已高，心有余而力不足，只对本书作了个别文字上的修改，出版社的同志为本书配了图片，又将封面、版式重新设计，使本书更符合现在读者的阅读需求。

对出版社和广大读者对本书的支持表示感谢。

吴庆彤

2013年9月